국제주의 전통 자료집

IV. 국가자본주의

알렉스 캘리니코스, 크리스 하먼 외 지음
이정구 엮음

국립중앙도서관 출판예정도서목록(CIP)

국가자본주의 / 지은이: 알렉스 캘리니코스, 크리스 하먼 외
; 엮은이: 이정구. -- 서울 : 책갈피, 2018
    p. ;   cm. -- (국제주의 전통 자료집 ; 4)

원저자명: Alex Callinicos, Chris Harman
ISBN 978-89-7966-147-7 04300 : ₩12000
ISBN 978-89-7966-155-2 (세트) 04300

노동자 계급[勞動者階級]
국가 자본 주의[國家資本主義]

332.64-KDC6
305.5620941-DDC23   CIP2018026144

국제주의 전통 자료집

Ⅳ. 국가자본주의

알렉스 캘리니코스, 크리스 하먼 외 지음

이정구 엮음

책갈피

차례

엮은이 머리말

이 자료집에 실린 글들은 노동자연대와 그 유관단체들이 발간한 신문과 잡지 등에서 일반성이 비교적 높은 글들을 추려 내어 주제별로 묶은 것이다.

자료집이 지닌 장점은 시간이 흘러도 그 진가가 사라지지 않을 좋은 글들을 선별하여 묶어 놓았다는 것인데, 이 자료집에 실린 글들도 그런 것이기를 바란다. 독자들은 이 자료집을 참고 자료나 교육 자료 등으로 유용하게 활용할 수 있을 것이다.

이 자료집은 이런 장점 외에, 독자들이 염두에 둬야 할 약점도 있다. 첫째, 자료집에 실린 글들이 발표된 때의 맥락을 설명하지 못했다. 물론 글을 읽어 보면 글이 작성된 취지를 대체로 파악하거나 짐작할 수 있을 것이다.

둘째, 많은 글들을 자료집으로 묶다 보니 용어의 통일, 맞춤법, 띄어쓰기 등에서 오류가 많을 수도 있다. 예를 들어, 예전에는 동성애자라는 표현을 많이 사용했지만 지금은 동성애자보다는 성소수자라는 용어를 쓴다. 특정 시기에 사용된 용어는 그 나름의 역사성을 지니고 있으므로 이 자료집에서는 오늘날 사용하는 용어로 일괄적으로 바꾸지 않았다. 또, 맞춤법이나 띄어쓰기도 세월이 지나면서 바뀌었다. 그래서 현재의 것으로 교정돼야 할 어구들이 많다. 그러나 바로잡지 못하고 놓친 부분이 많을 것이다. 독자들의 너그러운 양해를 부탁드린다.

셋째, 같은 주제의 글들을 모았기 때문에 여러 글의 내용이 중복되는 경우도 적지 않다. 이런 중복의 문제에 대해서는 엥겔스의 방식을 따랐다. 엥겔스는 마르크스의 초고를 모아 《자본론》 3권으로 편집하면서 이렇게 밝혔다. "반복도 주제를 다른 각도에서 파악하든지 다른 방법으로 표현한 경우에는 그 반복을 버리지 않았다."(《자본론》 3권 개역판 서문)

넷째, 혁명가들이 혹심한 탄압을 받던 시기에 작성된 글 중에서 필자를 확인하지 못해 필자를 명시하지 못한 경우가 있다. 이것은 엮은이가 의도한 것이 결코 아니라는 점을 밝혀 둔다.

그 외에도 다른 오류들이 편집 과정에서 있을 수 있는데, 이것들은 엮은이의 잘못이다.

이 자료집이 나오기까지 몇몇 동지들이 도움을 줬다. 인쇄된 문서를 타이핑해 파일로 만들어 준 박충범 동지와 책을 디자인해 준 장한빛 동지에게 감사드린다. 방대한 양의 원고를 나와 함께 검토해 준 책갈피 출판사 편집부에도 감사드린다.

2018년 7월 10일
엮은이 이정구

제1부
국가자본주의

국가자본주의와 사회주의

세계 자본주의가 휘청거리자 각국 정부는 국가 개입으로 체제를 구출하는 데 혈안이다. 지난 20년 동안 시장이 최선이라는 말을 귀가 따갑게 들었는데, 이제 국가가 돌아온 것이다.

이런 상황 변화는 무슨 대단한 이론 때문이 아니라, 실용적 이유 때문이다. 오늘날의 위기는 국가가 자본주의의 작동에 필요한 규칙들을 정하는 데 그쳐서는 안 되고 중요한 경제 주체로 직접 나서야 함을 보여 준다. 이런 상황 변화 때문에 사회주의자들은 딜레마에 부딪힌다. 만약 기업 파산과 국가 지원 중 어느 하나를 선택해야 한다면, 분명히 사회주의자들은 국가 지원과 국유화를 선택할 것이다. 정신 나간 체제 탓에 기업이 파산하고 일자리가 사라지도록 놔둬서는 안 된다고 주장하면서 말이다. 그러나 여기서 더 나아가야 한다.

마이크 헤인스. 〈레프트21〉 18호, 2009년 11월 5일. https://wspaper.org/article/7199. 마이크 헤인스는 영국 울버햄튼대학교에서 러시아 역사를 가르친다.

마찬가지로, 국가가 사회주의의 동력이라는 환상을 품어서는 안 된다.

국가는 언제나 자본주의의 능동적 요소였다. 19세기 말에 프리드리히 엥겔스는 사회주의자들이 국가의 이런 구실을 사회주의적 대안과 혼동해서는 안 된다고 경고했다. 국가 통제와 국가 생산이 사회주의라면, 엥겔스가 말했듯이 나폴레옹, 메테르니히, 비스마르크도 사회주의 운동에 포함시켜야 한다.

거기에다 오늘날에는 조지 부시를 포함해 더 황당한 자들도 추가해야 할 것이다. 2008년 가을에 미국 정부는 은행들을 서둘러 지원했다. 당시 미국 경제학자 누리엘 루비니는 부시, 헨리 폴슨[미 재무부 장관], 벤 버냉키[미 연방준비제도이사회 의장]가 "미국을 미국사회주의연방공화국으로 바꿔 놓은 볼셰비키 삼인방"이라고 말했다. 그러나 "이렇게 인류 역사상 최대 규모의 구제 금융과 국유화를 추진한 정부는 미국 역사상 자유시장 방임주의 이데올로기를 가장 맹신하는 정부였다."

프리드리히 엥겔스가 경고했음에도 일부 사회주의자들은 계속해서 자본주의와 사적 소유를 동일시하고 사회주의와 국가 소유·통제를 동일시했다. 이런 논리에 따라 그들은 스탈린 치하의 러시아 같은 사회를 사회주의로 여겼다. 당시 러시아에서는 사적 소유가 거의 허용되지 않았지만, 평범한 노동자들에게 러시아는 거대한 수용소나 다름없었다.

그러나 이것은 "사회주의 전통"의 [전체가 아니라] 한 조류였을 뿐이다. 다른 사회주의자들은 사회주의를 아래로부터의 노동자 권력으로 보았다. 이 전통에서는 민간 자본과 국가자본주의가 모두 적이다. 이 전통의 사회주의자들은, 국가가 자본주의 체제의 악영향을 통제해 체제를 구출하고 체제를 더 원활하게 작동시키는 방식을 두고 국가자본주의라고 불렀다.

따라서 이 전통의 사회주의자들이 러시아 혁명을 일으켰다는 것은 아이러니해 보일 수 있다. 사실, 1917년 러시아 노동자들은 민간 자본뿐 아니라 국가 자본에 맞서 싸웠고, 레닌은 유명한 팸플릿 《국가와 혁명》에서 사회주의자의 통제 아래 국가 권력이 강화되는 것이 곧 사회주의라는 견해를 비판했다. 오히려 레닌은 사회주의에서는 기층이 주도하는 민주주의를 통해 국가가 결국 사멸할 것이라고 주장했다. 그러나 1920년대에 러시아 혁명이 퇴보하고 노동자들이 권력을 잃어버리자 사회주의와 '국가자본주의'를 동일시하는 사람들이 점점더 늘어났다. 러시아의 새로운 특권층은 노동자들의 이름으로 국가를 장악했지만, 다른 국가들과 경쟁을 벌이는 데 자신의 권력을 사용했다.

그래서 엄청난 논리적 모순이 나타났다. 만약 사회주의가 국가 통제와 국가 소유라면, 사회주의는 세계 자본주의의 많은 지역에서 이미 나타났다고 볼 수 있다.

흔히들 러시아를 그렇게 봤다. 또, 어떤 이는 중국과 쿠바를 사회주의라고 생각했고, 지금도 그렇게 본다. 제3세계 독재 국가들을 사회주의로 본 사람들도 있다. 시간이 흐르면서 자본주의 핵심부에서도 국가의 구실이 증대했다. 군산복합체는 국가가 준통제하고 '계획'하거나 때로는 완전히 통제하고 '계획'하는 것을 잘 보여 주는 사례다. 더욱이 전시에는 대다수 자본주의 국가들이 민간 부문을 축소시키거나 긴밀하게 통제했다.

흔히 1980년대와 1990년대에는 민영화 때문에 "국가"가 후퇴하고 "국가자본주의"가 약화했다고들 한다. 그러나 그것은 해괴한 방식의 '국가 후퇴'였다. 일부 이론가들은 "능력 개발 국가(enabling state)"를 주장했다. 이제 국가는 민간 부문이 더 잘 작동할 수 있게 해 줘야 한다는 것이었다. 그러나 실제로는 최상층 집단이 '민간기업'을 위한다는 명목으로 국가를 강탈할 수 있는 능력만 커졌다.

그러나 그것은 이제 부메랑 돼 돌아왔다. 국가가 민간 부문을 구출하면서 새로운 형태의 국가자본주의가 등장하고 있다. 그러나 "체제 구출"을 위해 국가 개입이 필요하다고 주장하는 사람들조차 이것이 사회주의라는 말에는 코웃음을 친다. 사회주의는 대다수 사람들의 필요를 충족시키는 체제다.

다시 루비니의 말을 들어 보자. "사회주의는 정말이지 미국에서 잘 실현되고 있다. 그러나 이것은 부자와 빽 있는 자와 월스트리트를 위한 사회주의다. 이 사회주의는 이윤은 사유화하고 손실은 사회화한다. 그래서 미국 납세자들은 3천억 달러를 세금으로 내야 한다."

러시아 사회주의자 니콜라이 부하린은 자본주의가 어떻게 작동하는지를 잘 설명했다. 자본가 계급은 양쪽에 호주머니가 달린 코트를 입고 있는데, 한쪽 호주머니는 민간기업이라 부르고 다른 쪽 호주머니는 국가라고 부른다는 것이다. 자본가들은 필요에 따라 둘 사이를 이동한다. 오늘날 자본가들이 어디까지 이동할지는 불확실하다. '국가 대 민간'을 둘러싼 논쟁에서 진정한 핵심은 효율성이 아니다.

효율성의 모범이라는 은행들이 과연 효율적인가. 오히려 진정한 쟁점은 지배계급 정책과 그들간 갈등이다. 기업주들에게 중요한 문제는 체제를 구출하려면 그들이 얼마나 멀리까지 나아가야 하는가, 그리고 그 과정에서 그 자신이 얼마나 많은 대가를 치를 것인가다. 은행들에서 그칠 것인가 아니면 울워스[호주의 대형 슈퍼마켓 체인]나 자동차 산업까지 손 봐야 할까?

사회주의자들이 논쟁을 벌이는 목적은 다르다. 부하린이라면 정말 중요한 것은 코트의 어떤 호주머니를 선택하느냐가 아니라 자본가들의 코트 자체를 벗기는 것이라고 말했을 것이다.

국가자본주의란 무엇인가?

우리가 사는 사회가 갖고 있는 문제들에 대한 사회주의적 해결책의 필요성을 주장하는 사람은 누구나 이내 소련 문제와 마주치게 된다. "사회주의"를 자처하는 소련 국가는 몇몇 극악무도한 짓거리들을 해 왔다. 수용소군도의 강제노동수용소들은 "사회주의"적인 것들인가? 1956년에 헝가리 노동자 봉기를 진압한 탱크들은 "사회주의" 탱크들이었나? 중국과 소련의 국경분쟁은 "사회주의"적인 것이었나? 1980년대에 아프가니스탄에서는 "사회주의" 헬리콥터들이 부락들에 기총소사를 해댔나? 그리고 소련과 동유럽에서 독립 노조를 요구한 노동자들이 투옥당한 일은 "사회주의"적인 일들이었나? 3일천하로 끝난 소련 보수파의 쿠데타는? 사회주의에서도 쿠데타가 있을 수 있나?

이러한 물음들에 대한 흔해빠진 그릇된 대답이 있다. 고르바초

국제사회주의자들(IS)이 1991년 8월에 쓴 소책자에 실린 글이다.

프와 미국의 부시는 이런저런 형태로 이 대답에 동의한다. 많은 좌익들도 역시 이 대답에 동의한다. 그들은 소련이 사회주의 사회의 실례이거나 또는 적어도 사회주의로 가고 있는 사회라는 주장에 모두 동의한다. 그들의 생각이 맞다면, 우리는 아예 마르크스주의를 내버리는 것이 나을 것이다. 소련의 성장률 저하와 노동자에 대한 계속되는 억압을 고려해 볼 때, 소련이 사회주의라면 일반 근로인민대중의 해방 이론으로서 마르크스주의는 모든 신뢰를 잃을 것이다.

그러나 우리는 이 견해에 반대한다. 소련은 사회주의 또는 사회주의로 가고 있는 사회가 아니라 자본주의의 한 형태, 즉 국가자본주의이다. 그런데 소련이 국가자본주의라는 점을 이해하려면 자본주의에 대한 마르크스의 분석에 바탕을 두고 소련을 정확히 이해할 필요가 있다. 소련의 사회체제는 서방 사회체제들과 질적으로 다르지 않다. 소련은 서방 제국주의들과 마찬가지로 제국주의이며 자본주의 열강이다. 그래서 소련도 서방 자본주의 발전의 기본 법칙을 따르고 있다. 이런저런 몇 가지 개혁들을 통해서 사회주의가 만들어질 수는 없다. 따라서 서방에서와 마찬가지로, 소련에서도 사회주의는 지배계급과 지배계급의 지배를 가능하게 하는 전체 사회체제에 반대하는 전면적인 노동자 혁명을 필요로 할 것이다.

왜 그런지를 알아보기 위해서 우리는 먼저 오늘날의 소련을 살펴보아야 한다.

오늘날의 소련 노동계급

오늘날 소련 노동계급의 지위는 1917년 당시의 노동계급의 지위와 정반대이다. 당시에는 노동자 평의회(소비에트)가 모든 정치권력의 기초였다. 오늘날 노동자들은 권력을 갖고 있지 않다. 여기에서는 러시아 혁명이 어떻게 패배했나를 설명하지 않겠다.* 그러나 상황이 어느 정도나 역전되었는가에 대해서는 언급할 필요가 있다.

노동자와 경영자 사이의 소득격차는 브라질이나 필리핀의 소득격차만큼이나 크며 심지어는 영국, 독일, 일본 그리고 미국보다도 훨씬 더 크다. 각료나 학술기관장의 봉급은 사무직 노동자나 육체 노동자가 받는 임금의 적어도 60배는 된다. 소련의 노동조합은 기본적으로 노동자들을 쥐어짜서 생산을 증대시키기 위한 도구에 불과하다.(페레스트로이카 이후에 많은 독립 노동조합들이 등장했지만 여전히 대부분의 노동조합들이 국가에 예속되어 있다.) 노동조합은 노동자들이 통제할 수 없는 국가기관인 셈이다. 그래서 노동자들이 이러한 상황을 변화시키려 하면 자동적으로 탄압받았다. 예컨대, 유명한 빅토르 클레바노프(Victor Klebanov)는 완전히 독립적인 노조를 만들 것을 주장하는 '죄'를 저질러 투옥되거나 정신병원에 수용된 노동자들 가운데 하나였다. 관료는 공개적 토론을 매우 두려워했기 때문에 모든 복사기기들을 통제했다. 심지어 비밀경찰은 소련의 모든

---

* 자료집 《1917년 러시아 10월혁명과 그 전통》에 실린 '러시아의 혁명과 반혁명 1917~1928년'을 보라.

타자기가 어느 곳에서 사용되는가를 감시했다. 페레스트로이카 이후에 사정이 조금 좋아지기는 했지만, 소련 노동자들은 여전히 국가 자본가 지배계급에게 착취당하고 있다.

소련 노동계급이 당하는 이러한 착취와 그들의 권력 상실은 새로운 것이 아니다. 그러한 상태는 벌써 60여 년 전에 생겨났다. 1929년에 이제부터는 모든 경영자들의 명령이 "자기 부하 직원들과 모든 노동자들에게 무조건적으로 구속력을 갖는다"는 법령이 발표되면서, 노동자 권리의 마지막 잔재들까지 사라졌다. 바로 이 시기에 노동조합은 특히 임금교섭에서 노동자들을 보호하는 구실을 더 이상 할 수 없게 되었다. 출근부 제도가 도입되었고, 1930년에는 모든 기업들이 당국의 허가를 받지 않고 이직한 노동자들을 고용하는 것이 금지됐다. 1930년대에 노동자들에 대한 스탈린의 철권통치가 절정에 달하면서 강제노동 또는 노예적 노동이 대대적으로 도입되었다. 소련 정부 자신은 냉소적으로 다음과 같이 말했다. "소련이 사회주의 시기로 접어들었기 때문에 교정노동에 의해 강제조치를 사용할 수 있는 가능성은 엄청나게 커졌다."

소련에서는 국가가 생산수단을 소유하고 있다. 그러나 국가는 누가 소유하고 있나? 확실히 노동자는 아니다. 소련 지배자들과 서방 자유주의자들, 그리고 스탈린주의자들이 소련을 여전히 "사회주의"라고 부르고 있지만, 노동자들의 소환될 수 있는 대표들이 민주적으로 운영하는 국가라는 사상은 소련 지배자들에게는 완전히 저주이다. 그래서 노동자들의 독립성을 추구하려는 어떤 시도도 철저한 탄압을 받았다.

1920년대 말부터 소련 지배자들은 결정된 사항에 반대할 권리조차 갖지 못한 노동자와 농민에게 중앙집권적 경제계획을 강요해 왔다. 중앙집권적 계획이 실행되기 시작할 때 키로프(Kirov) — 당시에 스탈린의 오른팔 — 는 다음과 같이 정확하게 예측했다. "우리는 공장과 촌락에서 단호함이 결여된 사람들과 계획수행에 실패한 사람들을 관대하게 보아 주지 않을 것이다." 수천 명의 경영자들이 자기 기업의 노동자들을 충분히 억누르지 못했다고 해서 쇠고랑을 찼다. 그리고 1953년에 수백 명의 강제노동수용소 노동자들이 정부 당국의 사면 약속 불이행에 항의해 파업을 벌였다가 총살당했다.

소련에서 주기적으로 이루어지는 선거 역시 완전한 사기극이다. 우선, 모든 결정들이 전혀 선출되지 않은 기구들에 의해 내려진다. 그리고 나서 이런 결정들이 '선출된' 기구에 의해 형식적으로 승인된다. 최고 선출 기구인 '최고회의'는 순전히 형식적인 권한을 갖고 있을 뿐이다. 예컨대, 5개년계획과 7개년계획들 그리고 스탈린 시대를 공식적으로 특징지운 대외정책의 급격한 변화들은 일단 시행되고 나서야 비로소 '최고회의'에서 논의되었다. 게다가 최고회의 선거도 완전히 비민주적으로 공산당이 위로부터 지명한 한 명의 후보를 놓고 이루어졌다. 그래서 후보에 대한 지지율이 93% 밑으로 떨어진 적이 없었고, 때로는 147%의 지지율을 기록하기도 했다! 기본적으로 모든 결정들은 위로부터 부과된다.

따라서 국가가 생산수단을 소유하고 있기는 하지만, 노동자가 국가를 소유하고 있다고 믿는 것은 완전히 터무니없는 생각이다. 그렇다면 소련은 어떤 종류의 사회일까? 확실히 소련은 사회주의 사회가 아니다. 어떤 형태의 노동자 권력도 존재하지 않기 때문이다. 그러나 다른 한편으로 소련에는 서방에서 흔히 볼 수 있는 서로 경쟁하는 사적 자본가들이 존재하지 않는다. 따라서 이러한 질문에 대답하기 위해서 우리는 먼저 자본주의를 살펴보아야 하고, 특히 자본주의의 근본 특징들에 대한 마르크스의 분석을 살펴보아야 한다.

자본주의와 급속히 변화하는 사회들

사람들이 소련을 세계자본주의체제의 일부로 볼 수 없다고 주장하는 주된 이유는 자본주의 자체를 매우 단순한 특정 방식으로만 생각하기 때문이다. 이러한 견해에 따르면, 자본주의는 (1) 생산수단의 사적 소유에 바탕을 두고 있고, (2) 국가계획이 아니라 '수요·공급의 법칙'에 생산이 규정되며, (3) 자본가들 사이의 경쟁은 시장에서만 그리고 시장에서 팔리는 상품가격을 통해서만 이루어진다는 것이다. 따라서 이러한 모습과 단순히 반대되는 사회를 간단히 사회주의로 정의하고, 생산수단의 국유화와 국가계획이 존재하고 자유로운 시장 경쟁이 없으면 사회주의 사회라는 것이다.

마르크스가 《자본론》을 썼던 19세기 중엽의 영국 사회는 이러한 고전적 특징에 가까운 사회였지만, 자본주의에 대한 마르크스 자신의 견해는 전혀 이런 것이 아니었다. 예컨대, 그는 17세기와 18세기에 영국에서 자본주의가 자신의 생산 기반의 일부로서 식민지를 착취하면서 시작되었다는 점을 잘 알고 있었다. 또한, 자본주의는 무역과 더불어 시작되었지만, 그 무역은 국가의 강력한 개입과 시장에 대한 국가 통제(이른바 '중상주의 체제')에 바탕을 둔 무역이었다.

마르크스는 새로 떠오르는 자본주의를 분석하면서 임금 체제의 성장을 강조하는 동시에 "아메리카 대륙에서의 금과 은의 발견, 광산에서 원주민이 멸종되고 노예가 되고 묻히는 것, 동인도의 정복과 약탈 시작, 아프리카를 흑인 사냥터로 변화시킨 것, … 횡재, 즉 돈 한 푼 들이지 않고 이룬 원시적 축적" 등이 자본주의적 생산 시대의 여명을 알렸다고 강조했다. 그리고 영국에서는 수요·공급의 법칙이라는 "보이지 않는 손"이 아니라 "식민지, 국채, 근대적 세제 그리고 보호무역주의 제도의 체계적 결합이 있었다. 이러한 방법들은 부분적으로 폭력, 예컨대 식민지 체제에 의존하고 있다. 그러나 그러한 방법들은 모두가 국가권력에 기대고 있다. …"

그래서 마르크스는 다음과 같이 경고한다. "만일 자본의 구체적 형태가 추상된다면, 그 내용만이 강조된다. … [그러나] 자본은 단순한 관계가 아니라 다양한 계기들 속에서 언제나 자본인 하나의 과정이다." 자본은 모순을 포함하고 있는 하나의 과정이기 때문에, 자본은 발전하는 과정에서 언제나 스스로 변화한다. 우리는 자본의 **동학(動學)**, 즉 자본이 변화하고 발전하는 근본 원리를 이해해야 한다.

자본주의는 다양한 변화를 거쳤지만 여전히 자본주의로 남아 있다. 왜냐하면 자본주의의 중심 동학, 즉 내적 추진력은 변화하지 않기 때문이다. 이제 이것을 살펴보기로 하자.

축적: 자본주의 발전의 관건

독점, 약탈 그리고 노예제에 바탕을 둔 자본주의 발전의 초기 단계를 19세기의 사적 자본주의와 20세기의 국가자본주의 같은 후기 단계들과 연결시켜 주는 것은 축적 과정의 성격이다. 이 모든 단계들에서 직접생산자들은 착취당하고, 그러한 착취의 결과물 — 마르크스는 그것을 '잉여가치'라 불렀다 — 은 더 많은 생산수단으로 축적된다. 이것은 착취가 축적이 아니라 지배계급의 소비를 한층 늘리는 결과를 낳은 봉건제나 고대 세계와 같은 전(前)자본주의 사회들에서 일어난 일들과는 완전히 반대이다.

《공산당 선언》에서 마르크스는 이것을 잘 요약하고 자본주의 생산양식과 사회주의 생산양식을 비교하고 있다. 자본주의 생산양식에서는

> … 노동자는 자본을 증가시키기 위해서만 산다. 그리고 노동자는 지배계급에게 이익을 줄 수 있는 한에서만 삶을 허락받는다. 부르주아 사회에서 산 노동은 축적된 노동을 증가시키기 위한 수단일 뿐이다. 공산주의 사회에서 축적된 노동은 노동자의 삶을 풍요롭게 하고, 확대시키고, 촉진시키기 위한 수단일 뿐이다. 따라서 부르주아 사회에서는 과거가 현재를 지배한다. 공산주의 사회에서는 현재가 과거를 지배한다.

자본주의에서 결정적인 것은 우선 자본주의가 착취당하는 노동계급의 창조적 활력이 끝없이 팽창하는 생산력의 양적 증가를 낳고, 두

번째로 이러한 과거의 축적의 역사가 현재 자본주의 사회에서 일어나는 일들의 중심적 결정 요인이라는 것이다.

《자본론》에서 마르크스는 이러한 생각을 더욱 충분하게 발전시킨다. 그는 자본주의의 추진력이 자본가의 소비가 아니라 자본가로서의 그의 역할을 충분히 수행하기 위해 그가 축적해야 한다는 사실이라고 강조한다.

> [자본가들의] 개인적 소비는 축적에 대해 저지르는 도적질이다. … 축적하라, 축적하라! 이것이 모세와 예언자들의 계시이다! … 따라서 저축하라, 저축하라, 다시 말해서 되도록 많은 잉여가치, 즉 잉여 생산물을 자본으로 전환시켜라! 축적을 위한 축적, 생산을 위한 생산 …

그렇다면 우선 이러한 축적 드라이브 ― 그리고 축적에 대한 전체 사회의 예속 ― 를 실현시키는 것은 무엇인가? 두 가지 요소들이 필요하다. 그것들은 모두 자본주의 법칙의 완전한 지배를 받는 사회를 만들어 낸다.

우선, 노동계급이 생산수단의 소유와 통제에서 강제로 분리되어야 한다. 이것은 참으로 중요한 것이다. 그렇게 하지 않는다면 노동자들이 자기들이 당하는 착취에 결코 동의하지 않을 것이기 때문이다. 노동자들이 생산 전체를 통제한다면, 생산은 노동자들의 욕구충족 ― 즉 노동자들의 소비 ― 에 종속될 것이다. 물론 노동자들은 생산물 가운데 일부를 비축해서 미래의 생산을 확대시키는 데 사용하겠다는 결정을 자유롭게 내릴 것이다. 그러나 이것은 완전히 다른 문제이다. 비축된 생산물은 소비라는 목적을 이루기 위한 수단에 불과할 것이기 때문에 노동자들은 축적의 지배를 받기보다는 축적을 지배할 것이다.

두 번째로 생산수단을 소유한 사람들 사이의 경쟁이 있어야 한다. 경쟁이 없다면 개별 자본가는 노동계급에 대한 착취의 결과물을 소비할 것인지 축적할 것인지 또는 그것을 창출한 노동자들에게 되돌려 줄 것인지를 자유롭게 결정할 수 있을 것이다. 체제를 자본주의 체제로 만드는 것은 자본가가 착취의 결과물을 축적해야 한다는 사실이다. 그러한 압력은 경쟁 과정에서 나온다. 경쟁 과정에서 경쟁 자본가들은 개별 자본가에게 그가 가장 근대적이고 효율적인 시설에 투자하지 않고 그리하여 축적하지 않을 경우 몰락할 것이라는 위협을 가한다. 바로 그런 이유로 마르크스는 이렇게 말했던 것이다. "경쟁은 개별 자본가가 자본주의적 생산의 내적 법칙을 강제적인 법칙으로 느끼게 만든다."

경쟁: 자본주의의 동학

경쟁은 자본주의의 동학이다. 경쟁은 자본 축적 과정을 이끌어 나간다. 마르크스는 경쟁이 "다수 자본들 사이의 상호작용 과정에서 나타나고 상호작용으로 실현되는 자본의 내적 성격에 불과하다"고 보았다.

그러나 경쟁이 축적 과정을 이끌어 가는 반면, 축적 과정은 다시 경쟁에 반작용을 가한다. 그리고 그러한 과정에서 경쟁의 메커니즘이 결정적으로 바뀔 수 있다. 마르크스는 비록 고전적 "자유방임"의 절정기에 《자본론》을 쓰고 있었지만, 이 점을 일반적 관점에서 아주 잘 알고 있었다. 예컨대, 그는 17~18세기의 자본 축적 과정이 시장에 대한 국가개입을 감소시키기보다는 증대시켰음을 알고 있었다. 또한 그는 이것이 새로 등장하는 자본주의 국가들 사이의 군사적 경쟁의 강화를 포함하는 것임을 알고 있었다.

마르크스는 경쟁의 형태가 축적 과정에 의해 지속적으로 변화한다는 것을 인정했다. 이것은 유아기의 자본주의에만 국한된 것이 아니었고, 마르크스 시대의 자본주의에 대해서도 직접적 의미를 갖는 것이었다. 마르크스는 공황이 자본주의의 만성질환이며, 축적의 결과가 서로 충돌하는 자본들의 크기를 증가시킬 뿐 아니라, 여전히 서로 충돌하는 독립적 자본단위들의 수를 감소시킨다고 주장했다. 공황의 시기에 일부 기업들은 파산할 수밖에 없을 것이다. 그리하여 그들이 축적한 자본(공장, 상품, 기계 등)은 훨씬 더 큰 다른 자본가들에 의해 인수될 것이다. 그리하여 경쟁은 자본의 집적과 **집중**을 낳는다.

마르크스는 이렇게 말했다.

따라서 오늘날, 개별 자본들을 끌어 모으는 견인력과 집중화 경향이 과거 어느 때보다 더 강하다. … 만약 어떤 산업부문에서 그 부문에 투자된 모든 개별자본들이 하나의 자본으로 융합된다면 최고 수준의 집중이 이루어질 것이다. 어떤 사회에서 사회적 총자본이 한 명의 자본가나 하나의 자본주의 기업의 수중으로 집중될 때 비로소 집중도가 최고에 달할 것이다.

마르크스가 살던 시대에 자본 집중의 가장 중요한 통로는 합병이나 인수가 아니라 개인들이 자기들의 자본을 합쳐서 주식기업으로 전환시켜 서로 주식을 나누어 가짐으로써 기업을 부분적으로 소유하는 것이었다. 이러한 과정에 대하여 마르크스는 다음과 같이 말했다.

이것은 자본주의 생산양식 자체 안에서 자본주의 생산양식이 폐지되는 것이다. 따라서 이것은 단지 새로운 생산 형태로의 이행 국면을 조건부로 대표할 뿐인, 저절로 해소되는 모순이다. 그것은 그 효과에서 그러한 모순으로서 나타난다. 그것은 특정 부문들에서 독점을 성립시키고 그리하여 국가개입을 요구한다. 그것은 새로운 금융 전제(專制), 즉 발기인, 투기꾼 그리고 단순한 명목상의 관리자 형태로 나타나는 다양한 기생적 존재들을 재생산한다. 즉, 회사 설립 발기, 주식발행과 주식투기를 통해서 사취하는 체제를 재생산한다. 그것은 사유재산에 대한 통제가 없는 사적 생산이다.

엥겔스는 1890년대에 이 문장을 고쳐 쓰면서 다음과 같이 말했다.

마르크스가 위의 문장을 쓴 뒤, 새로운 형태의 산업기업들이 발전해 왔다.

… 사람들이 자랑하던 과거의 경쟁의 자유가 막다른 골목에 이르렀고, 그리하여 경쟁의 자유는 창피하게도 자신이 명백하게 파산했음을 발표해야 하는 지경이 되었다. … 일부 부문들에서 … 경쟁은 독점으로 바뀌었다.

자본주의를 단순히 사적 생산과 동일시하려는 독일 사회주의자들을 논박하면서 엥겔스는 《에어푸르트 강령 비판》에서 다음과 같이 썼다.

나는 자본주의적 생산을 하나의 사회 형태, 하나의 경제적 단계로 알고 있다. 그리고 나는 자본주의의 사적 생산을 자본주의 생산 단계에서 이런저런 형태로 일어나는 하나의 현상으로 알고 있다. 그렇다면 자본주의의 사적 생산이 뜻하는 바는 무엇인가? 하나의 기업에 의한 생산은 물론 갈수록 예외적인 것이 되어 가고 있다. 주식회사를 통한 자본주의적 생산은 이미 더 이상 사적 생산이 아니다. 그것은 수많은 사람들을 위한 복합적 생산이다. 그리고 모든 [산업]부문들을 통제하고 독점하는 트러스트에 관해서 말하자면, 트러스트는 사적 생산뿐 아니라 무계획성의 종식을 뜻한다.

따라서 마르크스와 엥겔스는 여러 가지 점에 대해 매우 명확한 견해를 갖고 있었던 셈이다. 첫째, 자본주의적 생산과정은 전보다 더 적은 수의 그리고 훨씬 더 큰 규모의 자본 집중을 낳는다 — 그리고 이런 과정은 계속될 수밖에 없다. 둘째, 이것은 자본주의 체제가 나이를 먹어 감에 따라 아담 스미스가 제시한 수요와 공급의 법칙이라는 "보이지 않는 손"은 경제를 조절하기에 더 이상 적합하지 않다는 것을 뜻한다. 마르크스는 이러한 상황에서 이루어지는 생산을 "사적 생산에 대한 통제가 없는" 생산이라고 말하면서 그것이 "국가 개입"을 필요로 한다고 주장한다. 엥겔스는 "사람들이 자랑하던 과거의 경쟁의 자유가 막다른 골목에 이르렀고 … 그것은 사적 생산의 … 종말을 뜻하는" 것이라고 보았다.

마지막으로, 그리고 결정적으로 중요한 것은, 마르크스와 엥겔스는 모두 이러한 상황에서 새로운 탈자본주의적 생산양식이 존재하지 않는다는 것을 명확히 말했다는 점이다. 확실히 마르크스는 자본 집중을 "자본주의 생산양식의 폐지"라고 말하지만, 곧이어 "자본주의 생산양식 안에서"라는 말을 덧붙이고 있다. 마르크스는 따로 떼어놓고 보면 자본 집중은 자본주의 생산양식으로부터의 이탈로 보이지만 체제 전체의 동학이라는 측면에서 보면 실제로는 체제의 본질적 일부라고 말하고 있다. 그리고 엥겔스는 자본주의적 생산이 "사적 생산"과 "무계획성"이라는 조건들 속에서만 이루어질 수 있다는 견해를 주저하지 않고 비판했다.

20세기에 서방 자본주의에서 국가의 역할이 급속히 중대한 것은 이 점에 대한 마르크스와 엥겔스의 분석이 올바름을 입증해 주는 것이다. 1960년대에 이탈리아에서는 국가가 고정자본의 대부분을 떠맡았다. 1970년대에 방글라데시에서는 국가가 "근대적 산업체"라 부르는 기업들이 보유한 자산의 85%를 소유하고 있었다. 1972년에 알제리에서는 국가가 공업·건설·무역 부문 노동자의 51%를 고용하고 있었다. 1964년에 터키에서는 국가가 공업 부가가치의 40%를 창출했다. 1970년대 중엽에 브라질에서는 국가가 모든 투자의 60% 이상을 담당했다. 같은 기간에 영국에서는 국가가 고정자본의 45%를 떠맡았다.

그러나 이것은 곧바로 또 다른 문제를 제기한다. 만약 무계획성과 사적 생산이 자본주의 발전의 한 단계에 불과한 것이라면, 그리고 그럼에도 불구하고 경쟁이 여전히 자본주의의 "내적 본질"이라면, 사적 소유 형태와 연관되지 않고도 생산을 규제할 수 있고 자본주의 발전의 동력이 계속되게 만들 수 있는 경쟁은 어떤 형태를 취할까?

서방의 노쇠하는 자본주의

앞서 보았듯이, 19세기 사적 생산의 황금기가 끝날 무렵에 엥겔스는 "사적 생산"과 "무계획성"이 자본주의 발전의 한 "단계"일 뿐이라고 썼다. 그러나 그는 그 어느 곳에서도 경쟁이 자본주의의 "내적 본질"이라는 점을 의심하지 않았다. 엥겔스의 이러한 문구에 암시적으로 포함되어 있는 것은 경쟁이 사적 자본들이 자율적 시장을 대상으로 생산한 상품들 사이의 가격경쟁 이외의 형태를 얼마든지 취할 수 있다는 인식이다.

이러한 관찰들이 20세기초에 마르크스주의 이론이 한층 풍부하게 발전할 수 있었던 출발점을 이루었다. 체제가 급속히 제국주의와 세계대전으로 치닫는 경향을 보이고 있음을 파악한 레닌, 부하린, 그 밖의 마르크스주의자들은 이러한 가정들에 바탕을 두고 "평화적" 경쟁이 갈수록 폭력적인 여러 형태들 — 식민지와 원료의 물리적 장악,

관세장벽 설치를 통한 경쟁 자본가들의 배제, 그리고 무엇보다도 군사력 자체의 직접적 사용 위협이나 사용 — 로 바뀌었다고 주장했다.

부하린은 마르크스의 이론이 설명한, 자본주의 위기의 두 가지 주된 결과들 때문에 이러한 현상이 생겼다고 주장했다.(그의 주장은 레닌의 지지를 받았다.) 첫째, 개별 국가 안에서 경제력이 갈수록 소수의 거대 기업 수중으로 집적되고 집중되어 가고 있었다. 둘째, 국제분업이 잠재적으로 갖고 있는 효율성을 활용하기 위해 개별 자본은 자기 나라의 국경 너머로 자신의 촉수를 뻗쳐 가고 있었다.

첫째 경향은 기업과 국가의 점증하는 융합을 뜻하는 것이다. 둘째 경향은 거대 기업의 활동 범위가 해외로 확장된다는 것을 뜻하는 것이다. 이러한 두 가지 경향의 결합은 국민국가가 순전히 지리적 경계를 뛰어넘어 궁극적으로 다른 국가와 필연적으로 충돌하게 만든다.

그러나 이러한 상황과 순전한 사적 자본이 서로 충돌하는 상황 사이에는 한 가지 차이가 존재한다. 하나의 국가 또는 국가의 후원을 받는 거대 기업이 서로 충돌할 때, 이것은 그러한 충돌이 첨예해질수록 그것은 갈수록 직접적인 군사적 형태를 취할 것이고 그리하여 거대 기업들은 부하린이 말한 "국가자본주의 트러스트"의 형태를 취할 것이라는 것을 뜻하는 것이다.

경쟁이 최고 단계에 도달하면 … 국가권력의 사용 그리고 그것과 관련된 여러 다른 가능성들이 아주 큰 역할을 하기 시작할 것이다. …

[그러나] 자유경쟁이 '국민경제'의 범위 안에서 완전히 제거된다 하더라도, 위기는 여전히 지속될 것이다. 왜냐하면 세계경제의 무정부성이 여전히 존

재할 것이기 때문이다. … 이러한 세계경제의 무정부성은 두 가지 사실, 즉 세계적 산업 공황과 전쟁으로 표현된다. …

국가자본주의 트러스트들 사이의 투쟁은 우선 그들의 군사력 차이에 의해 결정된다. 왜냐하면 나라의 군사력이야말로 투쟁하는 '국민적' 자본가 집단들이 마지막으로 의지할 수 있는 것이기 때문이다.

따라서 이러한 분석으로부터 상호 동시발생적인 두 가지 경향이 노쇠하는 자본주의에 내포되어 있음을 알 수 있다. 첫째 경향은 자본과 국가의 통합 경향이고 둘째 경향은 갈수록 국가화되는 서로 다른 자본들 사이의 전쟁의 경향이다. 이 두 가지 경향은 전혀 분리되어 있는 것이 아니며, 하나는 다른 하나를 수반한다.

이것을 강조하는 것이 중요하다. 고전적 마르크스주의자들의 주장을 받아들여 노쇠하는 자본주의가 제국주의와 전쟁을 뜻하는 것이라는 점을 인정한다면, 그로부터 얻을 수 있는 결론은 다음과 같은 것이다. 즉, 증대하는 자본의 국가화, 그리고 어떤 국민적 자본이나 자본군(群)이 점점 국가화될수록 그것과 다른 자본들의 경쟁은 점점 직접적인 군사적 경쟁의 형태를 취할 것이다.

간단히 말해서, 소련에서 스탈린의 지배를 성립시킨 과정이 일어나기 오래 전에, 세계경제가 이미 결정적으로 새로운 시대로 옮겨갔다. 물론, 당시에 서방에는 레닌과 부하린이 언급한 이러한 경향들이 완전히 실현되지 못하게 막는 많은 장벽들이 있었다. 그러나 1920년대에는 잠시나마 그러한 장벽들 가운데 일부가 무너졌다. 그럼에도 불구하고, 중요한 것은 다음의 것이다. 스탈린이 반혁명을 일으켜 권력을 장악한 뒤에 소련을 둘러싸고 있던 세계는 세계경제의 일부인 모든 국가(state)들에게 과거 어느 때보다 경제에서 더 중심적인 역할을 수행해야 한다는 압력을 가하고 있던 세계였다. 그리하여 1928년에 스탈린과 소련 관료가 결정적으로 이런 방향으로 나아갔을 때, 그러한 움직임은 세계자본주의의 추세와 반대되는 것이 결코 아니었다. 그와 반대로 소련의 그러한 움직임은 세계자본주의의 추세에 꼭 들어맞는 것이었다.

세계와 따로 떼어놓고 본 소련

그렇다면 소련 경제와 국가는 오늘날 이러한 맥락 속에서 어떻게 보일까? 축적을 위한 축적이라는 구체적인 자본주의적 경향이 존재하기 위해서는 우리가 앞서 살펴본 두 가지 특징, 즉 (1) 생산수단으로부터 노동자의 분리와, (2) 자본가들 사이의 경쟁이 존재해야 했다.

확실히 이러한 두 가지 특징들 가운데 첫째 특징은 소련에 극단적인 형태로 존재한다. 그것은 전체주의 경찰 국가의 탄압 능력 증가 때문에 서방에서보다 더 발전되어 있다.

그러나 둘째 특징은 어떠한가? 확실히 소련 경제 안에 중앙집권화된 생산 관리가 존재한다는 것은 사실이다. 개별 생산단위들은 거의 자율적이지 않고 또 서로 경쟁하지도 않는다. 서방 자본주의에서는 어떤 기업 안에서든 다른 기업과의 경쟁을 고려하여 계획을 수립하고 조정하려는 시도가 이루어지곤 한다. 소련을 순수하게 그 자체로서만 따져보면, 소련은 이러한 경쟁적 요소를 도입하기 위한 메커니즘을 갖고 있지 않다. 토니 클리프는 이렇게 말했다. "소련 사회 안의 분업은 본질적으로 하나의 작업장 안에서 이루어지는 분업과 같은 종류의 것이다."

예컨대, 제너럴 모터스(GM)나 IBM 같은 어떤 자본주의 기업이 세계경제 전체를 우여곡절 끝에 성공적으로 장악한다면, 자본주의는 더 이상 존재하지 않을 것이다. 자본들 사이의 경쟁이 사라질 것이고, 그리하여 축적을 위한 축적과 생산을 위한 생산이 사라질 것이다. 물론 이것은 사회주의가 아닐 것이다. 오히려 그러한 사회는 새로운 계급사회 — 부하린이 "노예 시장이 없는 노예 소유 경제"라고 표현한 그러한 사회 — 일 것이다.

이러한 분석으로부터 우리는 소련이 세계와 고립된 채로 남아있을 수 있었다면 소련이 어떤 사회가 되었을런지를 정확히 알 수 있다.

이것이 뜻하는 바는, 소련이 자신을 둘러싼 세계의 영향을 받지 않는다면 소련은 더 이상 자본주의의 법칙에 의해 설명될 수 있는 사회가 아닐 것이라는 것이다. 소련 기업들은 축적하기 위해 서로 경쟁할 필요가 없을 것이다. 생산의 목적은 사용가치의 창출이지 사용가치를 팔아서 얻는 수입(收入)이 아닐 것이다. 소련은 국가가 모든 생산수단의 저장소가 되는 하나의 거대 기업일 것이다. 이 두 가지 점에서, 즉 국가가 생산수단을 소유하고 있고 생산이 사용가치를 목적으로 이루어진다는 점에서, 그리고 바로 이 두 가지 점에서만 소련은 노동자 국가를 닮은 사회일 것이다. 또한, 소련은 이 두 가지 점에서뿐 아니라 생산자들이 생산을 직접 통제하지 못하는 위계적 계급 사회라는 점에서 파라오의 이집트 그리고 고대 메소포타미아 문명을 닮은 사회일 것이다.

소련 국가자본주의의 시작

그러나, 물론 소련은 세계의 나머지와 결코 고립된 채로 있을 수가 없었다. 레닌이 국제주의자였던 것은, 그가 국제사회주의를 원했을 뿐 아니라 러시아를 비롯해서 모든 곳에서 사회주의에 도달할 수 있는 유일한 길이 지배적인 선진 공업국에서 노동계급이 권력을 장악하는 것임을 알고 있었기 때문이다.

우리는 언제나 우리 활동의 운명을 국제혁명에 걸어 왔다. 그리고 이것은 무조건적으로 옳은 것이었다. … 우리는 언제나 … 일국에서는 사회주의 혁명과 같은 과업을 완수할 수 없다는 사실을 … 강조해 왔다.

1919년 3월에 레닌은 다시 이렇게 말했다.

우리는 단순히 하나의 국가 안에 살고 있는 것이 아니라 국가들로 이루어진 체제 안에 살고 있기 때문에 소비에트공화국이 제국주의 국가들과 언제까지나 나란히 존재한다는 것은 생각할 수 없는 일이다. 궁극적으로 그 가운데 어느 하나가 승리하기 마련이다.

레닌은 이러한 양립 불가능의 원인이 혁명 이후 러시아에 대한 제국주의 열강들의 군사개입뿐 아니라 주위의 자본주의 국가들에 대한 러시아의 경제적 의존이라는 것을 명확히 알고 있었다. 그리하여 그는 "… 우리가 종속되어 있고, 우리가 관계를 맺고 있으며 그리하여 우리가 벗어날 수 없는 국제시장 …"이라고 말했다.

제국주의 시대에 러시아는 자국의 극도의 후진성 때문에 공업화를 급속하게 이루어야 했다. 독일과 그 밖의 나라들에서 혁명이 성공했다면, 수많은 생산수단과 숙련노동자들이 러시아로 유입되어 이러한 과제가 성취될 수 있었을 것이다. 그러나 혁명을 국제적으로 확산시킬 필요성을 강조하는 것에서, 1924년에 스탈린의 제안으로 일국에서의 "사회주의" 건설을 강조하는 것으로 전망이 바뀌자, 상황이 완전히 역전되었다. 러시아에서 공업화가 고립적으로 이루어져야 했다는 사실은 노동계급으로부터 막대한 잉여를 뽑아내고 수많은 농민들을 토지에서 쫓아내서 광산과 철강공장으로 몰아넣음으로써만 가능했다.

새로운 지배계급은 이러한 괴업을 성공적으로 이룰 수 있는 경우에만 자신의 권력을 유지할 수 있었다. 대중의 소비를 러시아 국가의 축적 드라이브에 종속시키기 위해서는 거대한 공포정치기구가 필요했다. 한동안 스탈린은 이러한 논리를 피하려 했다. 그는 농민을 공격하지 않고 "달팽이 걸음으로 사회주의로 나아가자"고 주장하는 볼셰비키 당의 우파(부하린을 중심으로 하는)와 손을 잡았다. 그러나, 이것은 1923~1928년 사이에 이루어지는 모든 축적이 중공업보다는 사회복지·교육·농업·식량에 투입된다는 것을 뜻했다. 그리하여 이 시기에는 서방을 따라잡는다는 면에서는 별다른 진전이 없었다.

1927년 국제적 긴장의 증대는 그러한 정책이 위험한 것임을 보여주었다. 더 빠른 속도로 축적하지 않는다면 소련을 방어할 수 있는 다른 방법이 없었다. 스탈린은 정책을 바꿔서, 소련 노동자들의 이익이나 심지어 개별 관료들의 이익은 아랑곳하지 않고 전면적인 축적을 지향하는 정책을 추진했다.

그리하여 국가는 자신의 원래 사회적 토대로부터 단절되었다. 매우 비대하게 관료화된 국가는 1928~1933년에 이르는 첫째 5개년계획 기간에 대규모 자본 축적을 담당하는 역할을 떠맡게 되었다. 왜냐하면 세계 제국주의의 압력이 증가했기 때문이다. 1931년에 스탈린은 이렇게 말했다.

어떤 동지들도 … 속도를 늦추면 절대로 안 됩니다! … 그와 반대로 우리는 되도록 우리의 능력껏 속도를 높여야 합니다. … 속도를 늦추는 것은 뒤떨어지는 것일 것입니다. 그리고 뒤떨어지는 사람들은 패배합니다. … 우리는 선진국보다 50년 아니 100년이나 뒤떨어져 있습니다. 우리는 10년 안에 이러한 차이를 좁혀야 합니다. 그러지 않으면 그들이 우리를 분쇄할 것입니다.

노동자 통제의 마지막 잔재들은 공장에서 제거되었다. 실질임금이 하락하고 생산성 촉진제도가 전반적으로 도입되었다. 농민들은 토지에서 강제로 쫓겨나 도시의 공장 노동자가 되었다. 그리하여 관료는 대규모의 원시적 자본 축적을 시작했다. 그것은 이내 성과를 낳았다. 1928~1933년 사이에 공업투자가 1923~1928년 수준의 6배로 늘어났고, 그 뒤 매번 5개년계획이 실시될 때마다 공업투자가 2배씩 늘어났다.

자본주의적 생산관계의 강요

소련에서 축적 드라이브에 대한 소비의 종속은 극단적 형태를 취했다. 1차 5개년계획이 실시될 때부터 자본 축적은 국민소득의 20% 이상을 흡수했고, 그 뒤에 매번 5개년계획이 실시될 때마다 그 수치가 늘어 갔다. 이것은 선진 자본주의 국가들보다 높은 것이었고(그러나 같은 기간 미국과 일본의 수치와는 거의 같았다), 따라서 이것은 자본주의의 가장 특징적 징후 — 자본 축적이 사회를 지배하는 것 — 가 당시에 소련에서 충분히 발전되어 있었다는 것을 보여 주는 것이다.

그리하여 소비가 아니라 축적이 소련에서 생산의 목표가 되었다. 자본 축적의 행위주체 구실을 하면서, 관료는 소련 기업이 소련과 경쟁하는 서방 국가들의 거대 기업들과 똑같은 특징들을 띠는 것과 동시에 집합적 자본가로 부상했다.

관료는 대외무역을 독점함으로써 소련을 가격 경쟁으로부터 보호했다. 그러나 1928년에 소련에서 축적이 관료의 주된 관심거리가 되고 나서부터 자본 형성 과정을 완전히 지배한 것은 전략적·군사적 경쟁이었다. 5개년계획이 시작될 때부터 군비 생산이 축적과정을 지배했다. 예컨대, 아마도 축적 발전 수준을 측정할 수 있는 가장 좋은 지표인 기계제작 공장에서는 이미 1932년쯤에, 소비된 전체 철강의 46% 가량이 군비에 투입되었다. 1938년에 이 수치는 94%로까지 늘어났고, 그리하여 사실상 그 밖의 모든 기계설비 제작이 중단되었다!

2차대전 이전의 축적은 서방 국가들과의 전략적·군사적 경쟁에 의해 지배되었다. 2차대전 이후에는 더욱 그랬다. 1950년부터 1965년까지는 1930년대 국민소득의 거의 두 배가 군비에 지출되었다. 경제 전체에서 축적된 총소득이 대체로 변하지 않았는데도 말이다. 그 결과 이 시기에 군비가 축적된 모든 자본의 3분의 2 가량을 차지하게 되었다.

따라서 1928년 이후 소비가 축적에 종속되어 왔음을 알 수 있다. 게다가 우리는 사정이 그렇게 된 이유가 세계자본주의의 경쟁 강제적 구조에 있음도 알 수 있다. 그렇기 때문에 소련 역시 축적을 위한 축적 경향의 지배를 받는 것이다. 따라서 관료에게 축적을 강요하는 것은 그들의 열망이 아니라 세계자본주의의 논리인 셈이다.

소련을 둘러싼 세계에 의해 규정되는 소련 사회의 동학

기본적으로 소련은 하나의 거대한 공장이다. 과거에 소련이 진공 속에서 존재했더라면 자본주의 발전 법칙은 소련에 더 이상 적용될 수 없었을 것이라고 가정(순전한 가정일 뿐이다)하더라도, 현재의 소런이 그렇지는 않다. 따라서 소련의 실제 행동은 다른 기업의 활동을 지배하는 법칙과 같은 법칙에 바탕을 두고 있는 셈이다. 물론 우리는 기업이 매우 커져서 국가와 점차 긴밀히 유착해 갈 때 우리가 이러한 법칙들을 수정해야 한다는 것을 알고 있다. 그러나 그러한 법칙 수정은 언제나 기본 법칙에 바탕을 두는 것이다. 바로 이러한 이유로, 수정된 법칙들은 언제나 왜곡된 형태로나마 기본 경향들과 기본 모순들을 갖고 있다.

우리의 이러한 주장은 자본주의가 고정된 실체가 아니라 지속적으로 운동하는 과정이라는 앞서 제기한 주장을 다른 방식으로 말하는 것에 불과한 것이다. 우리는 자본주의를 자본주의의 본질적 경향과 동력에 기초해서 이해한다. 바로 그 때문에 우리는 서방과의 경쟁에 바탕을 두고 있는 소련의 축적을 위한 축적이 소련의 내부 구조 변화를 정확히 설명할 수 있는 열쇠라고 여기는 것이다.

마르크스 자신은 1850년대 미국에서 플랜테이션 경제를 갖고 있던 노예주(州)들을 분석할 때 바로 이러한 방식으로 주장했다.

우리가 농장의 내부 움직임만을 살펴보게 되면 단순한 결론만을 얻게 된다. 농장에는 내부 노동시장이 없고 노예 소유주들은 농장 안에서 노동력을 구입하지 않는다. 다른 곳에서 마르크스는 이렇게 주장했다. 자본주의가 존재하려면 "노동력 소유자가 노동력을 일정한 기간에만 팔아야 한다. 왜냐하면 그가 노동력을 한꺼번에 몽땅 팔아 버리면 그는 자기 자신을 팔게 되고, 그리하여 그는 자유인에서 노예로, 상품 소유자에서 상품으로 변할 것이기 때문이다. 그는 계속해서 자기 노동력을 자신의 재산으로, 즉 자신의 상품으로 간주해야 한다. 그리고 그는 자기 노동력을 구매자가 일시적으로, 즉 일정 시간 동안만 마음대로 처분할 수 있게 함으로써 그렇게 할 수 있다. 이렇게 함으로써만 노동자는 자기 노동력에 대한 소유권을 포기하는 것을 피할 수 있다." 마르크스의 이러한 주장으로부터 우리는 농장 노예주(州)들을 그 자체로만 따져볼 때는 노예주(州)들이 자본주의가 아니었음을 알 수 있다.

그러나 농장 노예주(州)들을 전체로서 보았을 때는, 그리고 세계의 나머지와의 관계를 따져보고 나서는 마르크스는 다음과 같은 점을 전혀 의심하지 않았다. "… 이제 우리는 미국의 농장 소유주들을 자본가들이라고 부를 뿐 아니라 … 그들은 **실제로 자본가들이다.**" 왜냐하면 "흑인 노예제는 임금노동을 전제로 하고 있기 때문이다. 만약 임금노동이 존재하는 북부의 자유주(州)들이 남부의 노예주(州)와 나란히 존재하지 않는다면, 즉 흑인 노예주(州)들이 고립된 채로 존재한다면, 모든 사회적 조건들은 곧바로 문명화되기 이전의 형태들로 바뀔 것이다."

여기에서 마르크스의 방법론은 매우 명확한 것이다. 노예주(州)들을 순전히 그 자체로만 보게 되면 자본주의의 본질적 측면을 볼 수 없게 된다. 그러나 경쟁 강제적인 세계경제라는 맥락에서 보면 상황은 달라진다. 겉보기에는 자유 임노동자가 없는 것으로 보인다. 그러나 농장 소유주들이 예컨대 영국 시장에서 이집트 면화생산업자들과 경쟁해야 하기 때문에, 그들은 자기 노예들을 일정하게 착취하고 기계화를 도입하는 등의 조치를 취하지 않을 수 없다. 따라서 외부 경쟁 자체가 농장에 자본주의적 동학을 강요하고 노예들에게는 주인들을 위해 잉여가치를 생산할 필요성을 강요한다.

마르크스는 미국 남부 노예주(州)들의 경제를 설명하기 위해 완전히 독자적인 법칙을 찾아낼 수는 없다고 보았다. 농장 소유주가 노동력을 고용한 것이 아니라 직접생산자를 "한꺼번에 몽땅" 샀다는 사실에도 불구하고, 농장들이 경쟁 자본가들의 외부적 강제 때문에 여타의 자본단위와 같이 행동해야 한다는 것을 보여 주는 것만으로도 족했다.

우리가 바로 이와 똑같은 방법으로 소련을 분석하면 관료의 자본가적 성격을 쉽게 알 수 있다. 물론 소련 노동자들은 노예들이 아니다. 그들은 자기가 어느 기업에서 일할 것인지를 선택할 자유를 조금이나마 갖고 있고 마음에 드는 상품들을 구매하기 위해 일정한 한도 안에서나마 자기들의 임금을 사용할 수 있다. 그럼에도 불구하고, '주식회사 소련'이 본질적으로 하나의 기업이라면, 실제로 국가는 노동자들이 태어나서 죽을 때까지 그들을 먹여 살리는 비용을 전부 부담하고 노동자들의 노동으로부터 얻는 모든 이익을 거둬들이는 셈이다. 이런 점에서 플랜테이션 소유주와 소련 관료는 비슷한 처지에 있다. 소련을 자본주의 세계체제의 일부로 만드는 것은 노동자들이 임금을 받기 때문이거나 하나의 국가부문에서 다른 국가부문으로 직장을 옮길 수 있다는 사실이 아니라, 소련 관료가 일정하게 노동자들을 착취하고, 노동자들이 가동시키는 시설을 근대화하고, 자본을 축적하고, 노동자들을 부문별로 배분해야 하고, 소련을 둘러싼 세계의 경쟁 압력 때문에 그런 방향으로 나아갈 수밖에 없다는 사실이다.

소련에서의 사용가치와 교환가치, 그리고 서방

미국 남부의 노예 소유주들과 오늘날의 소련 관료 사이의 차이는 말할 나위 없이 노예 소유주들이 그들의 생산물의 대부분을 세계시장에 내다 팔았던 반면, 소련에서는 대외무역이 총생산에서 매우 적은 비중만을 차지하고 있다는 사실이다.*

중앙집권적으로 관리되는 국내 경제와 낮은 수준의 대외무역 때문에 많은 사람들이 소련은 실제로 자본주의 세계의 일부가 아니라고 주장한다. 그들은 소련 경제의 내부 조직이 시장에서의 상품경쟁에 바탕을 두고 있지 않기 때문에 소련이 자본주의일 수 없다고 주장한다. 기업들은 중앙정부가 내린 지시에 따라 생산한다. 따라서 이러한 기업들이 생산하는 것은 **상품**일 수가 없고 따라서 소련은 자본주의일 수 없다는 것이다.

마르크스는 시장에서 다른 재화와 교환되지 않는 재화의 생산은 **교환가치**의 생산이 아니라 **사용가치**의 생산이라고 말했다. "하나의 생산물이 상품이 되려면, 그것이 사용가치로서 쓸모 있게 되는 다른 사람에게 교환을 통해서 옮겨져야 한다." 그리하여 많은 사람들이 마르크스의 이러한 주장에 바탕을 두고 소련은 자본주의일 수 없다고 주장한다.

우리는 이러한 주장들을 어떻게 평가해야 할까? 우선, 우리는 소

---

* 심지어 동유럽상호경제원조회의(COMECON) 지역 외부와 이루어진 교역량은 훨씬 더 작아서 1987년의 수치에 따르면 총생산의 20분의 1도 안 되었다.

런처럼 커다란 나라에서 대외무역이 그렇게 작은 역할을 하는 이유가 무엇인지를 알아야 한다. 미국과 마찬가지로, 소련의 대외무역이 총생산에서 차지하는 비율은 두 나라보다 작은 나라들의 경우에 비해 훨씬 적다. 예컨대, 지금은 없어진 동독에서는 총생산에서 무역이 차지하는 비중이 미국이나 소련보다 높았다.

또한, 우리는 소련이 자본주의일 수 없다는 주장이 올바른 것이라면 서방에서 이루어지는 대부분의 생산 역시 자본주의적일 수 없다는 점을 알아야 한다. 앞에서 우리는 1940년대에서 1970년대에 이르는 기간에 팽창을 경험한 서방 경제들의 거대한 국가 부문에 관해 말했다. 그러나 그 외에도 국가만을 위해 생산하는 상당 부분의 "사적" 산업체가 있다. 예컨대, 고속도로 건설 기업이나 군수기업을 예로 들 수 있다. 그리고 전면전이 벌어진 1940~1945년 사이에 영국과 독일에서는 임금, 가격, 생산 품목, 생산량, 생산 대행자 등에 관한 국가통제가 오늘날의 소련 경제의 경우보다 훨씬 더 전면적으로 이루어졌다.

게다가 서방의 비국가 부문은 갈수록 거대 기업의 지배를 받고 있다. 영국에서는 오늘날 중역 겸임제의 지배를 받는 100개 기업들이 사(私)부문 생산의 절반을 지배하고 있다.

국가 부문과 거대 기업 안에서, 개별 생산단위들은 주로 시장을 겨냥한 생산을 하지 않는다. 오히려 그들은 사전에 받은 지시에 따라 같은 기업의 다른 부문을 위해 생산한다. 어떤 하나의 공장이 교환을 위해서가 아니라 같은 계열 기업에서 사용되게 하기 위해 생산하는 것은 당연한 일이다. 그러나 어떤 거대 기업 안의 서로 다른 생산 단계들은 모두 자본주의의 법칙을 따르기 마련이다.

개별 자본가는 자신의 공장 안에서 자본주의의 법칙을 강요해야 한다는 압력을 받는다. 자신의 이윤을 극대화하기 위해서 공장 차원에서 계획을 수립하는 경우에도 말이다. 공장 안 한 부서의 노동자들이 그 공장 안 다른 부서의 노동자들을 위해 사용가치 ─ 교환가치가 아니라 ─ 를 생산하더라도 사용가치의 생산은 노동자들이 시장을 위해 상품을 생산하는 경우에 고려하는 사항들과 유사한 고려사항들의 규제를 받는다. 그 공장과 경제의 나머지 부분과의 외부적 관계는 그 공장 내 생산의 서로 다른 단계들을 자본주의적인 생산의 단계들로 변형시킨다.

거대 기업의 작동을 살펴보면 바로 이와 똑같은 고려사항들이 적용됨을 알 수 있다. 거대 기업의 넓은 활동 영역이 계획되고 시장과 매우 거리가 멀다 해도, 따지고 보면 그 기업과 다른 거대 기업들 사이의 경쟁 때문에 자본주의적 법칙이 지배하게 된다.

국가의 군사적 수요를 위한 생산도 이것과 질적으로 다르지 않다. 관련 제품들이 절대로 경쟁적 시장에서 교환되지 않는다 하더라도, 생산을 계획하는 사람들은 여전히 생산에 자본주의적 법칙을 강요할 수밖에 없다. 일반적으로 그들은 군비 부문의 기업 운영 실적과 비용 등을 다른 부문과 비교하기 위한 여러 가지 수단들을 사용함으로써 그렇게 한다. 그러한 수단들을 통해 국가는 군수품 생산업자들이 일정한 수준의 보상을 받는 것을 인정해 준다.

따라서 군수기업이 시장을 위해 다른 기업들과 경쟁하는 일이 거의 없다고 하더라도, 그들은 다른 기업들과 마찬가지로 행동해야 한다. 자본주의는 계속 존재한다. 심지어 국가관료가 시장의 대체물로 행동할 때조차도 그렇다.

각각의 경우에 내부적으로 이용되는 메커니즘들은 서로 비슷하다. 자본가는 경쟁 자본가만큼 효율적으로 노동자를 착취해야 한다. 그는 생산성을 지속적으로 높여야 한다. 개별 기업이나 나라가 자신의 활동을 계획한다 하더라도, 이러한 "계획"의 내용은 그 기업이나 나라가 다른 경쟁 기업이나 경쟁국과 맺고 있는 관계에 따라 좌우된다. 그 기업이나 나라가 자신의 경쟁 기업이나 경쟁국의 착취율 증가나 기술혁신을 따라잡지 못하면, 그 기업이나 나라는 위태로운 지경에 놓이게 될 것이다. 개별 기업과 마찬가지로, 개별 국가의 내부조직을 결정하는 것은 그 나라 이외의 전체 체제와 그 나라의 관계이다.

바로 그런 이유로 오늘날 미국 경제의 거대한 군비부문이 자본주의적 부문인 것이다. 미국의 군비부문은 자신의 생산성, 기술수준 그리고 노동비용을 다른 서방 국가들의 군비부문 및 소련 경제와 비교해야 한다. 미국은 유럽 및 일본과 경제적으로 경쟁하고 소련과 군사적 경쟁을 벌여 왔기 때문이다.

소련 경제 전체도 이와 유사하다. 소련 경제가 군비생산의 지배를 받는다면, 소련 경제는 소련 이외의 다른 나라에서 이루어지는 생산과 맺는 관계에 의해 지배된다. 소련 지배자들에게 문제가 되는 것은 그들이 관념적으로 얼마나 많은 사용가치를 쌓아놓느냐가 아니라, 이러한 사용가치들을 미국의 군비경제가 쌓아놓은 사용가치들과 어떻게 비교할 것인가이다.

그러나 소련과 미국의 사용가치들이 서로에 대해 척도가 된다면, 그것들은 더 이상 사용가치들이 아니게 된다. 그것들은 교환가치로서 작용하기 시작한다. 그것들의 가치는 더 이상 그것들이 본래 갖고 있던 속성이 아니라 세계체제 전체의 생산과 그것들이 맺는 관계에 따라 좌우된다.

소련 지배자들이 걱정하는 문제들은 그들이 모든 계산에서 서방 기업과 마찬가지로 그러한 고려사항들의 지배를 얼마나 많이 받는가를 보여 준다. 그들이 성장률에 관하여 말할 때, 그것은 서방과 비교한 성장률이다. 그들은 노동산출량 같은 것을 걱정하지 않는다. 오히려 그들은 서방과 비교한 노동생산성을 걱정한다. 그들은 서방과 비교되는 낮은 기술수준에 불길한 조짐을 느끼며 강박에 사로잡힌다.

노동자들에게 영향을 미치는 경제적 의사결정의 핵심 영역들은 서방에서 적용되는 것과 같은 종류의 고려사항들에 따라 결정된다. 예컨대, 서로 다른 부문들의 수익성은 어떻게 향상될 수 있을까? 어떻게 하면 노동자들을 설득해서 감원을 받아들이게 하고 임금인상에 대한 대가로 산출량을 늘리게 할 수 있을까? 노동자들이 되도록 가장 빠른 속도로 생산할 수 있게 하기 위해 필요한 임금수준은 어느 정도일까? 서방과의 경쟁 관계가 낳은 여러 결과들은 피할 수 없는 것들이다.

마르크스는 《자본론》 제1권에서 개별 상품 생산에 대한 분석에서 시작하여 자본주의의 동학, 즉 축적에 대한 분석으로 끝을 맺고 있다. 우리가 쓴 이 글도 서방과 마찬가지로 소련에서도 역시 모든 것이 축적에 종속되어 있음을 보여주는 것으로 시작했다. 이제 우리는 축적이 또한 소련 지배계급과 그들의 경쟁자들 사이의 경쟁 관계의 산물이고, 그러한 경쟁 때문에 소련 산업 전체의 생산물이 기본적으로 교환가치라는 자본주의적 척도에 의해 지배되는 생산물로 전화된다는 것을 알 수 있게 되었다.

국가자본주의의 모순들

경제적인 차원에서 말해서, 소련이 하나의 거대한 기업이라면, 소련에서도 역시 자본주의의 모순들과 유사한 모순들이 나타날 수밖에 없다. 그것은 장기저으로 이윤율이 떨어질 수밖에 없음을 뜻하는 것이다.

서방에서는 과거에 이윤율의 하락이 불황의 시작을 알리는 것이었다. 투자가 중단되고, 수요가 감소하고, 과잉생산이 시작되고, 그리하여 자본의 가치가 파괴된다. 공황으로 인해 가장 약한 자본단위들이 파산하여 더 강한 자본단위들로 싼 값에 흡수된다. 그리하여 자본이 재편되고 재편된 자본은 다시 자본 구실을 할 수 있게 된다. 경쟁 자본가들이 파산하고 자본 가치가 훨씬 더 낮아짐에 따라, 이윤율이 일시적으로 회복되고 경제변동이 새롭게 시작된다.

그러나 소련에는 과잉생산과 자본 재편을 연결시키는 그러한 메커니즘이 존재하지 않는다. 중앙 정부가 주요 투자결정을 내리고, 투자결정을 내리는 관료가 결정을 자동적으로 바꿀 수 있는 수단이 존재하지 않는다. 공장 관리자의 경우에도 사정은 마찬가지이다. 그에게는 자신이 담당하는 공장에서 생산된 상품이 소비되든 창고에 재고로 쌓이든, 또는 그의 새로운 공장부지가 완공되든 그렇지 않든 전혀 중요한 문제가 아니다. 그것은 소련 경제가 위기로부터 자유롭다는 것을 말해 주는 증거가 전혀 아니다. 오히려 그와 정반대이다. 그것은 소련 경제가 **영구적** 위기 상태에 빠져 있음을 보여 주는 분명한 증거이다. 서방 자본주의는 위기 상황에서 자본을 재편하기 위한 다소나마 효율적인 메커니즘을 갖고 있다. 그러나 소련은 그렇게 할 수 있는 내부적 수단을 전혀 갖고 있지 않다. 따라서 축적이 계속되더라도, 경제의 사용가치 총량은 증가하지 않는다. 소련 경제는 영구적 침체 상태에 이르렀다.

비교적 최근에 와서야 비로소 이러한 사실이 중요성을 갖게 되었다. 1950년대까지는 너무 적게 이용되는 노동을 매우 자유롭게 이용할 수 있었기 때문에 원시적 축적이 계속되고 새로운 투자를 실행하여 이윤을 얻을 수 있었다. 그 때까지 소련은 주요 축적 자원을 생산수단 확대에 계속 투입할 수 있었다. 그러나 모든 생산수단은 일정한 시기가 지나면 소비수단에 기여해야 하는 법이므로, 이것은 단순히 위기를 지연시켰을 뿐이다. 그것은 영구적 침체 상태의 발생을 막을 수 없고, 영구적 침체가 발생하는 시기를 늦추기만 했을 뿐이다.

1970년대에 세계자본주의가 위기를 겪게 되자 동구권 국가자본주의 경제들도 역시 위기를 겪게 되었다. 그것을 말해 주는 명백한 증거가 있다. 그것은 성장률 저하, 이윤율 저하, 확연히 드러난 경제 변동 경향, 기술 격차의 증대, 그리고 국제금융시장에서 많은 차관을 도입하게 만든 무역수지 적자폭의 확대에서 알 수 있다. 1970년대 세계 자본주의 위기는 동유럽 경제에 정말로 심각한 영향을 미쳤다.

첫째, 1974년과 1980년의 위기 전에도, 소련뿐 아니라 동유럽의 국가자본주의 경제들에서 성장률이 두드러지게 지속적으로 하락했다.

폴란드만이 이 시기에 위기를 피할 수 있었다. 그러나 1974년과 특히 1980년의 위기에서 동구권이나 서방의 주요 자본주의 국가들보다 더욱 심한 고통을 겪음으로써 그렇게 할 수 있었다. 폴란드는 서방과의 무역을 대규모로 증대시키는 방식으로 경제를 성장시켜 왔다. 서방과의 무역은 1971~1973년 사이에 매우 빠르게 증가했다가 줄어들었다. 서방으로부터의 수입은 1970~1973년 사이에 세 배로 늘어났다. 그러나 다른 동구권 국가들과의 무역량은 폴란드 총무역량의 45%에 불과했다. 그 뒤 불황이 도래했다. 폴란드의 수출은 급격히 하락했고, 성장을 유지하기 위해 필요한 수입 비용이 크게 증가했다.

성장률 (단위: %)

	1950~1955	1955~1960	1960~1965	1965~1970
소련	11.3	9.2	6.3	4.0
체코슬로바키아	8.0	7.1	1.8	3.4
폴란드	8.6	6.6	5.9	6.7
불가리아	12.2	9.7	6.5	4.5

세계경제의 호황에 참여한 폴란드 관료는 그것이 창출한 인플레 압력의 타격을 입었다. 1975년에 동유럽이 서방에서 빌린 순외채는

200억 달러로 급증했는데, 그 가운데 70억 달러가 폴란드의 외채였다. 폴란드는 70억 달러나 되는 외채 이자를 지불하기 위해서 외화 소득의 4분의 1을 써야 했다.

1980년의 위기에서는 그러한 과정이 훨씬 더 극단적인 형태로 반복되었다. 그러나 이번에는 20억 달러 이상의 새로운 부채에 대한 이자를 갚기 위해 폴란드는 외화 소득의 90% 이상을 써야 했고 1981년에는 최소한 15% 정도의 생산 감소가 일어났다.

그러나 최근까지 소련은 잉여 농촌인구를 갖고 있었고, 그리하여 1950년에서 1970년까지 소련은 도시 노동자를 매년 4% 정도 늘릴 수 있었다. 그리하여 노동생산성이 증가하지 않아도 매년 평균 4% 정도의 성장이 이루어질 수 있었다. 그러나 오늘날 도시 노동자의 증가치는 매년 1%도 채 안 되기 때문에 도시 노동자가 생산성 증대에 결정적 중요성을 갖게 되었다.

이것이 얼마나 긴급한 일인가는, 오늘날 동유럽 경제들이 서방 국가들과 대체로 유사한 수준의(영국보다는 낫고, 일본보다는 못한) 성장률을 기록하고 있지만 그들은 서방 수준의 **두 배의 투자**를 통해서만 이러한 성장률을 달성할 수 있다는 사실을 보아도 알 수 있다. 따라서 이것은 동유럽 경제들의 이윤율이 서방 국가들의 이윤율의 어림잡아 50% 정도라는 것을 암시하는 것이다.

오늘날 소련은 미국 제품과 동유럽과 일본의 고도기술 장비에 이전 어느 때보다 더 의존하고 있다. 소련은 서방과 협력하지 않으면 자신이 현재 갖고 있는 기술 자원과 금융 자원으로는 주요 산업부문들에 대한 투자를 할 수 없다. 따라서 소련 국가자본가 지배계급은 서방에서 적용되고 있는 요인들과 똑같은 요인들의 제약을 받고 있는 반면, 자신의 행동은 날이 갈수록 세계시장의 리듬을 타고 또 세계시장의 리듬에 기여하고 있는 것이다.

서방에서와 마찬가지로 소련에서도 사회주의는 지배계급의 권력을 완전히 파괴하여 아래로부터의 노동자 권력으로 바꾸는 ─ 그리고 국제적 차원으로 확산되는 ─ 노동자 혁명을 통해서만 이루어질 수 있다. 부분적 조치들이나 타협 따위는 있을 수 없다. 소련은 부분적으로 "진보적인" 사회도 아니고, 서방 지배계급이 서방 노동자들이 사회주의를 달성하지 못하게 막는 장애물인 것과 마찬가지로 소련 지배계급 역시 소련 노동자들이 사회주의로 가지 못하게 막는 장애물에 불과하다. 3일천하로 끝나버린 쿠데타 이후에 소련에서는 민족공화국들이 독립을 선언하고, 소련 '공산'당이 불법화되고, 옐친이 대중에게 미래의 대안으로 다시 부각되고 있다. 소련과 남한에서 혁명적 사회주의자의 임무는 옐친이나 고르바초프 또는 소유즈 그룹의 편을 드는 것이 아니라 노동자들과 함께 노동자 권력 쟁취를 위해 투쟁하는 것이다.

국가자본주의 이론의 이해

이른바 "현존 사회주의권"에서의 대격변은 혁명적 마르크스주의자들에게 커다란 도전을 던지고 있다. 서방과 "제3세계"에서 노동자 운동을 지배해 왔던 낡은 스탈린주의 이데올로기는 붕괴하였다. 그 붕괴가 남겨놓은 진공을 마르크스주의와 계급정치의 반대자들은 시장이 인류가 전진하기 위한 유일한 길이라는 주장으로 채우려 하고 있다. 이러한 주장은 동구권 나라들에 따라다니는 경제 위기에 대한 '해결책'으로 제시되어 이들 나라의 아주 많은 노동자들로부터 고무적인 반응을 받고 있다. 즉 대격변 이전의 구질서가 어쨌든 일종의 사회주의라고 믿고 있는 이들 노동자는 사회주의에 관한 어떤 이야기도 거부하면서, 바웬사나 옐친같이 서방 자본주의의 경이로움을 전도하는 자들의 말에 귀를 기울이고 있다.

혁명적 사회주의자들이 이러한 도전에 대처하기 위한 길이 딱 한

출처 및 필자 미상.

가지가 있다. 그것은 동방에서의 위기와 서방에서의 위기 사이의 상호작용을 보여 주는 세계체제 분석을 제공하는 것이다. 혁명적 마르크스주의자는 항상 세계를 분석의 출발점으로 삼는다. 여기서 세계경제는 국민경제들의 단순한 총합이 아니라 그 자체로서 하나의 독자적 실체이다. 이러한 관점에 입각한 국가자본주의론은 '현존 사회주의권'의 대격변에 대한 마르크스주의적 설명을 제공해 줄 것이다. 국가자본주의론은 애초에 토니 클리프에 의해 스탈린 치하 소련 사회의 성격을 설명하기 위해 발전된 것으로서, 이후 영국의 사회주의노동자당(SWP)를 비롯한 '국제사회주의' 그룹들에 의해 동유럽, 중국 및 제3세계 나라들에 적용되었다.

1. 현대 자본주의의 변모

"현존 사회주의" 사회들을 국가자본주의로 파악하는 이 이론에 대해 당장 다음과 같은 질문이 당연히 제기될 수 있을 것이다. 생산수단에 대한 사적 소유가 없고 일반화된 상품생산도 없으며 따라서 경쟁하는 자본들이나 사기업도 존재하지 않은 데서 (국가)자본주의라니?

이러한 물음에 답하기 위해서는 먼저 마르크스의 시대 이래 변모해 온 자본주의 체제의 경험적 현실을 다루어야 한다. 독점체들이 국민경제를 지배하게 됨에 따라 무슨 일이 일어났는가, 즉 생산적 경제부문들이 국유화되었고, 시장을 위한 '평화적 경쟁'을 대신하여 자본주의 국가들 간의 군사적 충돌이 상시화되며, 국가가 군사적 성공에 긴요한 부문들의 확장을 보장하기 위해 국민경제 내에서 가치법칙의 작용을 억눌러 버릴 때 무슨 일이 일어났는가를 분석해야 한다.

레닌과 부하린이 제국주의에 관한 그들의 저술들에서 정면으로 마주쳤던 것은 바로 이러한 문제들이다. 그들은 《자본론》에서의 마르크스의 서술에 기초하면서도 그 위에 무언가를 새로 세워야 할 필요성을 보았다. 그들은 자본주의가 그 역사에서 '시장을 위한 경쟁' 단계를 넘어가기 시작했다는 것을 인식했다.(이미 1915년과 1916년에!) 《세계경제와 제국주의》에서 부하린은 자본주의 세계체제의 출현이 개별 나라 안에서 국가자본주의로의 경향을 동반하였다고 주장하면서, 국가와 독점자본이 점점 더 통합되어 감에 따라 상대적으로 단일화된 일국적 자본(national capital)을 형성하고 있다고 지적하였다. 물론 여기에는 오스트리아 마르크스주의자 힐퍼딩의 '조직화된 자본주의'(organized capitalism)와 '총카르텔'의 신화로부터의 많은 영향이 엿보인다는 점을 부인할 수 없다. 그러나 한세기 이상 전에 엥겔스도 다음과 같이 쓰지 않았던가? "산업의 전분야를 통제하고 독점화하는 트러스트들에 눈을 돌리면, 그것은 사적 생산뿐 아니라 또한 무계획성에 대한 종지부를 의미한다는 것을 깨닫게 된다."

추측컨대, 엥겔스 또한 '조직화된 자본주의'의 신화를 받아들였던 것 같다. 아마 레닌이 부하린의 위의 책에 대한 매우 호의적인 서문을 쓰면서, "경쟁은 '국민경제'의 테두리 내에서 최소한으로 줄어들지만, 국가자본주의 트러스트들 간의 투쟁 — 일차적으로 그들의 군사력 간의 관계에 의해 결정되는 투쟁 — 으로 거대한 규모로 타오른다"고 말했을 때 그도 그 신화를 받아들였던 것 같다. 그리고 트로츠키도 《세계 노동자들에 대한 공산주의 인터내셔널 선언》에서 다음과 같이 썼을 때 동일한 오류를 범했던 것 같다.

> 경제생활의 국가화는 기정 사실이 되었다. … 자유경쟁으로 되돌아가는 것뿐 아니라 심지어 트러스트와 신디케이트의 지배로 되돌아가는 것도 불가능하다. 오늘날에는 오직 하나의 이슈가 있을 뿐이다. 금후 누가 국가화된 생산의 담지자가 될 것인가, 제국주의 국가인가 아니면 승리한 프롤레타리아트인가?

그러나 '조직화된 자본주의'의 신화야 어쨌든 간에 레닌, 부하린, 트로츠키는 모두 일단 자본주의가 그것의 독점적·제국주의적 단계에 들어가면, 그것은 더 이상 시장가격으로 표현되는 상품교환의 기초 위에서가 아니라 투입과 산출의 계획화된 상호작용에 의해 생산과정을 조직하는 거대 콘체른들에 의해 지배된다는 것을 승인하였다. 이것은 오늘날 거대 기업을 경영하는 자들이 너무나도 잘 알고 있는 것이다. 그리하여 남한의 거대 재벌의 작용방식을 분석한 최근의 한 보고서는 다음과 같이 말할 수 있었다.

---

* 필자가 착각한 듯하다. 레닌의 서문이 아니라 부하린의 책 10장에 나오는 문장이다 — 엮은이.

한국 대기업들의 생산 성과(performance)는 수익성에 의해 측정될 수 없는데, 왜냐하면 이윤 데이터가 조작되기 때문이다. 또한 수출량에 의해 측정될 수도 없는데, 왜냐하면 그것은 단순히 정부보조금의 뒷받침 정도를 반영하는 것일 뿐이기 때문이다. 여기서 훌륭한 생산 성과는 생산의 물리적 지표들과 기업 경영 관리, 즉 (수출가치의 변화뿐 아니라) 생산성, 품질 및 재고관리 등에 의해 측정되어야 한다.

기업 내에서 일종의 '계획'이 존재하는데, 흔히 이것은 가치법칙으로부터 도출되는 상품들 간의 관계와 정면으로 배치된다.

이와 마찬가지로, 거대 기업 내에서 진실인 것은 현대 국가의 거대한 군사부문들 — 양차 세계대전 동안 실질적으로 해당 국민경제 전체를 지배하게 된 — 내에서도 진실이다. 국가가 무기를 직접 생산하지 않을 때조차도 국가는 사적 청부업자가 '생산비 플러스 알파'의 조건으로 지불 받는 것을 보장해 주고, 그리하여 이런 식으로 보다 수익성 있는 경제부문을 희생시키면서 그렇지 못한 경제부문에 보조금을 지급하는 경우가 다반사이다. 어떤 현대 국가도 시장의 — 가치법칙의 — 내부적 작용이 그 국가의 전쟁 수행 능력을 파괴하도록 허용하지 않는다.

그러나 이것이 모든 것은 아니다. 거대 기업의 내부적 경영으로부터 혹은 국가의 군사적 준비로부터 추방되는 가치법칙은 그럼에도 불구하고 밖으로부터 그것들에 결정적인 규정력을 행사한다. 기업 내 혹은 일국 내의 이러한 '계획'이 취하는 방향은 자의적인 것이 아니다. 그 방향은 각 거대 콘체른이 장기적으로 다른 콘체른들과 경쟁할 수 있게끔 — 군사적 혹은 경제적 견지에서 — 해야 한다.

그 거래 총액에서 일반적인 이윤을 확보할 수 없는 거대 기업은 궁극적으로 비즈니스에서 떨어져 나갈 것이다. 라이벌 국가들을 물리칠 수 있을 그러한 방식으로 자신의 자원을 사용하지 않는 국민국가는 궁극적으로 군사적 패배의 위험을 떠맡을 것이다.

외부적 경쟁은 매개변수, 즉 이것에 따라 '계획입안자들'이 해당 콘체른 내에서 경영해 나가는 그 매개변수를 결정한다. 경영진으로 하여금 끊임없이 그들의 내부적 생산비에 대해 걱정하도록, 즉 그들의 통제 하에 있는 각종 생산과정들에 가치법칙을 부과하도록 강제하는 것은 바로 이러한 외부적 경쟁이다.

그러나 물론 외부적 경쟁의 변덕은 내부적 계획화 시도를 끊임없이 난센스로 만들면서, 기존의 생산비 계산을 뒤엎어 놓고 경영진으로 하여금 어떤 생산설비들은 '계획'된 것보다 훨씬 더 확장하고 다른 것들은 중도에서 설비확장을 포기하도록 강제한다. 국민경제 내에서의 '조직화' 시도는 국제적 차원에서의 경쟁에 의해 끊임없이 좌절된다. 그리고 이것은 단순히 시장을 위한 경제석 경쟁을 의미하지 않는다. 또한 그것은 제국주의 시대에 전형적인 경쟁형태, 즉 군사적 경쟁을 의미한다.

2. 스탈린과 축적

만일 소련을 세계경제에서 따로 떼어놓고 보면, 국가자본주의론은 거기에 적용될 수 없다. 소련 내에서 재화는 그것들을 생산하는 데 지출된 노동시간에 기초하여 서로 비교되지 않는다. 사실 이것은 페레스트로이카를 추진하고 있는 자들이 갖고 있는 불평거리 가운데 하나이다. 소련의 가격체계는 경쟁하는 재화들 사이의 생산성 비교를 가로막는다. 가격은 포드회사 내부에서의 이전 가격(transfer price)만큼이나 '인위적'이다.

그러나 일단 소련을 세계경제와 관련지어 보면, 사정은 달라진다. 세계체제는 **경쟁**하는 국가들의 체계이며, 소련은 이 경쟁 속에 잠겨 있다. 우리는 소련에서 관료적 국가자본주의가 확립된 시점을 1928년으로 잡고 있는데, 이는 그 시점부터 국제 경쟁이 내부적 과정의 주된 결정력이 되었기 때문이다.

노동자 국가의 왜곡은 혁명 이래 수년간에 걸쳐, 즉 처음에 전시공산주의 연간에, 다음에는 NEP의 의식적 후퇴를 통해 계속해서 존재해 왔다. 초좌익들은 이 시기의 소련을 묘사할 때 사회주의 '모델'로부터의 이러한 일탈을 내세워 NEP 시기의 소련을 '국가자본주의'라고 규정한다. 이것은 우리의 접근 방식이 아니다. 우리는 사회주의나 노동자 국가에 대한 유토피아적 관념에 탐닉하지 않는다. 이 초기 시기 동안 볼셰비키 정책의 중심적인 추동 방향은 러시아 혁명이 밖으로 확산되도록 하는 데 맞추어져 있었다. 비록 스탈린이 그의 영향력을 증대시키고 있기는 했지만 여전히 국제혁명의 사상과 영구혁명의 사상이 승리할 수 있는 가능성이 존재하였다. 소비에트들은 비록 약화되었지만 아직 관료층의 단순한 거수기는 아니었다.

이 상황은 1928년에 바뀌었다. 이미 1925년에 스탈린은 '일국사회주의'의 문제를 둘러싼 당내 사상투쟁의 전장에서 승리하였다. 이 이론은 국제혁명의 사상이 러시아의 발전 자체에 대한 집중으로 대체됨에 따른 관료층의 객관적 지위를 반영하였다. 1927년에 중국 공산당의 패배와 영국과의 외교 단절은 전쟁공포를 가져왔으며, 변화된 국제정세는 소련의 내부적 관계에 중대한 영향을 미쳤다. 전쟁에 대비하기 위한 급속한 공업화 정책이 제1차 5개년계획을 통해 수립되었다.

노동생산성을 높이는 것은 사회주의를 위한 투쟁의 한 측면이 아니라 국가적 경쟁의 표현이 되었다. 그리하여 외부적인 강제적 경쟁 압력은 지배 관료의 프로그램의 골간을 이루는 주요한 요인이 되었다. 소련 같은 상대적 후진국에서 급속한 강제공업화 속도는 지배자들에게 대량 억압을 사용하도록 요구하였다. 1928년에 뒤이은 몇 년간 제1차 5개년계획의 도입, 농민층의 강제집산화, 그리고 스탈린주의 억압장치의 발전 등이 뒤따랐다. 1930년대 중반의 강제 수용소와 모스크바 재판은 스탈린 개인의 인성을 반영했던 것이라기보다는 서방과의 경쟁에 필요한 경제 발전 수준과 대중에 대한 억압 없이 이룰 수 있는 경제 발전 수준 사이의 간극을 표현하는 것이었다.

폭력적 반혁명이 일어났다. 관료는 국가 경제 발전을 감독하는 것을 자신의 일차적인 사회적 기능으로 삼았고 그리하여 노동계급에 대한 직접적인 억압적 권력을 거머쥠으로써 그 자신을 새로운 지배계급으로 전화시켰다.

서방과 경제적으로 경쟁하기 어려운 사정으로 인해 경쟁은 일차적으로 무기 경쟁의 형태를 취하였다. 중공업, 강철, 철도 등의 부문이 절대적 우선 순위를 가지게 된 것은 이러한 배경에서였다.

축적 압력의 이러한 외부적 성격은 축적 형태를 결정하였다. 모든 자본주의적 축적에서처럼 노동자들의 필요는 공업화 드라이브에 종속되었다. 경쟁은 축적에 종속되었고, 축적이 진행됨에 따라 이러한 종속은 강화되었다.

이것은 축적을 위한 축적이었다. 노동계급은 그 과정의 희생자였다. 소련 경제의 동학은 국내적으로든 국제적으로든 노동계급의 필요에 의해 결정되지 않았다. 마르크스는 《자본론》에서 자본주의의 원동력은 자본가의 소비에 있는 게 아니라, 자본가로서의 역할을 다하기 위해서는 자본가는 축적하지 않으면 안 된다는 사실에 있다고 강조했다. "자본가 자신의 개인적 소비는 축적에 대해 범하는 강탈이다. … 축적하라, 축적하라! 이것이 모세와 예언자들의 가르침이다. … 그러므로 저축하라, 저축하라. 즉 잉여가치, 잉여생산물의 되도록 많은 부분을 자본으로 재전환하라! 축적을 위한 축적, 생산을 위한 생산 …"

3. 가치법칙과 대외 경쟁

소련에서 가치법칙의 작동 문제를 "소련에 상품생산이 존재하는가?"라는 식의 질문으로 제기하는 것은 그 문제를 인위적이고 정태적인 방식으로 제기하는 것이다. 따로 떼어 놓고 보면 소련에서의 생산은 교환가치의 생산일 수가 없다. 그것은 중앙 '계획'으로 조정된 구체노동의 결과로서의 사용가치의 생산일 것이다. 그러나, 일단 분석이 국제 경쟁의 차원으로 끌어올려지면, 소련에서의 재화는 상품의 — 추상노동의 체화로서의 — 사회적 역할을 취한다는 점을 볼 수 있다. 소련의 관료 지배계급은 소련 내에서의 재화 생산 비용을 다른 나라에서의 생산비와 비교하며, 이러한 비교는 구체노동을 세계 규모에서 추상노동과 연관시킨다. 관료는 외국과 비교하여 소련에서 어떤 재화를 생산하는 데 얼마나 많은 노동이 드는가를 스스로에게 묻지 않으면 안 된다. 크리스 하먼은 이 점을 다음과 같이 말하고 있다.

> 서방에서 생산과정의 모든 변화는 소련에서 생산과정의 변화를 강제할 것이다.(그리고 그 반대도 마찬가지이다.) 달리 말하면, 노동생산물의 무정부적, 비계획화된 상호작용이 노동과정을 결정하는, 죽은 노동이 산 노동을 결정하는, 그리고 모든 구체적 노동행위가 세계적 규모에서 추상노동과 연관되는 그러한 물화된 관계들의 전(全) 체계가 세워진다.

4. 자본주의 발전의 한 단계로서의 국가자본주의

국가자본주의론은 스탈린 시기와 동유럽에서 스탈린주의 지배의 초기 시기를 올바르게 이해할 수 있게 해준다. 경제적으로 보다 선진적인 나라들과의 군사적·경제적 경쟁에 빠져든 상대적 후진국의 지배계급은 선진 자본주의가 공업화를 수행한 방법을 모방함으로써 이러한 경쟁에 대처하려고 했다. 스탈린주의 지배계급은 영국 자본주의가 3세기에 걸쳐 해낸 것을 단 이삼십 년 안에 해결하려고 했다. 영국에서의 원시적 축적의 야만성과 비교해 볼 때 스탈린주의의 야만성은 2천만 혹은 심지어 3천만의 죽음을 야기한 보다 집중화된 야만성이었다. 영국의 경험에 기초하여 엥겔스는 다음과 같이 예견한 바 있다.

"러시아가 자본주의적 대공업에 의해 정복될 마지막 나라인 한, 그리고 그와 동시에, 비교될 수 없을 만큼 더 많은 농촌 인구를 가진 나라인 한, … 경제적 혁명에 의해 야기된 혁명적 변화는 다른 어느 곳에서보다도 훨씬 더 근원적이고 더 첨예할 수밖에 없다. 5십만의 대토지소유자들과 약 8천만의 농민을 밀어내는 과정은 오직 시체들의 산더미 위에서 무시무시한 고통과 강제를 대가로 치름으로써만 이룩될 수 있다."

물론 엥겔스는 자본주의적 공업화와 고통이 자신의 계급적 본질을 마르크스주의적 언사 뒤에 감추려고 한 관료에 의해 부과되리라고는 예견할 수 없었다. 이 과정이 완수되는 데는 25년의 기간밖에 소요되지 않았다. 그러나 물론 그 규모에서 튜더 왕조 시기의 인클로저와 유랑금지법, 250년간의 대서양 횡단 노예무역, 플랜테이션 제도의 야만성, 18~19세기의 토지청소, 아일랜드 기근 동안의 곡물수탈, 인도 전역을 빈곤으로 몰아넣은 영국의 식민지 지배, 그리고 중국에서의 아편무역 등 이 모든 것들이 결합되어 미친 효과와는 비교될 수 없을 것이다. 영국의 지배자들은 종교와 문명의 이름으로 그들의 야만성을 정당화하려고 했다. 스탈린은 사회주의의 이름으로 정당화했다. 그러나 그 방법과 목표는 본질적으로 동일하였다.

　이와 동시에, 전체 경제에 대한 국가통제에의 경향은 스탈린주의에 독특한 것이 아니었다. 그것은 제1차세계대전 및 1930년대의 공황으로부터 1970년대에 이르는 시기에 자본주의 세계 전체에 걸쳐, 특히 그 체제의 보다 약한 일국적 고리들에서 다양한 정도로 일어난 어떤 것이었다. 자본주의 발전이 늦은 나라들에서 새로운 공업을 건설하려고 한 지배집단들은 기존 자본주의 강대국들로부터의 경쟁에 직면하여 그렇게 할 수 있을 유일한 길은 국가의 강제력을 이용하여 가용자원을 집중하는 것임을 발견하였다. 이미 세기의 전환기에 일본과 제정 러시아에서 국가는 대공업 발전에서 중심적인 역할을 수행하였다. 양차 세계대전과 1930년대의 공황은 선진 자본주의들에서 국가와 거대기업간의 대규모 융합을 가져왔다. 1930년대말에 나치 독일에서 산업활동에 대한 국가통제의 규모는 힐퍼딩으로 하여금 자본주의가 새로운 생산양식으로 대체되었다고 믿게 할 정도로 거대한 것이었다. 그리고 서방 국가들의 가장 '자유(로운)시장' 미국에서조차 국가는 1941~44년에 대부분의 산업역량을 건설하였고 통제하였다. 국가자본주의는 생산력 발전 단계에 조응하는 것이었다.

　자본주의 국가에 의한 국민경제의 단일한 구조로의 통합 경향은 토착 산업발전이 가장 약한 나라들에서 가장 멀리 나아갔다. 1930년대 및 1940년대에 국가는 무솔리니의 이탈리아, 페론의 아르헨티나, 바르가스의 브라질, 네루의 인도(독립 이전에 산업계의 주요 가족들이 소련의 예를 모방한 5개년 계획에 입각한 경제적 프로그램에 의견 일치를 본 나라), 장제스 치하 그리고 이어서 마오쩌둥 치하의 중국, 그리고 몇 년 후 나세르의 이집트, 이라크와 시리아의 바트당 정권, 부미디엔의 알제리, 군사정권 버마 등과 같은 다양한 나라들의 경제 발전에서 전면에 나섰다.

자본주의의 이 시기에 산업발전의 기초를 놓는 유일하게 가능한 방법은 국가 개입에 의한 길인 것처럼 보였다. '제3세계'에서의 경제적 성공담들은 시장에 모든 것이 내맡겨지지 않고 강력한 국가 개입이 있었던 나라들에서 나왔다. 그리하여 지배적 이데올로기들 ─ 케인스주의든 사회민주주의든 또는 스탈린주의든 ─ 은 국가 개입을 당연하게 여겼다.

이러한 경우들 가운데 그 어느 것에서도 한 생산양식으로부터 다른 생산양식으로의 이행은 일어나지 않았다. 이들 각각의 경우에 기존 국가장치를 통제한 집단은 산업을 재조직하는 데 그것을 이용하였고, 외부의 압력에 맞서서 축적할 수 있도록 내부 경쟁을 최소한으로 줄였다. 물론 여기에는 반대와 저항이 수반되었다. 각종 탄압이 민중에 대해서뿐 아니라 사적 자본주의 요소들에 대해서도 취해졌다.

소련의 사회구성은 이러한 국가자본주의 경향의 극단적인 발전이었을 따름이다. 국가자본주의가 여전히 자본주의인 한, 자본주의의 잘 알려진 모순들이 거기에서도 나타날 수밖에 없다. 그러므로 소련의 국가자본가 지배계급은 서방에서 작동하는 것과 똑같은 힘의 제약을 받는다. 그들의 활동은 점점 더 세계시장의 리듬에 따르게 되며, 그것 때문에 고통 받는다. 서방에서와 마찬가지로 지배계급의 권력을 완전히 파괴하고 그것을 아래로부터의 ─ 그리고 국제적인 ─

노동자 권력으로 대체하는 노동자 혁명을 통해서만 비로소 사회주의는 획득될 수 있다. 오늘의 소련은 조금도 진보적인 사회구성체가 아니다. 서방 지배계급이 사회주의로 향하는 서방 노동자들의 전진을 가로막는 장벽인 것만큼이나 소련 지배계급도 소련 노동자들의 사회주의를 향한 전진을 가로막는 장벽이다.

제2부
옛 소련 블록 사회의 성격

옛 소련 블록의 붕괴는
자본주의의 승리를 뜻하는가

1989~91년 동유럽 스탈린주의 국가들의 붕괴는 제2차세계대전 뒤에 태어난 사람들에게는 생애 최대의 정치적 사건들 중 하나일 것이다.

마르크스와 레닌을 인용해 '사회주의' 또는 '공산주의'를 자처하던 스탈린주의 정권들이 붕괴하자 국제 좌파는 완전히 방향감각을 상실했다. 공산당들은 붕괴하거나 사회민주주의 정당들로 방향을 선회했다.

한국에서도 그 비슷한 일들이 일어났다. 스탈린주의 좌파들은 커다란 사기저하와 방향감각 상실을 겪었다. 일부는 개혁주의(예컨대, 진보신당의 주요 리더들)나 포스트 마르크스주의 또는 자율주의(예컨대, '다중지성의 정원' 상임강사 조정환)로 변신했다. 일부는 아예

김인식. 〈레프트21〉 16호, 2009년 10월 8일. https://wspaper.org/article/7055.

우익(한나라당 의원 신지호 등)으로 변신했다. 더 많은 사람들은 사회 변화에 회의를 느끼며 단순히 운동을 포기했다.

그리고 '자본주의'와 '서방'은 승리를 선언했다. 미국의 정치학자 프랜시스 후쿠야마는 자유주의적 자본주의에 대한 거대한 도전은 끝났다고 선언했다. "대안은 패배했고, 거대 대안들의 투쟁 서사로서 역사는 끝났다. 미래는 유일 초강대국 미국의 이익을 따르는 세계 시장과 다국적 기업이다."

그러나 후쿠야마의 선언은 단명했다. 1990년대 후반에 세계 도처에서 저항 운동이 일어났다. 기업 세계화 반대 운동과 반자본주의 운동이 융합하기 시작했다. 그 뒤 미국의 "테러와의 전쟁"에 반대하는 국제적 운동이 일어났다.

그리고 지금 체제의 심장부에서 발생한 경제 위기 때문에 세계 주요 지배계급은 1989~91년 옛 소련 블록의 붕괴 이래 가장 커다란 혼란에 빠져 있다.

그럼에도 자본주의가 아닌 더 나은 세계가 가능한지를 토론할 때면 어김없이 "소련 문제"가 쟁점이 된다. "소련 문제"가 오늘날에도 여전히 정치적으로 중요한 까닭이다.

옛 소련이 모종의 사회주의 사회, 또는 적어도 "노동자 국가"나 "탈자본주의 사회"였다면, 옛 소련을 지지하는 것이 인류 전체의 사회주의적 미래를 위한 투쟁을 지지하는 것이 될 수 있었을 것이다.*

---

* 러시아 혁명과 스탈린의 반혁명, 옛 소련 블록 사회의 성격에 대해 더 알고 싶은 독자들에게 최일붕의 《러시아 혁명과 레닌의 사상》(개정판이 《러시아혁명: 희망과 좌절》로 출판 — 엮은이)을 추천한다.

반대로, 옛 소련이 모종의 사회주의 사회이기는커녕 자본주의보다 더 퇴보한 사회였다면, 그 논리적 결론은 퇴보를 저지하기 위해 서방 자본주의를 비판적으로 지지하는 것이다.

그러나 옛 소련 블록이 서방 자본주의와 본질적으로 동일한 사회라면, 옛 소련 블록의 몰락은 오히려 진정한 사회주의 운동을 건설할 수 있는 가능성이 커질 수 있음을 뜻한다.

지금도 이 문제는 중요하다. 북한·중국·쿠바 등 잔존하는 스탈린주의 국가들은 소련을 본떠 건설했기 때문이다. 그래서 "소련 문제"는 이론 그 자체를 위한 이론적 주장이 아니다. 거대한 실천적 함의들을 담고 있다.

옛 소련 블록은 전체주의 사회였는가

보수주의자들은 옛 소련을 흔히 전체주의 사회로 그린다. 즉, 지도부·이데올로기·탄압에 의한 상명하달 등으로 모든 상황을 설명한다.

전체주의 이론은 냉전 때 서방의 보수주의자들이 처음 만들었다. 전향한 옛 공산주의자들도 이 주장을 수용했다.

그 핵심은 사회의 급진적 변화 가능성을 공격하는 것이다. 즉, 볼셰비즘의 원죄는 무력을 통해 세계에 평등과 정의라는 새로운 이상을 부과하려 했다는 것이다.

이것은 스탈린주의의 본질과 1917년 혁명 당시의 사상 사이에 근본적 차이가 있음을 이해하지 못하는 것이다. 스탈린주의는 급진적

이상을 전혀 고무하지 않았다. 오히려 매우 보수적이고 계급 지배적인 교리였다.

옛 소련을 전체주의 사회로 묘사하는 것은 스탈린주의 이데올로기의 거울 이미지일 뿐이다. 스탈린주의 이데올로기는 레닌에서 스탈린으로, 그리고 그 다음 세대로 이어지는 지도부와 비밀 경찰(옛 소련의 게페우나 옛 동독의 슈타지 등)의 절대적 구실을 강조한다. 전체주의 이론도 동일한 특징들을 지적한다. 그러나 스탈린주의와는 달리 그 특징들을 비난한다. 사회주의가 억압적인 전체주의 사회라는 믿음을 유포하기 위해서다. 그렇게 함으로써 권력과 특권에 이의를 제기하거나 도전하지 못하도록 차단하려는 것이다.

그래서 전체주의 이론은 사회 내부의 자체 변화 가능성을 부정한다. 탄압을 특별히 부각한다. 그 때문에 인구 대중은 원자화한다. 이것이 뜻하는 바는, 그 사회 구성원들이 체제에 맞서 조직할 능력이 없다는 것이다(북한 체제에 대해서도 이런 주장을 하는 사람들이 많다).

그래서 옛 소련 블록을 전체주의 사회라고 비난하는 것은 언뜻 급진적인 것처럼 보이지만 그 정치적 함의는 역사적으로나 정치적으로나 매우 보수적이다.

전체주의 이론은 또한 연속성을 주장한다. 레닌의 러시아와 스탈린·흐루쇼프·브레즈네프·고르바초프 등의 러시아를 동일시한다. 1917년 이래 옛 소련 사회는 아무 변화가 없었다는 것이다.

그래서 옛 소련을 탐구한 최상의 역사가 중 한 명인 모셰 레윈은 전체주의가 "소련의 변화 메커니즘을 전혀 이해하지 못하며 역사 과정을 어렴풋하게 나타내지도 못한다"고 지적했다.

스탈린주의는 레닌주의에서 비롯했는가

소비에트의 역사는 단순하지 않다. 가장 흔한 오류는 선후관계를 인과관계로 이해하는 것이다. 시간상 선행했다고 해서 그것이 곧 나중에 일어난 일의 원인이라고 하는 것은 비논리적 접근이다. 레닌주의가 스탈린주의를 낳았다는 주장도 그런 경우에 해당한다.

1917년 2월 1차 혁명은 차르(러시아 황제)를 타도했다. 1917년 10월 2차 혁명을 통해 볼셰비키가 권력을 장악했다. 볼셰비키는 러시아를 바꾸고자 했다. 또, 국제 혁명을 고무해 불평등과 전쟁과 계급 갈등이 없는 세계 건설에 이바지하고자 했다.

그러나 10년 만에 혁명 세대 대부분이 사회의 중심에서 밀려났다. 그리고 스탈린 치하에서 옛 소련은 열강으로 부상했다. 스탈린 정권은 '사회주의'를 자처했지만, 대내적으로는 비민주적이고 억압적이었으며, 대외적으로는 광범한 사회 변화의 가능성을 봉쇄하거나 방해했다.

요컨대, 러시아의 역사는 연속성이 아니라 불연속성(단절)과 관계있다. 1917년에 진정한 노동자 혁명이 있었다. 그 뒤 혁명은 다른 무엇으로 변질했다. 1917년 혁명이 필연적으로 스탈린주의로 귀결하지 않을 수 있었다는 것이다. "레닌에서 스탈린으로"는 논리적 진행이 아니었다.

피터 세즈윅은 스탈린주의의 기원을 레닌의 이데올로기적 논리에서 찾는 것을 비판했다. "러시아 혁명과 내전이라는 '객관적인' 사회 조건들이 대중적 혁명 물결의 쇠퇴를 위한 충분조건을 내포하고 있다.

그 원인을 레닌의 초기 공식에서 나타나는 '주관적' 결함에서 찾지 않아도 된다."

1917년의 염원과 희망이 타락하게 된 것은 러시아 혁명이 고립되고 내전으로 경제가 파탄 났기 때문이었다.

물론 전에 했던 것과 나중에 일어난 것 사이에 아무 관계가 없다는 뜻은 아니다. 스탈린 정권은 혁명의 타락 한복판에서 등장했다. 그 요인들은 명백히 관련돼 있다. 그러나 예정된 결말이 아니었다는 점이 중요하다. 즉, 혁명에 내재된 논리가 아니었다는 것이다.

아나키스트 출신의 볼셰비크였던 빅토르 세르주는 이렇게 말했다. "스탈린주의의 모든 세균이 애초 볼셰비즘에 있었다는 얘기를 종종 듣는다. 글쎄, 이견은 없다. 단지 볼셰비즘은 다른 많은 씨앗도 갖고 있었고, 승리한 혁명 5년 동안 열정적으로 살았던 사람들은 그 사실을 잊어서는 안 된다."

그렇다면 하나의 씨앗은 잘 자랐는데, 나머지 씨앗들은 왜 그렇지를 못했는가? 이를 이해하려면 그 씨앗들이 재배된 토양을 조사해야 하고, 어떻게 재배됐는지를 살펴봐야 한다.

옛 소련 블록은 관료적 국가자본주의였다

혁명이 타락했다는 것은 그 혁명이 무엇으로 변질됐는지를 묻는 것이다. 스탈린주의 정권이 발전시킨 것은, 타락했든 타락하지 않았든 간에, 모종의 사회주의와 전혀 상관없었다. 정확히 말해, 20세기

자본주의의 변형인 관료적 국가 자본주의였다.

2000년에 작고한 영국의 사회주의자 토니 클리프가 제2차세계대전 직후 이런 관점에서 옛 소련에 관해 가장 조리 있는 이론을 제시했다.

옛 소련이 자본주의였다는 것은 그 사회에 자본주의의 기본 특징들 — 경쟁, 착취, 계급, 소외 등 — 이 존재했다는 것이다.

예컨대, 임금 노동이 존재했다. 노동자들은 정치적 자유는 제약돼 있었지만, 법률적으로는 자유로웠다. 생산수단을 통제하거나 소유하지도 않았다. 그들은 먹고 살기 위해 관료가 지배하는 국유 기업에 고용돼야만 했다.

이런 자본주의적 특징들은 더 많이 들 수 있다. 1인 경영제, 노조 무력화, 단체협약 폐지, 스타하노프식 노동강도 높이기, 국내 통행 허가증제 도입, 여성의 예속, 농업의 강제 집산화, 강제노동수용소, 소수민족 억압 등등.

특히, 소련과 나머지 자본주의 열강들 사이의 경쟁이 중요했다.

스탈린은 "우리는 선진국들에 50년 뒤졌다. 우리는 10년 안에 이 격차를 메워야 한다. 우리가 이 일을 해내지 못하면 그들[서방]이 우리를 분쇄해 버릴 것이다"는 유명한 말을 남겼다. 부분적으로 경제적 경쟁이 있었지만, 결정적인 것은 군사적 경쟁이었다. 이것이 소련의 발전 패턴을 설명하는 데서 핵심이다.

옛 소련은 단지 자본주의가 아니었다. 자본주의의 기본 특징이 협소한 법률적 관점에서 사적 소유가 아니라 국가 소유로 표현됐다는 점에서 국가 자본주의였다. 체제 내 메커니즘의 핵심 성격이 매우 융

통성 없고 경직돼 있으며 관료적이라는 의미에서 관료적 국가 자본
주의였다.

흔히 옛 소련에만 있다고 여겨진 것들 대부분이 현대 자본주의 체
제에 있는 요소들의 확장이었다. 좀더 격렬한 형태로 있었지만 말이
다.

예컨대, 국가라는 핵심 문제를 살펴보자. 옛 소련에만 특수하게
있고 '자본주의'와는 양립할 수 없다고 잘못 믿었던 것들 대부분을
현대 자본주의의 군사 부문들에서 볼 수 있다. 1970년대 초 미국의
급진 경제학자 하워드 셔먼은 이렇게 지적했다.

"소련을 제외하면 … 미국 국방부는 세계 최대의 계획 경제다. 미
국 국방부는 전체 미국 기업의 순수입보다 더 많이 지출한다. 1969
년에 4백70개의 주요 시설들과 6천 개의 부수 시설들을 보유했고, 3
천9백만 에이커의 땅[여의도 면적 2백54만 평의 1만 8천7백95배]을 소유했으
며, 연간 8백억 달러를 지출했으며, 미국 노동력의 10퍼센트에 이르
는 군인들과 군수품을 사용했다."

사실, 자본주의 역사 내내 자본주의는 국가에 의지해 필요한 구
조들을 창출했다. 그와 동시에, 국가는 직접 생산자, 공장 소유주
구실을 하기도 했다. 자본주의는 기업과 국가가 경쟁하는 세계다.
기업과 국가는 끊임없이 상호작용한다.

체제가 발전함에 따라 국가는 훨씬 더 중요해졌다. 전쟁이라는 극
단적 상황에서, 자본주의는 필연적으로 국가 주도 전쟁 경제들의 경
쟁 체제가 된다.

따라서 정도는 다를지라도, 국가자본주의는 언제나 체제의 일부

였다. 20세기 동안 국가의 구실은 지속적으로 증대해 왔다. '사적 자본'은 이런 국가의 부상에 맞서 투쟁하기는커녕 종종 그것을 지지했다. 세계화의 충격 때문에 국가가 "후퇴"했다는 지난 20년 동안에도, 국가의 경제적 구실은 현대 자본주의의 심장부에서 여전히 중요하다.

따라서 사회주의는 필연적으로 '국가 통제'와 관계 있다는 주장은 완전히 당찮은 말이다. 국가 통제가 자본주의와 모순된다는 주장도 터무니없다.

이런 주장들은 일찍이 마르크스와 엥겔스가, 그리고 1917년에 볼셰비키가 분명하게 반대한 것들이다.

국가 자본주의에서 시장 자본주의로

1991년 옛 소련 체제의 붕괴와 뒤이은 이행은 급진적 변화를 수반하지 않았다. 1989~91년은 정치 혁명과 자본주의 형태의 변화 — 국가에서 좀더 시장 형태로 이동 — 가 결합된 것이다.

정치 혁명이 있었다는 것은 민주주의와 따라서 자주적 대중 조직이 등장할 가능성이 생겨났음을 뜻한다. 그 의미를 과소평가해서는 안 되는 커다란 성과다.

한편, 자본주의 형태의 변화라는 생각은 이행의 거대한 수수께끼를 푸는 데서 핵심이다.

옛 소련 블록 상층부에서는 매우 놀라울 정도로 지배의 연속성이 있었다. 옛 소련의 비자본주의적 성격을 강조한다면, 자본주의가 그때 어떻게 등장할 수 있었는지, 옛 체제를 운영한 바로 그 집단들이 어떻게 새로운 체제를 운영할 수 있게 됐는지를 설명할 수 없다.

"인민위원회 부서는 폐지될 것이고, 그 해체 위에서 (똑같은 건물, 똑같은 가구, 똑같은 사람이 있는) 주식회사 형태의 기업체들이 생겨날 것이다. 인민위원은 사임할 것이다. … 대개 폐지된 인민위원회 부서의 제2, 제3의 인물이 기업체의 수장이 될 것이다."(러시아과학아카데미 사회학연구소의 올가 크리시타놉스카야)

1989~91년 옛 소련 블록에서는 봉건제에서 자본주의로(가령 1789년 프랑스 대혁명), 또는 자본주의에서 사회주의로(가령 1917년 러시아 혁명)에 해당하는 사회 혁명이 일어나지 않았다. 심지어 1928~29년 스탈린의 반혁명에 필적할 만한 변화도 아니었다.

이행의 결과, 러시아에서는 광범한 경제적·사회적 붕괴가 나타났다. 옛 체제의 희생자였던 평범한 러시아인들이 이행의 희생자가 됐다. 그러나 옛 질서의 지배자들은 새로운 질서에서도 지배력을 강화했을 뿐 아니라 막대한 개인적 부를 쌓았다.

이것은 옛 체제와 사회주의를 동일시했기 때문이다. 그 때문에 사회 변화의 비전이 협소해졌고 두 가지 대안밖에 없는 것처럼 보였다 — 옛 질서로 복귀하거나 서방 자본주의와 좀더 비슷하게 체제를 개조하거나. 옛 소련 블록의 인구 대중에게 그 결과는 거의 비극이었다.

옛 소련 문제를 어떻게 이해하느냐는 과거를 이해하기 위해서만이 아니라 미래의 정치를 위해서도 중요하다. 사태의 진실을 올바르게 이해한다면, 전진만이 아니라 어떻게 전진해야 할지도 알 수 있다. 특히, 국가 권력에 의지해 위에서부터 문제를 해결하는 것을 대안 세계로 보는 것은 위험하다.

기억 상실과 기억은 다르다. 기억 상실은 잊는 것이다. 일부 좌파는 옛 소련을 잊으려 한다. 기억은 과거를 잊지 않고 분석하는 것이다. 이를 통해 우리의 현재와 미래를 알 수 있다.

61시간 천하로 끝난 '사회주의' 쿠데타 — 소련 민중의 승리

위대한 혁명가 박노해에게 남한 지배계급이 "노동계급에 대한 정치적 보복"으로서 사형을 구형한 날, 소련에서는 관료 지배계급 내부의 가장 극우·반동적인 분파가 군사 쿠데타를 일으켰다. 자신을 죽이고 싶어하는 지배자들의 위선적 주장에 맞서 박노해가 지적했듯이 "자유민주 질서를 전복·파괴하려 해도 파괴할 자유민주주의가 없는 이 땅"에서, 지배계급은 여당이건 야당이건 간에 소련의 군사 쿠데타에 반대하지 않은 채 사흘을 지켜보다가 그 뒤 미국이 하는 대로 하면 크게 손해를 보지는 않을 것이라는 확신에서 소련 쿠데타에 반대함을 밝혔다. 소련 극우 반동분자들의 쿠데타가 좌절되자 "소련 국민의 결의와 용기의 승리"라며 환영한 노태우의 구역질나는 위선은,

---

최일붕. 이 글은 1991년 8월 27일에 발표됐고 《소련의 '사회주의' 쿠데타 — 민중의 승리》(1991년 8월 31일)에 실렸다.

"인류가 사회주의[로의] 길을 따라 나가는 것은 역사 발전의 법칙이며 사회주의의 승리는 역사적 필연"이라며 소련 쿠데타를 반색하며 반겼다가 소련에서 군사정변 기도가 분쇄되자 "고르바초프 대통령이 직무를 다시 수행함에 따라 소련 내에서 모든 일이 잘되기를 희망하며 바로 이것이 우리의 일관된[!] 자세"라고 태도를 바꾼 김일성 추종자들의 카멜레온 근성과 잘 어울리는 것이었다. 노태우나 김일성이나 모두 고르바초프의 표현대로 "풍향계"에 지나지 않았다.

지난해 12월 소련 외무장관 예두아르드 셰바르드나제가 보수반동 측의 정변 기도 위험을 상기시키며 사임했을 때 이것이 고르바초프와 셰바르드나제 사이의 연극에 불과하다고 오판했던 남한 외무부와 지배계급 언론매체들은 이번에도 그 분석 능력의 결핍을 다시 드러냈다. 쿠데타 소식이 처음 보도된 19일 오후(한국 시간)와 그 다음날 오전까지만 해도 그들은 쿠데타의 실패와 고르바초프의 복원 가능성을 배제하고 있었다. 마치 그러기를 바라기라도 하는 양 그들은 쿠데타의 정착을 기정사실로 전제해 두고, 앞으로의 남북한 관계 변화 등에 대해서 마음껏 상상의 나래를 폈다. 그들에게는 쿠데타의 성공·실패 여부가 그 자체로서는 진정한 관심사가 아니었기 때문이다. 누가 권력을 잡든 간에 소련 내의 정치·경제 상황이 안정되고 소련 관료의 대외정책이 근본적으로 바뀌지만 않으면 그만이었다.

이 점에서는 조지 부시도 마찬가지였다. 8월 19일 사태 발생 직후 부시는 소련의 쿠데타가 "헌법 테두리 밖의 행위"[매우 에두른 표현임에 주의해야 한다]로서 "우려할 만한" 사태라고만 논평했을 뿐, 쿠데타 세력에 대한 비난의 말은 언급하지 않았다. 소련 민중이 움직이기 시작하자 비로소 보수파의 정변 기도 분쇄를 호소한* 옐친에 응답해 20일 부시는 태도를 바꿨다. 그러나, 부시가 옐친에 대한 지지를 표명했을 때조차도 그것은 말뿐인 것 또는 기껏해야 심리적인 것이었다. 미국 상원의원 윌리엄 코엔의 말대로 "… 우리가[미국이] 할 수 있는 일은 극히 제한되어 있다." 미국의 차관은 7백만불만을 남겨놓은 채 거의 집행되었고, 최혜국 대우 약속과 기술 지원 약속의 취소 위협은 실질적인 것이 못 된다. 천안문 사태 이후 중국도 서방의 경제원조 삭감으로 격심한 고통은 받지 않았다. 아무튼 서방의 대소 경제원조라는 미국의 20억불(이미 거의 집행된)과 EC 12개국 통틀어 10억불, 그리고 영국의 기술원조 8천만불은 소련 경제의 규모와 현재의 그 위기 심화 상태에 비하면 아직은 생색내기에 지나지 않는다.

그러므로, 쿠데타의 실패 원인으로서 제국주의의 압력 운운하는 남한 스탈린주의 좌익들의 주장은 현실에 조응하지 않고 있는 것이다. 무엇보다도, 그들은 조지 부시가 "연방 탈퇴는 희망 없는 고립"이라며, 신연방조약안을 거부하는 5개 공화국들(발트해 연안 3공화국, 몰다비아, 그루지야)에게 조약 체결 압력을 넣었다는 사실을 알아야 한다. 지배계급 언론들이 잘 알지도 못하면서 떠들어 대는 바와는 사뭇 달리, 신연방조약은 연방 해체를 막기 위한 안(案)이다. 그것은 "조정 기능에 국한되는 선에서 중앙의 기능을 줄이는 방향"을 향

---

* 독자들은 옐친이 탱크 위에 올라갔을 때 그의 앞에는 이미 수천 명의 시위대가 운집해 있었음에 주목해야 한다. 그리고 이것은 저항운동의 시작으로서는 매우 실질적인 규모였다.

하고 있다. 이 변화는 미국의 식민지 푸에르토리코가 온두라스 같은 반식민지로 바뀐다 해도 별로 달라질 게 없는 것과 마찬가지 '변화' 이다. 미국은 1990년 1월의 아제르바이잔·아르메니아 민족분규 때 소련은 민족간 갈등을 평정하기 위해 "강력한 군대가 필요하다"며 소련 관료의 민족억압을 지지하는 한편 자신도 파나마를 침략해 대량학살(미국의 발표: 300명, 우리의 추산 800~1000명)을 저지른 바 있다. 올해 1월에 다시 고르바초프가 리투아니아와 라트비아의 민족 운동가들에 발포해 각각 14명과 4명을 살해했을 때 부시는 경제원조를 계속하겠노라고 고르바초프에게 약속했다.

독일의 콜, 일본의 가이후, 그리고 프랑스의 미테랑 등 그 어떤 서방 지도자도 소련 쿠데타 첫날에 국가비상사태위원회의 괴물들을 비난하지 않았다. 그때 그들의 진정한 관심은 '고르바초프 없는 페레스트로이카'였다. 그들의 유일한 관심은 민주주의가 결코 아니라, 소련을 비롯한 동구권이 서방 다국적기업에 개방되는 것이다. 그리고 그러기 위해서는 소련 노동자들이 계속 내핍을 강요당해야 하는 것이다. 쿠데타 직후 얼마 안 되어 소련 민중이 움직이려 하자 그때야 비로소 그들과 옐친은 그 동력을 가로채려 지지를 자처하고 나섰다.

만약 소련에서 노동자 혁명이 터진다면 세계에서 둘째로 큰 프롤레타리아 계급이 발호하는 것이다. 그 혁명이 성공으로 끝나든 실패로 끝나든 간에 어쨌든 그것은 서방 지배계급에게 몸서리치는 일이다. 동구권의 안정과 동서간의 '평화공존'을 전제로 한 부시의 새로운 세계 '질서'가 새로운 세계 '혼란'으로 전화할 테니까 말이다. 그리고 서방 열강들 사이에 잠재되어 있던 갈등이 더욱 표면화할 것이다.

미국 등 서방 열강들이 어느 시점부터인가 쿠데타 세력에 반대했다고 해서 '사회주의에 반대하는 제국주의' 또는 '제국주의에 반대하는 사회주의'라는 등식은 성립될 수 없다. 미국은 1961년 5월 16일 박정희의 쿠데타에도 처음에는 반대했으며, 1979년 12월 12일의 전두환 쿠데타에도 처음에는 반대했다. 그러나, 그렇다고 해서 박정희와 전두환이 좋은 놈들이었던가? 그들이 미국에 적대적인 세력이었던가? 87년 우리의 6월항쟁은 서방 지배자들과 언론의 지지를 받았다. 그렇다고 해서 우리가 서방 제국주의의 도구였던가? 60년 4월혁명과 80년 5월혁명, 그리고 87년 6월봉기 모두가 그 안에서의 좌익의 존재에도 불구하고 부르주아 민주주의의 한계를 넘어서지 못했다. 대중은 윤보선과 김대중에 환상을 가졌었다. 그렇다고 해서 그 의의가 반전되는가? 그리고 사회주의자들은 그 투쟁들을 지지하지 말아야 하는가?

소련 국가비상사태위원회의 파블로프 총리는 남한이야말로 소련이 본받을 모델이라고 말한 바 있는 자이다. 국가독점과 '자유' 시장경제를 철저한 국가통제와 권위주의적인 노동규율 하에서 적절히 결합해 '성공'한, 시장지향적 국가자본주의 모델이라는 말일 게다. 이렇게 '솔직한' 그는 또한 이렇게도 말한 바 있다. "내 생각으로는, 우리 나라의 기존 체제는 레닌의 저작에서 묘사된 국가독점자본주의를 강렬히 연상시킵니다. 국가독점자본주의의 초창기 발전단계에서는 경쟁자의 분쇄가 급속히 가속화되어 나중에는 부패기에 진입하는 것이지요."(1991년 7월 19일자 〈이즈베스티야〉 지에서 인용.)

그리고 이번의 쿠데타를 지지했노라고 공공연히 시인하는 소유즈 그룹 지도자 빅토르 알크스니스 대령은 피노체트의 칠레가 소련이 진지하게 탐구해 봐야 할 모델이라고 말한 작자이다.

도대체 이런 자들이 어떤 점에서 '사회주의'를 대표하는 자들인가?

물론, 옐친으로 말하자면 이 자는 노태우가 소련 방문 당시 모스크바 대학에서 한 연설을 "감명 깊게 들었다"는 자이다. 그는 지난 4월 시베리아의 광부들과 백러시아공화국의 노동자들이 일제히 총파업에 들어가자 국가경제가 마비되어서는 안 된다며 파업을 끝내라고 요구한 바 있다. 그리고 오늘(8월 27일) 석간신문은 그가 러시아공화국 인접지역의 민족공화국들의 독립은 결코 허용하지 않겠다고 강력히 경고했음을 보도했다. 역시 러시아 민족주의자다운 작태이다. 그가 공표하는 좀 괜찮다 싶은 조처들도 "러시아 공화국 내에서"라는 단서가 어김 없이 붙어 있다. 옐친의 부관인 아나톨리 소프차크 레닌그라드 시장은 20일 레닌그라드가 개혁파의 통제 하에 있으니 파업에 들어간 공장 노동자들은 이제 그만 파업을 멈추라고 요구했다. 또, 그는 대중의 쿠데타 반대투쟁이 자기가 느끼기에 너무 나아가는 듯싶자 보수파 숙청에 따른 제2의 쿠데나 위험을 경고하며 투쟁의 기를 꺾어 놓으려 했다. 급진 개혁파의 민주화 의지의 한계를 가장 잘 보여 주는 사례가 바로 요즘 전개되는 사태에 대한 그들의 태도 가운데 KGB에 관한 것인데, 그들은 KGB 내의 '공산'당 조직을 해체하자고 하지 KGB 자체를 해체하자고는 결코 말하지 않는다.

그러므로, 보수 개혁파든 온건(즉, 얼치기) 개혁파든 급진 개혁파든 본질적으로 다 똑같은 놈들이다. 국가자본가 관료 지배계급이란 말이다. 그리고 그들 사이에 강령적 차이란 없다. 차이가 있다면 그것은 시장경제 도입 속도 및 세부적 방식 문제와 노동규율 통제 방식과 그 완급 조절 문제에서 나는데, 이 차이는 때때로 소련 내 중간계급(의사, 교수, 기업체 중간관리자 등)의 경제적·사회적·정치적 이해관계와 연결되어 있어서 마치 계급적 차이라도 되는 양 오해를 자아내는 것이다. 아무튼 쿠데타 시도 첫날, 국가비상사태위원회는 즉시 UN 사무총장과 세계 여러 나라 수반들 앞으로 "고르바초프가 해왔던 개혁을 계속하겠다"는 메시지를 보냈음을 보아넘겨서는 안 된다.

소련 보수파의 반동 군사정변에 서방 열강들이 '반대'를 나타냈음을 지적하며 쿠데타가 사회주의의 부활 또는 반격을 대표한다고 주장하는 스탈린주의 좌익 가운데 특히 PD파는 자신들이 '파시스트'로 규정했던 사담 후세인이 이번의 소련 쿠데타를 지지했음도 보아넘겨서는 안 된다. 대우 그룹의 노동자들을 두들겨 패서 내쫓아 김포공항에서 남한 경찰의 밥이 되게 만든 리비아의 카다피도 소련의 군사정변 기도를 지지했고, 얼마 전에 자신이 지배하는 알제리 민중과 이슬람 근본주의자들을 잔인하게 진압한 빈 자디드 샤들리도 보수파의 쿠데타를 지지했다.

스탈린주의자들이 후세인과 카다피와 샤들리의 정권들이 '사회주의'라고 규정한다면 — 사실 소련과 각국의 '공산'당들은 한때 그런 적이 있었다 — 그것은 그들의 자유이다. 그러나, 사회주의가 '국유화'와 중앙 통제 경제 정도의 의미만을 가진 것이라면 포항제철도 석유공사도 그리고 경제기획원과 청와대도 '사회주의적'인 것이라 규정해야 맞다. 그런데, 과연 그런가?

우리는 언제나 사회주의를 노동자들이 경제·정치·사회 생활에 대한 결정을 내리는 사회라고 규정해 왔다. 〈우리의 입장(1991)〉은 이렇게 밝히고 있다. "사회주의 사회는 노동자 계급이 자신들이 창조한 부(富)를 집단적으로 통제하고 부의 생산과 분배를 계획할 때만 건설될 수 있다. 노동자들 자신이 사회를 지배하지 않는 한 사회주의는 있을 수 없다. … 새로운, 사회주의 사회의 운영 원리는 마르크스가 전망한 바대로 '능력에 따라 각자로부터 필요에 따라 각자에게'가 될 것이다. …"

소련에서는 노동자들이 기업 경영자들을 직접 선출하지 못하고, 자기들 기업의 이윤의 일정 부분을 자신들 뜻대로 사용할 수도 없으며, 임금과 복지수당은 형편없이 낮다. 노동자들은 가장 기본적인 권리들조차 누리지 못하고 있는 것이다. 1987년 6월의 지방 '소비에트' 선거제도 개혁조치도 기껏해야 의석의 5%에만 적용되었다. 〈이즈베스티야〉지는 1988년의 경영자 선거제도 도입이 사실은 노동자와 사용자(경영자와 감독관) 모두가 경영자를 선출하는 투표에 참여하는 것임을 보도했다. 후보 개개인을 지지하거나 반대하는 선거운동은 허용되지 않고 있다. 1988년의 선거제도 개혁조치 이후에도 '새로' 선출된 산업체 경영자들의 70~80%가 기존의 경영자들로서 이들은 유일한 후보였다고 한다. 이것은 당과 정부의 압력이 작용한 결과라고 한다.(모스크바에 있는 '사회경제적 쟁점에 대한 여론조사소'의 1988년 11월 조사 결과.) 노동자들이 '공산'당과 정부의 의사에 거슬러 자신들의 의지대로 경영자를 뽑으면 그 뒤 그들은 임금과 근로조건에서 정부의 보복을 받게 된다는 것이다. 페레스트로이카는 노동대중의 상태를 한층 악화시켜, 소련 국민의 적어도 3분의 1이 월급이 100루블도 안 되는 '극빈'이라 규정할 수 있는 생활수준에서 살고 있음이 드러났다. 보수 개혁파든 온건 개혁파든 아니면 급진 개혁파든 모두 한결같이 페레스트로이카가 인민대중의 생활수준을 전혀 향상시키지 못했음을 지적한다. 소련에는 실업이 없었다고들 말하지만 글라스노스트를 통해 공개된 통계수치들은 군비생산 증대 때문에 요즘보다 고용 사정이 좋았던 1988년 이전에조차 소련의 실업률이 적어도 7.5%였음을 보여 주고 있다. 1989년 시베리아 광부 파업의 가장 주된 요구 가운데 하나가 막장일 끝난 뒤 몸 씻을 때 비누가 없으므로 비누를 제공하라는 것이었다.

경제사정이 페레스트로이카 이후 더 나빠진 이유가 마치 단순히 고르바초프의 실정(失政) 때문인 양 주장하는 스탈린주의자들은, 고르바초프와 그의 측근들이 그렇게도 귀가 따갑게 "이윤의 도덕성"과 "평준화[평등주의]의 부도덕성"을 대비시키고 "비효율은 부도덕이며 부도덕은 비효율이다"라는 '격언'을 만들어 가면서 노동자들에게 더 열심히 일하라는 그 끊임없는 잔소리를 계속해 왔는데도 경제가 엉망인 이유를 설명해야 한다. 즉, 고르바초프가 범한 '실정'은 노동자를 더 쥐어짜고자 노동자 상호간 경쟁 제도를 도입하려 했으나 강력한 노동저항에 직면해 이러지도 저러지도 못하고 있었다는 데 있다. 그렇다면, 스탈린주의자들은 고르바초프가 다시금 브레즈네프 시대의 철의 노동규율을 도입하여 노동자들 사이에 시장경제를 확립해야 했다는 말인가? 과연 그렇다. 바로 이것이 소련 보수파의 생각이었다. 그들은 바로 이것을 고르바초프에게 요구해 왔고, 고르바초프가 오락가락 단호하지 못하자 자기들 자신이 그것을 실행에 옮기겠노라고 거사에 나섰다가 제 무덤 제가 판 것이다.

'자유' 시장경제와 권위주의 정치는 결코 양립 불가능한 것이 아니다. 둘은 결합될 수 있고, 바로 이것이 남한 자본가 계급의 자본축적의 비결이었다. 파블로프와 알크스니스 같은 보수 반동분자들이 선망의 눈초리로 보고 있는 것도 바로 이것이다. 그러므로, 보수파의 쿠데타를 '사회주의'의 복원으로 여기며 기뻐했던 남한 스탈린주의 좌익들은 자신들이 남한 지배계급의 기본 강령을 지지하고 있는 셈이라는 점을 명심해야 한다.

사실, 쿠데타를 지지한 보수파가 노렸던 것은, 고르바초프의 인기가 극도로 하락해 있으므로 자신들이 그를 제거해 버리고 그의 자리를 차지해도 노동자들은 그게 그놈인데 저항해서 무엇 하나라는 체념하는 마음으로 격렬한 항거투쟁을 전개하지 않으리라는 계산이었다. 게다가 쿠데타 훨씬 전에 이미 고르바초프는 상당 정도 권위주의로 회귀하고 있었다. 그리하여 보수파의 자신감은 증대되었다. 그러나, 노동자와 다른 민중은 아무리 고르바초프가 싫더라도 자신들만이 자신들의 지도자인 고르바초프를 퇴진시킬 권한이 있다고 굳게 확신하고 있었다. 그들은 지배자들이 — 그것도 그 가운데 구시대의 권위주의로의 퇴행을 대표하는 분파가 — 자신들의 일을 대신 해주길 원하지 않았다. 그들 가운데 일부는 고르바초프의 복귀를 요구했지만, 대부분은 그것에 대해 침묵했다. 그들은 부지불식간에 올바른 '전술'을 채택했던 것이다. 하지만 그들은 옐친을 환호했는데, 그것은 옐친이 그들의 소망을 지지했기 때문이다.

그러나, 옐친은 전혀 신뢰하지 못할 자였다. 올봄에 그는 광부파업을 지지했다가 며칠 뒤 파업 광부들더러 다시 일자리로 돌아가라고 위협했다. 그는 말하자면 소련판 김대중이다. 김대중처럼 그도 최근에 인기가 급락했지만, 고르바초프 퇴임 이후에는 그 말고 달리 무슨 대안이 있겠느냐는 체념 상태에서 대중의 수동적 지지를 받던 터였다. 바로 그렇기 때문에 서방 지도자들은 쿠데타 첫날에 옐친 지지를 명확히 표명하기를 꺼렸던 것이다. 그러나, 옐친은 만약 자신이 탱크 위에 올라가 탱크 주위에 모여 있던 대중 앞에 나서지 않는다면 자신은 영원히 끝장이라는 계산을 했을 것이다. 그의 인기는 다시금 급등했고, 서방 지도자들은 그에게 지지를 보내지 않는다면 소련 인민대중으로부터 버림을 받게 될 것이라는 계산을 했을 것이다. 만약 그렇게 된다면, 소련에 서방 다국적기업들이 진출하는 데 어려움을 겪을 것이다. 사회주의·노동자 혁명으로 발전하지만 않는다면 해볼 만한 도박일 뿐 아니라 그 상황에서는 달리 도리가 없는 것이다. 옐친의 저항운동이 실패해도 서방은 밑져야 본전이다. 89년 6월 천안문 사태 직후에 부시와 대처가 그랬던 것처럼, 서방 지도자들은 쿠데타 주역들의 '강경대처'에 몇 마디 강경한 비난의 말을 퍼붓고는 한달 뒤쯤 비밀특사를 보내 거래를 재개하면 될 것이다. 약점을 잡힌 쿠데타 세력으로서는 기꺼이 많은 양보를 하려 할 것이고, 서방은 이를 협상 카드로 활용하면 될 것이다. 협상이 잘 안 되면 그때마다 쿠데타 정권이 '다시 생각하고 싶지 않는 과거의 쓰라린 추억'을 되살리며 협박하면 될 것이다. 얼마나 편리한가. 서방 지배자들의 '경륜'을 신뢰하는 노태우는 중뿔나게 행동해 눈총 받느니 그들이 하는 굿이나 보고 떡이나 먹으면 되었다.

　박노해가 지적했듯이, "소련 등 동유럽권에 대한 과학적 분석 없이 사회주의에 접근"했던 남한의 스탈린주의 좌익들은 "동유럽권 사회주의의 붕괴로 … 크게 위협받고 있다." 모대학 총학생회 선전부장이라는 학생은 "소련 사태에 대한 정보량이 절대 부족하고 상황 변화도 전혀 예측할 수 없는 데다 무엇보다도 소련 국민들의 '쿠데타'에 대한 지지 여부가 불분명했기 때문에 소련 사태에 대해 신중한 태도를 보인다"고 말했다 한다(〈한겨레신문〉 보도). 그는 "'보수파'의 합법적이지 못한 권력쟁취방식과 '쿠데타'에 대한 소련 국민들의 냉담한 태도"가 자신의 판단을 혼란스럽게 만든다고 덧붙였다. 쿠데타 보도 후 ND파는 "고르바초프의 실각은 소련내 부르주아 세력에 대한 사회주의의 승리이며, 위기로 치닫던 사회주의 진영이 아직도 대중적 기반을 갖고 있다는 사실을 보여 준 혁명적인 사건"이라며 환호했다가 불과 몇 시간 뒤 쿠데타 실패 소식이 전해지면서 이 대자보를 곧바로 떼냈다고 한다(〈한겨레신문〉 보도). 그 조직 내부에서는 그것이 너무 "성급한" 입장 표명이었다는 비판이 있었다고 한다.

　제발, 이러지 말자. 동유럽에서 정치적 지각변동이 일어난 지 어언 2년이 다 되어 간다. 그런데도 "정보의 부족"을 운운하는 실증주의적 관점을 계속 갖고 있는가? 우리가 이 글을 쓰려 운동권 내에서 가장 많이 구독되는 두 신문인 〈한겨레신문〉과 〈동아일보〉를 들척이며 느꼈던 것은 지난 일주일치만으로도 정보량이 너무 많지 않나 싶을 정도로 충분했다는 것이다. 물론, 우리는 소련의 혁명적 사회주의자들이 사태를 어떻게 보고 어떻게 대응하기로 했는지에 대해서는 전혀 모른다. 그러나, 그렇다고 해서 우리가 소련 사태에 대한 가장 기본적인 시각을 획득하지 못하는 것은 아니다. 아예 보도가 안 되는 경우가 아니라면, 이번 소련 쿠데타 좌절 사건에서 진정한 문제는 정보량이 아니라, 혁명적 마르크스주의의 전통에 기초한 확고한 계급적 시각이다. 이러한 과학적 시각의 결여로 말미암아 "상황 변화도 전혀 예측할 수 없는" 것이다. 이처럼 무원칙하고 무능한 정치 때문에 소련 '국민' 또는 대중의 쿠데타 수용 여부에 따라 붙였던 대자보도 몇 시간도 안 돼 떼어 버리고 "성급했다"는 따위의 기회주의적인 반성만을 하고는 곧 입을 다물어 버리는 것이다. 도대체 스탈린주의 조직의 지도자들은 무얼 확실하게 아는가? 마르크스주의와는 아무 관계도 없는 (마오쩌둥주의의) '사구체론'? 그 말 같지도 않은 '신식민지론' 또는 '반봉건론'? 그 토마스 아퀴나스의 스콜라 철학을 연상케 하는 '보편'과 '특수'의 사변? 레닌의 《제국주의》에 대한 훈고학과 해석학?(그 기본 정신과 정치가 아니라?) 도대체 그들에게 이론은 행동지침인가, 아니면 형이상학적인 거창한 우주론 같은 교리체계인가?

레닌은 이렇게 말했다.

마르크스와 엥겔스는 언제나 '우리의 이론은 도그마가 아니라 행동지침이다'라고 말하며, 단지 '공식'들을 암기하고 반복하는 것을 비웃었다. 이 '공식'이라고 하는 것은 기껏해야, 역사 과정의 각 특정 시기의 구체적인 경제적·정치적 조건들에 의해 바뀔 수밖에 없는 일반적 과업들을 구획지을 수 있을 뿐이다.(레닌 전집 제24권, p.43.)

레닌은 또한 이네사 아르망에게 띄운 편지에서 "대부분의 사람들은(부르주아지의 99%, 청산론자들의 98%, 그리고 볼셰비키의 약 60~70%가) 생각할 줄을 모르고 그저 말을 외울 뿐입니다."(레닌 전집 제35권, p.131.)라고 불평했다. 또, 그는 "관련된 여러 조건들에 대한 특별한 분석 없이 특정 사례에 적용된 일반적인 역사적 진술은 모두 공문구가 되고 만다"고 경고했다. 삶은 어떤 추상적인 이론보다 무한히 더 복합적이기 때문에 사회의 일반적인 운동법칙과 실제의 구체적인 역사적 조건들 사이에는 엄청난 격차가 존재한다.

소련을 비롯한 소위 "사회주의" 국가들에 대한 남한 스탈린주의 지도자들의 태도가 바로 레닌이 비판한 태도와 흡사하다. 그들은 그 나라들의 현실을 직시하길 외면하고 스탈린주의 교과서들을 암송하는 것으로 때우려 한다. ND 이론을 대변하는 잡지 《우리 사상》 1991년 창간호는 소유즈 그룹이 "단순한 과거로의 복귀나 반동이 아니라, 더 많은 민주주의로서의, 또한 더 많은 사회주의로서의 개혁을 지지해 왔으며, 그 노선 위에서 시장경제의 부분적 수용도 거부하지 않고 있다"고 주장한다(p.384). 그러나, 소유즈 그룹의 의회 대변인인 알크스니스 대령이 '공산'당을 포함한 모든 정당의 활동을 금지시켜야 한다[!]고 주장한 것이 "더 많은 민주주의"이고 "더 많은 사회주의"인가?

《우리 사상》이 실은 '자료2'의 소유즈 그룹 소속 연설자 I. K. 폴로즈코프는 "우리가 지금 갖고 있는 것을 다당제라고 부를 수 없는 것은 분명합니다. 지금 우리 사회에는 우리 인민이 인정하고 선거에서 지지하는, 사회주의적 페레스트로이카의 수호자인 소련공산당

(CPSU)이 있으며, 한편 궁극적으로 반공산주의라는 정치적 입장을 갖는 작은 정치집단의 지도자들이 있습니다. …"(p.399)라고 말한다. 소유즈 그룹과 《우리 사상》은 "다당제라고 부를 수 없는 것"은 무당제로 만드는 것이 "더 많은 민주주의"이고 "더 많은 사회주의"라고 생각하는가? 그리고 과연 폴로즈코프 말대로(p.401) 페레스트로이카가 인민의 지지를 받고 있는가? 소련공산당(CPSU)이 "인민이 인정하고 선거에서 지지하는" 정당인가? 그런 당이 올해 들어서만 해도 7월까지 4백만 명이 탈당할 정도로 왜 그렇게 당원 수가 격감하는가? 소유즈와 ND의 언어에서는 '지지=당원수 격감'인가?

알크스니스 대령과 남한의 스탈린주의 지도자들은 쿠데타가 실패한 원인을 "대중적 지지를 받지 못했기 때문"이라고 보며 애석해 한다. 소유즈 그룹을 비롯한 소련의 극우·보수 반동분자들과 남한의 스탈린주의 좌익은 앞으로도 계속 대중적 지지를 받지 못할 것이다. 왜냐하면 소련의 보수파가 대중적 지지를 받으려면 인민대중에게 충분한 의식주 재화와 서비스를 제공해 그들의 생활수준을 높이고 그들에게 일정한 자유와 권리를 허용해야 하는데, 소유즈 그룹의 정치·경제 강령은 그와 정반대를 지향하기 때문이다. 즉, 그들의 권위주의 정치는 사회적 노동생산성의 향상에 장애가 될 것이고, 노동규율 부과에도 엄연한 한계가 있을 것이며(노동자는 철인이 아니다), 그들의 시장경제는 노동대중에게 내핍을 강요하고 빈부격차와 실업 그리고 인플레를 격화시킬 것이다. 무엇보다 군비(軍備)가 계속 부담으로 남아 있을 터인데, 군비를 감축한다면 자기들 자신의 지지 기반을 잠식하는 꼴이 될 것이다. 그렇게 되면 지배계급 내부의 갈등은 다시 심화될 것이며, 이 틈바구니를 뚫고 노동대중의 투쟁이 분출할 것이다. 다른 어느 요인보다도, 현재의 소련 경제공황을 규정하는 요인은 국가자본의 이윤율 저하인데, 그 동안 그에 대한 최대의 상쇄 요인 역할을 해왔던 영구군비경제가 이제는 부담으로 '양질전화'해 버렸고, 그나마 낙후된 기술을 가지고는 서방의 첨단 군사기술과 겨룰 수 없어서 그저 낭비의 최대 요소 역할만을 할 것이다. 더구나, 현대의 최첨단 무기들은 일상의 민간 생활에 응용될 수가 없으므로(탱크 제작에 관련된 기술은 자동차 산업에 이전될 수 있지만 우주전쟁 관련 기술은 민간 생활에 별로 이전될 수 없다), 앞으로의 군수산업 발전은 경제 파급효과도 없고, 또 민간 산업 기술의 낙후성으로 말미암아 그 확장도 불가능할 것이다. 그리하여 보수파가 군사정변을 통해 정권을 잡는다 해도 그들은 자신들에게 내리는 역사의 저주를 피할 수가 없다.

어떤 스탈린주의자들은 "쿠데타 반대시위는 '인민대중의 힘'이나 '국민적 저항'이라 부를 만하지 못하다. 사람들이 모인 곳도 모스크바·레닌그라드 등 몇 개 도시에 불과하다"고 말한다. 또, 그들은 이렇게도 덧붙인다. "개혁파가 정권을 잡고 있어 거점이 된 모스크바와 레닌그라드에 10~20만 명이 모이는 것은 동유럽의 경우와 비교해 보아도 많은 수가 아니다. 시위대의 힘보다는 옐친에게 집중된 서방 언론의 힘이 오히려 더 컸던 것이다."

그러나, 이러한 말을 하는 스탈린주의자들은 파리코뮌 참가자들이 프루동에게 환상을 갖는 데서 시작해 노동자 권력 수립으로까지 나아갔으며, 그 뒤 코뮌이 그리도 처참하게 분쇄당했어도 카를 마르크스의 사상이 인기를 얻게 되었음을 이해해야 한다. 또한, 투쟁을 통한 대중의 의식 변화를 이해하지 못하는 그들 종파주의적 스탈린주의자들은 1905년 1월 차르의 성상을 들고 겨울궁전으로 청원하러 가던 페테르부르크 대중이 10개월도 채 안 되어 노동자 평의회를 건설하고 차르 타도를 외쳤다는 사실을 알아야 한다. 셋째, 스탈린주의자들은 1918년 1월 브레스트리토프스크 강화조약 당시 카이저(독일 황제)의 충성스런 군대였던 해군 수병들이 그 해 11월 수병 소비에트(독일 명칭 레테)를 건설하고 바로 며칠 뒤에는 노동자 레테의 건설을 주도했으며 그리하여 며칠 후 카이저를 타도했던 사실을 알아야 한다. 넷째, 스탈린주의자들은 1989년 12월말에 일리에스쿠를 신뢰해 무기를 반환했던 루마니아 노동자들이 다음해인 1990년 가을부터는 일리에스쿠 타도를 외치며 지금 이 순간까지 파업 투쟁을 곳곳에서 전개하고 있음을 알아야 한다. 다섯째, 스탈린주의자들은 작년 12월 총선에서 콜에 전폭적인 신뢰를 나타냈던 구 동독지역 노동자들이 그 뒤 5개월도 안 되어 베를린 등지에서 거리에 바리케이드를 쌓아놓고 콜에 반대해 싸우는 등 스스로 의식을 변화시켜 가고 있음을 알아야 한다. 마지막으로, 스탈린주의자들은 1987년 7월에만 해도 '정주영 회장님'을 잔뜩 신뢰하던 울산 현대 그룹의 노동자들이 두세 번의 파업 투쟁을 통해 더 이상 그 속물 구렁이를 사람으로 보지 않게 된 의식변화를 보지 않고 있다. 그리고 대통령 선거 직전만 해도 노태우를 신뢰하던 노동자들이 이듬해 봄의 광범한 임금인상 투쟁을 통해 더 이상 그 예비역 군장성을 나라의 지도자로 인정하지 않게 된 의식변화를 스탈린주의자들은 상기해 볼 필요가 있다.

노동자 계급 투쟁에서 의식보다 선행하는 것이 바로 노동자들의 자신감이다. 자신이 없으면 투지가 생기지 않는 것이다. 그리고 이 자신감은 일정 정도의 환상을 내포하기 마련이다. 환상에 기초한 자신감이 노동자들을 싸움에 나서게 하고, 싸움은 노동자들의 의식을 근본적으로 제고시킨다. 투쟁의 규모가 크고 격렬할수록 의식이 변화되는 노동자 수도 많아지고 그 의식의 변화도 현기증 날 정도로 빠르다.

우리 국제사회주의자들(IS)은 항상 노동자 계급의 해방은 노동자 계급 자신의 힘으로써만 이룰 수 있다는 사상을 전제로 해왔다. 이 사상 안에는 노동자 투쟁은 노동자의 자신감을 전제로 한다는 뜻이 포함되어 있다. 당이 없어도 계급은 스스로 움직인다. 당이 중요한 것은 그러한 자생성에 방향성을 부여하는 것이다.(즉, 무엇을 위해 그리고 어떻게 싸우는가 하는 문제를 제기하고 거기에 혁명적 해답을 제공하는 것이 혁명정당의 임무이다.) 우리는 당 건설을 강조해 왔고 앞으로도 그럴 것이지만, 그것이 계급의 자생성을 도외시한다는 뜻은 결단코 아니다. 아무튼 노동자의 자생적 투쟁은 자생적 이데올로기를 반영하기 마련이다. 그리고 자생적 이데올로기는 지배계급의, 또는 지배계급 내의 한 분파의 이데올로기이다. 그러므로 환상은 필연적이다. 러시아에서 1917년 2월혁명 직후부터 대략 5~6월까지 소비에트는 멘셰비키의 지도 하에 있었다. 그런 소비에트가 4~5개월 뒤에는 무장봉기의 주체(군사혁명위원회는 볼셰비키 당 기관이 아니라 소비에트의 기관이었다)이자 권력의 주체로 화려한 변신을 한다. 종파주의자들이나 초좌익들은 이 점을 이해하지 못하거나 이해하려 들지 않는다. 때로 스탈린주의자들은 남한에 대해서는 경제주의와 노동조합주의적 태도를 취하고 소련과 동구권에 대해서는 그곳 노동자들이 시장경제와 자유민주주의에 대해 환상을 가지고 있다 해서 종파주의적 태도를 보인다. 이것은 이중적 기준이다. 똑같은 노동자인데 그곳 노동자의 두뇌는 달리 생겼고 그곳에서는 완전히 다른 인식의 발전과정이 전개되는가? 도대체 스탈린주의자들의 그 완고한 머리는 동구권에서 사회주의·노동자 혁명이 성공해야만 개조될 것인가?

물론, 우리는 옐친에 대해 아무런 환상도 갖고 있지 않으며 소련 노동자들이 자생적 투쟁만으로 옐친에 대한 환상을 버리리라 생각하지도 않는다. 오히려, 우리가 만약 소련에 있다면 우리는 소련 노동자들에게 아무리 인기를 잃는다 할지라도 옐친에 대한 비판을 아무런 정치적 타협 없이 가할 것이다. 그러나, 노동자들의 옐친에 대한 환상을 이유로 그들의 투쟁과 열망을 외면하는 따위의 종파주의적 작태를 범하지는 않을 것이다.

레닌의 동상을 철거하거나 심지어 파괴하고 레닌의 묘소를 옮기는 문제에 대해서도 우리의 입장은 마찬가지이다. 레닌은 죽기 전에 자신의 묘소나 동상 따위를 만들지 말라고 신신당부했다. 그러나 스탈린은 레닌의 장례식을 마치 거룩한 종교의식처럼 치렀고 레닌의 묘를 왕릉처럼 마련했다. 스탈린은 레닌을 우상(어리석은 이미지)으로 만들어 버렸다. 그는 1928~29년 국가자본주의 반혁명을 수행하면서도 레닌의 이름으로 그랬다. 그는 언제나 레닌의 이름으로 행세했으며, 레닌의 후광 아래 모든 것을 종속시켰다. 그는 레닌의 이름으로 독일사회민주당과의 통일전선을 배격했으며, 레닌의 이름으로 그

배신적인 인민전선 정책을 강요했으며, 레닌의 이름으로 볼셰비키 동지들을 살해했고, 레닌의 이름으로 1939년 히틀러와 불가침 및 영토분할 협정을 맺었고, 레닌의 이름으로 전후에 서방과 더러운 뒷거래를 했으며, 레닌의 이름으로 강제노동수용소를 정당화했다. 그와 그의 후계자들 역시 레닌의 이름으로 자기 인민을 탄압했으며, 레닌의 이름으로 서방 지배계급과 타협해 가뜩이나 타락한 서방 세계 공산당들을 썩어 문드러지게 만들었다. 그의 충실한 후계자 흐루쇼프는 레닌의 이름으로 헝가리 노동자 평의회를 박살냈으며, 브레즈네프는 레닌의 이름으로 프라하의 봄을 끝장냈고, 레닌의 이름으로 아프가니스탄을 침략했다. 서방이 '자유'와 '민주'의 이름으로 온갖 야만적인 짓을 저지를 때, 스탈린과 그의 후계자들은 마르크스와 레닌과 '공산주의'의 이름으로 자기 인민을 탄압했다. 그리하여 오늘날 동구권 인민의 마음 속에는 마르크스와 레닌과 공산주의라는 말만 들어도 몸서리치게 되는 환상이 도사리게 되었다. 그리하여 트로츠키는, 처음 그에 관한 얘기가 글라스노스트 덕분에 소련 민중에게 공개되었을 때 반레닌·반공산주의의 화신으로 부각되었다가 그도 레닌을 추종했다는 것을 알고는 요즘 레닌과 한통속으로 취급당한다고 한다.(물론 그의 동상이나 묘지는 없기 때문에 수난 당할 동상이나 묘지도 없다.) 우리 트로츠키주의자들은 이러한 사태를 서운하게는 생각하지만, 그렇다고 해서 소련 인민들의 몰이해를 탓할 생각은 결코 없다. 또한, 우리는 레닌주의자들이다. 만약 우리가 소련에 있다면, 그리고 소련인들이 레닌의 동상을 끌어내리는 현장에 우연히도 있었다면, 우리는 그것을 말리기보다는 빙그레 웃으며 "만약 레닌이 살아 있다면 그도 그렇게 할 것이오"라고 말할 것이다. 왜냐하면 레닌 자신이 자신의 동상이나 묘지를 성대히 세우기를 원하지 않았으니까. 그리고 그(동상의) '레닌'과 진짜 레닌은 전혀 다르니까. 소련공산당에 대한 소련 노동자와 민중의 공격에 대해서도 마찬가지이다. 소련의 공산당은 서방 세계의 공산당과는 달리 지배계급의 정당이다. 우리는 남아프리카공산당(SACP)이 소련의 보수파 입장을 지지하고 있지만 남아공 공산당이 드 클레르크 정부의 탄압을 받는 것에 결연히 반대한다. 그것은 SACP가 아무리 기회주의적인 정당일지라도 그것은 어디까지나 노동계급의 정당이기 때문이다. 그러나, 스탈린 반혁명(1928~29) 이후의 소련공산당(CPSU)은 자본주의 정당이 되어 버렸다.

이제 결론을 맺어 보자.

남한의 혁명적 사회주의자는 다음의 것들을 말하고 다녀야 한다.

첫째, 그는 소련이 마르크스와 레닌이 말한 사회주의와 아무 관련이 없는, 단지 국가자본주의 사회에 지나지 않음을 설명해야 한다. 우리의 이 잡지에는 그와 관련된 논문과 에세이들을 실었다. 그리하여 소련의 실패한 쿠데타가 사회주의와 전혀 관계없음을 설명해야 한다.(또한 북한과 중국도 사회주의와는 애당초부터 인연이 없었던 체제들임도 주장해야 한다.)

둘째, 남한 혁명적 마르크스주의자는 서방과 노태우가, 그리고 그의 매스미디어 이데올로그들이 소련의 민주주의와 소련 인민대중의 생활수준 향상 따위에는 아무 관심이 없음을 설명해야 한다. 또한, 소련의 위기가 부시의 신세계질서를 안정시키기는커녕 서방 내 갈등을 표출시켜 불안정에 빠뜨릴 수 있음을 지적해야 할 것이다.

셋째, 마르크스주의자는 소련의 쿠데타에 대한 자신의 반대가 고르바초프나 특히 옐친을 지지하는 것을 뜻하지 않음을 명시해야 한다. 그는 고르바초프는 소련 민중과 노동자의 아래로부터의 투쟁으로써만 제거되어야 의미있음을 얘기해야 한다. 또한, 그 과정을 통해서 소련 노동자들이 옐친에 대한 그릇된 기대를 버릴 수 있음을 주장해야 한다. 이와 더불어 마르크스주의자는 시장경제와 서방의 겉껍데기 '민주주의'가 소련 인민대중의 앞에 놓인 대안이 되지 못함을 명확히 밝혀야 한다.

넷째, 남한의 마르크스·레닌주의자는 소련 내 피억압 민족의 민족자결권을 ─ 분리독립의 권리도 포함하여 ─ 무조건 방어해야 한다. 물론, 그는 소련이 스탈린 반혁명 이후 세정 러시아의 제국주의로 회귀했음을 설명하고 이 설명에 근거해 소련 내 피억압 민족의 민족독립 요구를 옹호하는 방식을 취할 수도 있을 것이다. 또는 역사적 맥락을 더듬으며 그 대의를 옹호하는 방식을 택할 수도 있다.

다섯째, 남한의 혁명가는 가까운 미래에 소련에서 노동자 투쟁이 벌어지면 정치적 요구와 노동자의 생활상의 요구를 결합하는 투쟁만이 정부와 체제를 전복할 수 있음을 주장해야 한다. 그리고 이러한 전술 문제만이 아니라, 소련 내에서 독립적인 노동자 조직들과(진정한 소비에트를 비롯하여) 소련 사회가 국가자본주의에 지나지 않음을 꿰뚫어 보는 혁명정당이 건설될 필요가 있음도 주장해야 할 것이다.

여섯째, 그는 남한 내에서도 선명한 정치노선에 바탕을 둔 정치조직을 건설할 필요가 있다.

러시아는 어디로?

　러시아의 옐친과 인민대표대회 사이의 대립은 비상통치로도 탄핵으로도 연결되지 않았지만, 마치 럭비공처럼 어디로 튈지 모르는 혼란은 계속되고 있다. 조간신문을 받아쥘 때마다 늘 예측하지 못했던 새로운 상황에 접하곤 한다. 왜 러시아의 옐친과 인민대표대회는 엎치락뒤치락 반전을 거듭하면서 끝없는 소란과 반목을 거듭하고 있는 것일까?

　옐친은 비상통치를 선언했던 날 밤에 TV에 나와서 이렇게 이야기했다. "최근의 정치 혼란에 대한 나의 결론은 그 원인이 행정과 정치, 대통령과 의회간 마찰에 있는 것이 아니라 민주 세력과 용공 성향의 세력간 비타협적 투쟁에 있다는 점을 강조한다. … 인민대표대회는 대통령의 모든 제안을 거부하여 나라를 혼란과 무정부 상태로 끌어가면서 용공세력의 진짜 모습을 드러냈다." 그는 지난 1년간 인민대

───────
이 글은 《국제사회주의》 4호(1993년 봄)에 실린 것이다.

표대회와 충돌할 때마다 항상 재작년 8월 쿠데타에 실패한 세력이 과거로 돌아가기 위해 민주주의 체제를 위협하고 있다고 이야기해 왔다.

그러나, 옐친과 인민대표대회 사이의 충돌이 자유민주주의 대 '공산' 전체주의의 투쟁에서 비롯했다고 하는 것은 그다지 호소력이 없다. 옐친 자신이 먼저 솔선수범해서 과거로 복귀해 왔다.

1990년에 고르바초프가 야심에 찬 샤탈린 500일 계획안을 추진했다가 중도에 포기하면서 우물쭈물했듯이, 옐친도 작년 1월 급진적인 시장개혁을 시작한 이래 밑으로부터는 말할 것도 없고 옆으로부터도 거센 저항에 시달리게 되면서 보수파에 대한 타협과 양보를 거듭해 왔다. 예컨대, 그는 작년 12월 급진적인 "충격요법"의 책임자였던 가이다르를 수상직에서 해임하고 체르노미르진을 대신 그 자리에 앉히면서 개혁의 속도를 늦추고 폭을 좁혀 왔다.

그가 행한 "백 투 더 퓨처"를 극명하게 보여준 사건들 가운데 가장 우스꽝스런 것은 뭐니뭐니 해도 작년 12월, 러시아의 대표적인 방송사 중 하나인 러시아 TV의 책임자, 예고르 야콜레프를 해고한 사건이었다. 그의 죄목은 그 달에 체첸 공화국에서 일어난 민족 반란 진압에 나섰던 러시아군의 잔학상을 다큐멘터리로 방영했다는 것이었다. 그로써 예고르 야콜레프는 참으로 희한한 경력을 소유하게 되었다. 그는 흐루쇼프와 브레즈네프 시대에 숙청당해 있다가 고르바초프가 들어서면서 신문사 편집위원으로 복권되었지만 여전히 탄압을 면치 못했는데 마침내 옐친이 그를 다시 쫓아낸 것이다.

러시아 지배계급이 대분열하게 된 진정한 원인은 근본적인 데에 있다. 대분열은 소위 "충격요법"이 더욱 부채질한 러시아 경제의 완전한 붕괴에서 비롯했다. 지금 옐친에게 저항하고 있는 인물들 가운데 상당수는 재작년 8월 쿠데타 당시 그를 지지했던 자들이라는 점을 생각해 보라.

개혁파와 보수파 모두는 왕년의 관료적 명령경제 체제로 되돌아갈 수 없다는 것을 잘 알고 있다. 그 체제는 1980년대 후반에 들어서면서 원래의 구조적 모순을 극단으로 표출했다. 반면, 잔뜩 기대를 걸었던 시장이라는 해결책은 오로지 재앙만을 낳고 있다. 그들은 막다른 골목에 다다라 있다. 그리하여 그들은 자신들의 향후 진로를 놓고 있을 수 있는 모든 방향으로 분열해 있는 것이다. 지금 러시아에서 보수파와 개혁파의 경계선을 일도양단하듯 확정할 수 없는 까닭도 바로 여기에 있으며, 옐친과 인민대표대회가 쉽사리 서로를 제압하지 못하는 이유도 바로 여기에 있다. 그들의 세력균형은 팽팽한 힘의 균형이 아니라 어느 쪽도 강력하지 못한 데에서 비롯한다. 옐친은 행정부조차 확고하게 장악하지 못하고 있다. 반면, 인민대표대회는 무지개 색깔을 내고 있다. 그들에게는 반(反)옐친이라는 것 이외에 어떠한 통일된 프로그램도 없다. 공산당이 붕괴한 지금 옐친과 인민대표대회 모두는 서방 자본주의 나라들에서 찾아볼 수 있는 정당이라는 것을 갖고 있지 않다. 옐친과 인민대표대회는 대위기에 직면한 러시아 지배계급의 의견불일치를 반영하는 관료 지배계급의 두 가지 얼굴일 뿐이다. 그 위기의 뿌리를 캐기 위해서는 먼저 과거에 그 지역에서 작동했던 관료적 명령경제 체제를 자세히 살펴볼 필요가 있다.

관료적 명령경제가 낳은 문제들

　파산한 기업의 주식이나 문서를 가지고 과거에 그 기업이 경험한 성장을 깎아내릴 수 없다는 것은 상식이다. 그럼에도 불구하고 사람들은 극심한 식량난과 경제 파탄을 겪고 있는 지금의 러시아가 과거에는 세계에서 제2위를 차지하는 경제·군사 강대국이었다는 사실을 종종 잊어 버리곤 한다.

　1920년대말에 제국주의 열강의 간섭과 내전으로 피폐해질 대로 피폐해진 옛 소련 경제를 제2차세계대전 끝 무렵 서방 경제와 대등한 수준으로 끌어올렸던 것은 스탈린의 제1차 5개년 계획을 통해 처음으로 선보였던 관료적 명령경제 체제였다. 지배계급의 입장에서 볼 때 처음에 이 체제가 대단히 활력 있는 경제 체제였던 것만큼은 틀림없다. 스탈린이 제1차 5개년 계획을 추진하던 초기 5년간 옛 소련 경제의 연평균 성장률은 자그마치 19.2%나 되었다. 1950년대에는 성장 속도가 많이 늦추어지긴 했지만 여전히 서방 평균보다 훨씬 높은 5.8%의 연평균 성장률을 기록했다. 심지어 "정체의 시기"라고 불리는 브레즈네프 통치 시절(1970년대)에도 옛 소련 경제의 연평균 성장률은 여전히 서방보다 높거나 대등한 수준인 3.7%를 기록했다.

　사실, 강제적이고 불합리한 국가의 명령을 통해 유지되는 이 체제는 서방과 마찬가지로 노동의 극심한 소외를 수반하기 때문에 엄청난 자원의 낭비와 비효율이라는 문제를 안고 있었다. 그럼에도 불구하고 성장의 여지가 커서 자원과 노동력이 남아돌아가는 한 이러한 낭비와 비효율은 별로 문제될 게 없었다. 게다가 대중의 소비와 생활수준을 완전히 무시하고 강제적인 명령을 통해 가용 자원을 오로지 축적에만 쏟아부었던 것은 옛 소련의 높은 경제성장을 보장했다. 그리하여 성장이 계속되던 시기에 관료들은 경제 전반의 구조조정을 통하여 노동생산성을 높여야 할 필요를 심각하게 느끼지 않아도 되었다.

허나 그 체제의 동학 자체에 이미 위기가 표출할 수 있는 조건이 자리하고 있었다. 옛 소련의 관료들이 국가의 강제적 명령에 기초한 축적 드라이브를 채택한 동기는 무엇보다 서방 선진 자본주의 국가들과 직접적으로 경쟁해야 할 필요성이었다. 따라서, 경제의 제일 목표는 서방과 대등하거나 서방보다 우월한 군사능력을 키우는 데 있었다. 이러한 목표를 달성하기 위해 관료들은 막강한 국가의 힘을 바탕으로 취약한 경제가 세계 시장에 직접 노출되지 않도록 극단적인 자급화 드라이브를 추진했으며, 그러한 기초 위에서 그 나라 내부에 서방과 동등한 규모의 산업과 경제구조들을 건설해 나갔다. 군대 대 군대, 핵무기 대 핵무기, 철강 산업 대 철강 산업 식으로 말이다.

옛 소련 지역 전체로 보아도 경제 규모가 미국의 절반밖에 안 되는 형편에서 이 정책이 의미하는 바는 다음과 같았다.

첫째, 세계 시장에 깊숙이 편입되어 있는 서방과 달리 모든 것을 그들의 국경 내부에서 해결해야 했으므로 필연적으로 서방에 비해 과도하게 규모가 큰 산업 영역들을 발전시켜야 했다. 이것은 서방보다 자본의 집중도가 훨씬 높았다는 것을 의미한다. 기업들은 서방보다 훨씬 높은 수준의 수직적 통합을 이룩해야 했을 뿐더러 서방보다 공장 규모도 더 커야 했다. 그럼에도 불구하고 서방보다 시장이 훨씬 작았기 때문에 이 산업 영역들은 균형 있게 발전하거나 서방과 대등한 전문화 수준에 도달할 수 없었다. 세계 시장 전체의 관점에서 보면 이러한 산업들은 거의 아무런 의미도 없었다. 따라서, 이러한 산업들을 유지하기 위해서는 엄청난 보조금을 지불하지 않으면 안 되었다. 이것은 필연적으로 경제 전반에 육중한 부담을 초래하기 마련이다.

둘째, 이러한 집중의 반대면으로서 기업들은 대개 자신들이 생산하는 품목의 독점 생산자들이었다. 예컨대, 1991년도 현재 옛 소련 지역 기계공업의 경우 6,000개의 생산 품목 가운데 87%가 절대적인 독점 기업들에서 생산된다. 게다가 나머지 가운데 8%조차도 겨우 2~3개 기업에서 생산된다. 물론 기계공업은 극단적인 경우에 속한다고 할 수 있지만 다른 산업들에서도 일반으로 이러한 패턴이 구조적으로 지배해 왔다.

직접적인 군사 경쟁이 국가간의 주된 경쟁의 축으로 자리잡고 있었을 때에는 관료적 명령경제에 내재하는 상대적인 구조적 취약함들이 표면에 드러나지 않았다. 하지만, 세계 경제 내에서 극단적 자급화 드라이브에 기초한 직접적인 군사 경쟁이 생산의 국제화에 기반한 무역을 통한 경쟁에 점점 더 많은 자리를 내주게 되면 될수록, 옛 소련이나 동유럽과 같이 세계 시장에 대한 통합 수준이 서방과 비교할 수 없을 정도로 작고 전문화 수준도 낮은 경제는 점점 더 뒤처지게 마련이다. 1960년대말 이후 세계 자본주의 체제 내부에서 국제화된 생산으로 나아가는 경향이 갈수록 뚜렷해지면서 옛 소련과 동유럽 경제에서 이 점은 현실로 나타났다. 옛 소련에 비해 무역의 중요성이 더욱 컸던 동유럽의 경우에는 이 문제가 더욱 심각했다. 이것은 왜 동유럽에서 먼저 "충격요법"식 개혁이 시작되었는가에 대한 대답 중 하나가 될 것이다.

더구나 자원이 모두 군사부문에만 투입되는 상황에서는 세계 시장을 대상으로 하는 비군사부문이 제대로 성장할 수가 없었다. 이것이 의미하는 바는 명확했다. 유휴자원이 남아돌아갈 때에는 군사부문이 어느 정도까지는 비군사 부문의 생산능력과 상관없이 발전할 수 있다. 하지만, 궁극으로는 비군사부문의 능력이 군사력 수준을 결정하기 때문에 — 즉, 파괴능력은 생산능력에 의존하기 때문에 — 장기적으로 볼 때 결국 비군사 부문의 정체는 군사력 자체의 약화를 초래하는 것이다.

점점 커져 갔던 세계 시장으로부터의 통합 압력에 대한 관료들의 대응은 처음에는 오히려 그러한 흐름과 반대 방향으로 나아가는 것이었다. 그러나, 1980년대에 들어와서 옛 소련 경제는 더 이상의 성장을 멈추어 버렸다. 그에 따라 지배계급에게는 관료적 명령경제가 낳은 낭비와 비효율이 커다란 문제로 등장하기 시작했다. 예컨대, 1991년도 현재 옛 소련 지역에서는 인구의 30%가 농업에 종사하고 있지만 여전히 그 지역에서는 식량이 부족하다. 이것을 미국과 비교해 보면 낭비와 비효율이 어느 정도인지 한눈에 알 수 있다. 미국의 인구 가운데 단지 4%만이 농업에 종사할 뿐인데도 그 지역에서는 식량이 남아돌아간다. 또, 같은 시기 옛 소련에서는 공장 노동자 수가 미국에 비해 3분의 1이 더 많고 전문 기술자의 수는 미국에 비해 두 배가 더 많다. 그런데도 생산량은 미국의 절반밖에 되지 않는다.

그리하여 80년대 후반에 관료들은 어떻게 해서든 노동생산성을 높이지 않으면 안 되는 시점에 도달했다. 바로 이것이 관료적 명령경제로부터 탈출하는 경제 전반에 대한 구조조정 압력을 낳았던 것이다.

8월 쿠데타 이전의 러시아

구조조정의 필요성을 처음으로 역설한 옛 소련의 관료는 고르바초프였다. 그는 1985년에 등장해서 제일 먼저 브레즈네프 시대의 타성에 젖어 있던 공산당과 정부의 고위 관료들을 숙청하고 정치 개혁을 단행함으로써 구조조정의 토대를 놓았다. 관료화된 국가자본주의 체제에서는 정치와 경제가 완벽하게 융합되어 있기 때문에 경제 개혁(페레스트로이카)에 손대기 위해서는 먼저 정치 개혁(글라스노스트)이 필요했던 것이다. 그러나, 일단 공산당과 정부의 요직을 차지하고 있던 부패한 고위 관료들을 숙청하고 나자 그때까지 똘똘 뭉쳐 있던 개혁파 관료들 사이에서 대분열이 일어났다. 왜 그랬을까?

그 이유는 구조조정이 노동자 계급에게뿐 아니라 관료 지배계급에게도 어마어마한 고통을 가져다 주기 때문이다.

이른바 "군살빼기", "내핍"으로 불리는 구조조정은 사실 70년대 이후 세계 경제가 위기에 직면함으로써 라틴아메리카와 아프리카, 아시아의 여러 나라들에서 선보였던 것과 크게 다르지 않다. 예컨대, 1985년에서 87년까지 볼리비아에서 IMF가 지원하는 내핍 프로그램을 입안했던 제프리 삭스(Jeffrey Sachs)라는 경제학자 — 그의 별명은 "경제학의 인디아나 존스"이다 — 는 폴란드 솔리다르노시치 정부의 고문이었다가 1991년에는 러시아 정부의 개혁 프로그램에 관여한 바 있다. 라틴아메리카에서 실시된 내핍 정책의 목록을 한번 살펴보면 현재의 러시아와 동유럽에 관한 얘기가 아닌지 의심하게 된다. "라틴아메리카에서 전형적인 프로그램은 다음과 같은 다양한 정책으로 구체화된다. 평가 절하, 은행 여신과 공공 대부의 제한, 가격 보조금의 철폐, 관세 삭감 및 몇몇 수입 통제의 철폐, 외국인 투자 진흥, 명목임금 상승에 대한 방해."

그런데, 옛 소련과 같은 관료적 명령경제에 대해 "군살빼기", "내핍"이라는 메스를 들이대는 것은 필연적으로 경제 전반의 급속한 재구성을 불러일으킨다는 것을 의미했다. 국가의 보조금이 철폐되고 각종 시장개혁이 진행됨에 따라 거대 산업영역들은 해체될 것이고 공장 규모도 줄어들 것이었다. 이것이 노동자 계급에게 의미하는 바는 물론 재앙 그 자체이다. 수많은 노동자들이 실업수당을 받기 위해 길게 줄을 늘어서야 하며 겨나지 않은 노동자들은 새로운 노동 규율, 즉 시장의 규율 속에서 더 커다란 착취를 감수해야 한다.

하지만 동시에 이것은 관료 지배계급에게도 고통이 아닐 수 없다. 노동자들만 해고당하는 것이 아니라 효율성이 없다고 판단되는 기업들의 수많은 관리자들도 일자리를 잃게 된다. 또한, 여전히 자기 자리에 남아 있는 자들은 국가보조금과 각종 특혜가 사라지는, 이전보다 더욱 어려워진 환경에서 더욱 힘겨운 경쟁을 벌여야 한다.

게다가 이러한 내핍 정책은 중단기적으로는 결코 아무런 긍정적인 성과도 만들어 내지 않는다. 독점을 통해 안정적으로 이윤을 보장받던 기업들이 세계 시장의 압력에 적응하기 위해서는 먼저 국내 경쟁의 도입을 통해 훈련 받을 필요가 있었지만 이것은 중단기적으로 볼 때 아무런 비전도 없다. 왜냐하면, 그간의 높은 독점 수준으로 볼 때 기업들을 민영화하더라도 여전히 독점은 파괴되지 않고 오히려 더욱 강화될 것이므로 ― 국가의 통제마저 벗어남으로써 ― 경쟁의 토대가 마련되기 힘들 것이기 때문이다. 따라서, 당분간 지배적인 결과는 생산성의 향상이 아니라 탈산업화와 산업산출량의 감소로 이어질 것이다. 상대적인 관점에서 본다면, 그간 공업 우선 원칙 때문에 억눌려 왔던 서비스 부문이 기하급수적으로 늘어난다는 점에서 그렇다. 또, 시장 경쟁에 내맡겨진 일부 영세 기업들은 다시 농업으로 복귀할 공산이 크다. 절대적인 관점에서 본다면, 세계 시장의 관점에서는 아무 의미가 없는 핵심 산업들이 세계 시장에 더 많이 노출됨으로써 파산해 갈 거라는 점에서 그렇다.

그리하여 관료 지배계급은 왕년의 관료적 명령경제로 돌아갈 수 없는 일방통행로에서 한편으로 예전의 안정적 기득권에 대한 침범에 반발하면서 이 과정(의 속도)에 저항하는 편과, 다른 한편으로 어차피 건너야 하는 강이라면 빨리 건너자는 편으로 크게 분열했던 것이다. 이런 상황에서 고르바초프는 보나파르트의 전형적인 모습을 보였다. 그러나, 아주 힘이 약한 보나파르트였다. 그는 관료적 명령경제에서 탈출해야 하는 옛 소련 관료 지배계급의 과제를 온몸으로 떠맡고 있었다. 하지만 지배계급 내부의 저항이 거센 탓에 앞으로 나아가지도 못하고 그렇다고 뒤로 물러설 수도 없는 막다른 골목에서 개혁파와 보수파 사이의 무기력한 세력균형에 의존해 권력을 유지하고 있었다. 그는 모두를 만족시키고 싶어 했지만 아무도 만족시키지 못했기에 개혁파와 보수파 사이에서 샌드위치가 되어 가고 있었다. 그러는 과정에서 이미 세계 시장에 더 많이 노출된 옛 소련 경제는 엄청난 붕괴를 경험하고 있었다.

지배계급의 분열은 항상 아래로부터의 불만을 투쟁으로 표출할 기회를 주기 마련이다. 이것은 두 가지 차원에서 표출되었다.

첫째, 1991년 시베리아의 광부 파업이 보여주었듯이 노동자 계급은 갈수록 악화되어 가는 생활수준을 방어하기 위해 투쟁에 나서고 있었다. 광부 파업이 벌어졌을 당시 모스크바에서 있었던 시위는 폭동 진압을 위해 투입된 세계 제2위의 군대를 무력하게 만들 정도로 정부를 위기에 몰아넣고 있었다.

둘째, 중앙정부가 내분으로 힘이 약화된 상황을 틈타 민족 반란의 물결이 민족공화국들을 휩쓸고 있었다. 이것은 연방과 공화국들 내에서의 열등한 지위에 불만을 품고 있던 민족공화국들의 기존 지배자들과 중간계급의 이해와 맞물리면서 급속하게 독립을 향해 나아가고 있었다.

재작년 8월의 옛 소련 보수파 쿠데타는 바로 이런 상황에 대한 러시아 지배계급의 불만을 배경으로 하고 있었다. 어차피 시장경제로 이행해야 한다면 그 과정에서 일어나는 노동자들의 저항을 분쇄하고 더욱 강도 높은 노동규율을 부과할 필요가 있었고, 그 시장경제가 꽃 필 수 있는 시장이 크면 클수록 좋은 일이었다.(물론 그들 모두가 시장개혁에 전폭적으로 동의하진 않았겠지만 필시 성공했다면 결국 이런 방향 — 권위주의 + 시장 — 으로 나아갔을 것이다.) 쿠데타가 일어났을 때 러시아의 대기업 관리자들 대부분이 쿠데타를 지지했던 이유는 바로 여기에 있었다. 그들은 남한이나 중국, 칠레와 같이 민주주의를 억압해야 시장이 제대로 작동할 수 있다고 믿었던 것이다.

하지만 쿠데타에 대한 저항이 녹녹하지 않았다. 레닌의 동상이 여기저기서 끌어내려진 데에서 알 수 있듯이 노동자 계급은 이제 '공산' 통치 — 극악한 권위주의 통치 — 라면 혀를 내두를 지경이었다. 하지만, 노동자 계급은 쿠데타 주도세력을 넘어선 지배계급 전체에 대해 효과적인 공격을 감행할 수 없었다. 그들은 정치적인 요구만을 내걸고 싸웠다. 이렇게 싸우는 것은 지배계급의 어느 한 분파만을 이롭게 하는 것으로 끝나기 마련이나. 한편, 쿠데타 주도 세력도 무기력했고 자신감이 없었다. 그들은 옐친을 구속하지도 무기를 동원하지도 않았다. 결국 어부지리를 얻은 세력은 옐친과 그의 지지자들이었다. 그리하여 시장개혁은 가속도를 얻게 되었다.

러시아 지배계급은 무엇에 홀려 있는가?

옛 소련을 모종의 무계급 사회로 — 생각했던 사람들에게는 현재 러시아가 가고 있는 방향은 실로 커다란 충격이 아닐 수 없다. 무엇보다도 러시아에서 서방식 자유시장 경제로의 이행에 대한 저항 — 지배계급의 저항은 말할 것도 없고, 노동자들의 저항조차도 — 을 거의 찾아볼 수 없다는 점은 현재 좌파의 이데올로기적 혼란에 크게 한몫을 담당하고 있다.

서방의 자유시장 경제가 그다지도 러시아나 동유럽의 지배계급에게 매력을 주는 요인은 다름이 아니다. 제2차세계대전 이후 선진 자본주의 국가들의 경제가 동유럽이나 옛 소련보다 더 커다란 번영을 누려 왔다는 단순한 사실 때문이다. 옛 소련과 동유럽에서는 이것이 마치 시장의 마술 덕택인 것처럼 여겨져 왔다. 이렇게 된 데에는 서방 지배계급이 의도적으로 그렇게 선전해 왔던 것이 큰 역할을 했다.

하지만, 흔히 잊기 쉬운 것은 국가 통제의 완전한 철폐란 자유시장론자들의 이상향에서나 존재한다는 사실이다.

자유시장을 금과옥조로 만들고 싶어 하는 서방 선진 자본주의 나라들에서조차 경제 전반에 미치는 국가의 힘은 통화주의자들이 맹위를 떨친 1980년대에 들어서조차 일반으로 거의 줄어들지 않았다. 통화주의자들의 본산지였던 미국의 경우 특히 그러했다. 살아남을 놈만 살아남고 경쟁력이 없는 놈들은 나동그라져라. 이것이 시장의 논리인데 단위 자본의 규모가 어마어마한 오늘날 이런 논리가 그대로 적용되는 것을 국가가 방관만 한다면 그 다음 일은 불을 보듯 뻔하다. 하나의 초거대기업이 파산함으로써 상호 소비자와 생산자, 그리고 대부자와 피대부자로 그물망처럼 얽혀 있는 다른 기업들과 은행을 물귀신처럼 파산으로 몰고 가게 된다. 따라서, 자유시장론자들의 논리에도 불구하고 국가가 기업들을 후원하고 통제하는 일에서 후퇴하기란 현재로선 거의 불가능하다고 할 수 있다.

더구나 제2차세계대전 이후 동유럽 국가들이 앞을 다투어 관료적 명령경제로 나아갔던 이유는 과거에 이 지역에서 시장에 기대는 성장 전략이 전혀 성공적이지 못했기 때문이었다. 이런 점에서 시장은 과거에 대한 향수에 다름 아니라고도 할 수 있다.

그럼에도 불구하고 개혁파가 서방의 자유시장론자들의 충고를 그대로 수용하면서 시장의 해결책이 궁극적인 성공의 비결이라고 그토록 외쳐대는 이유는 어디에 있을까?

물론, 관료 지배계급이 궁극으로 "충격요법"을 실행에 옮기도록 만든 것은 장기적인 경제적 모순이었다. 그들은 하나의 프로그램이 실패하자 성공 가능성을 전혀 확신할 수도 없는 또 하나의 프로그램으로 몰려갔던 것이다.

하지만, 마르크스주의자들이 눈여겨보아야 할 것은 경제위기에 노출된 노동자들의 아래로부터의 불만 폭발이 러시아가 이런 방향으로 나아가는 데에서 결정적이었다는 점이다. 그 때문에 동유럽에서는 거대한 격변이 있고 난 후에야 비로소 그 지역의 관료 지배계급이 자유시장 경제로의 이행을 촉진했던 것이다. 이 점은 러시아가 동유럽보다 더 늦게 자유시장으로의 이행을 시작하게 되었던 것에 대한 또 하나의 대답이 될 수 있다.

옛 소련 지역에서 그토록 오랫동안 극악한 공포 정치가 행해졌음에도 불구하고 노동자 계급의 저항은 그리 심각하지 않았다. 스탈린 시대에조차도 사실 노동자들의 파업투쟁은 아주 드물었다. 노동자들의 저항은 집단적인 투쟁이 아니라 주로 태업과 같은 개인적·소극적 방식을 취했다. 이것은 극악무도한 탄압 때문이기도 했지만, 한편으로 경제가 계속 성장하고 있었던 현실이 관료 지배계급으로 하여금 그 사회가 서방보다 우월한 모종의 사회주의 사회라는 이데올로기를 효과적으로 써먹을 수 있도록 만들었기 때문이기도 했다. 하지만, 1980년대말에 들어 경제가 정체 수준을 넘어 후퇴로 바뀌기 시작하면서 '사회주의'라는 지배계급의 이데올로기는 고사당하게 되었다.

재작년 8월에 쿠데타가 일어났을 때 거리로 나온 노동자들은 제일 먼저 레닌의 동상과 소연방의 국기를 표적으로 삼았다. 옛 소련이 모종의 사회주의 사회라고 믿었던 사람들은 어마어마한 충격을 받았다. 10월 혁명의 성과를 완전히 배반하는 반혁명이 일어나고 있다고 믿었다. 하지만, 러시아 노동자들이 끌어내린 것은 수십 년 동안 자신들을 초착취하고 극악한 탄압을 가했던 구사회의 권위를 상징하는 것에 불과했다. 10월 혁명의 성과는 이미 그로부터 수십 년 전인 1928년 스탈린의 반혁명과 더불어 이미 사라지고 없었다.

그리하여 지배계급은 이 같은 대중적 저항에 직면해서 더 이상 예전의 지배 이데올로기 — '사회주의' — 를 고수할 수가 없었다. 그 이데올로기는 노동자 계급에 대한 지배 이데올로기로서 효험을 상실하고 있었다. 8월 쿠데타 이후 옐친이 공산당을 불법화시켰을 때도 소련 '사회주의'에 대한 신념을 간직하고 싶어 했던 좌파들은 그것이 계급 사회의 부활을 의미한다고 믿었다. 그러나, 노동자 계급은 말할 것도 없고, 당시 러시아의 관료 지배계급 가운데 공산당 불법화에 대한 저항이 있었는가를 한번 생각해 보라. 일부 연금 생활자들이나 대중적 불만의 표적이 되었던 인물들 — 고르바초프나 쿠데타 주도 세력 — 을 제외하면 관료 지배계급 가운데 그 조치에 반기를 든 인물은 거의 없었다. 공산당이 해체되었다고 해서 그 사회의 지배계급이 해체되거나 바뀌었다고 생각하는 것은 오로지 당과 계급을 완전히 혼동하는 경우에만 가능한 일이다. 옐친 자신부터가 공산당 정치국원 출신이 아닌가? 공산당 불법화는 대중적 불만의 표적이 되었던 것을 대중의 압력에 떠밀려 제거한 행동에 불과한 것으로 김영삼이 이 나라에서 하나회를 불법화했던 것과 본질에서 하등 다를 바가 없다.

러시아 지배계급은 새로운 이데올로기적 통제 수단이 필요했다. 그리하여 그들은 이제 그 전과는 완전히 반대로 모든 악이 '사회주의'에서 비롯했다고 선전하기 시작했다. 그러고는 자유시장만이 미래의 모든 부와 행복을 약속해 줄 수 있다고 이야기하기 시작했다.

자유시장 이데올로기가 가지는 장점은 노동자들에 대한 지배계급의 이데올로기적 통제 능력을 회복시켜 주는 데에만 있지 않다. 더 중요하게는 무엇보다 노동자들이 소처럼 일하도록 새로운 노동 규율을 부여해 준다는 점에 있다. 관료적 명령경제 속에서 대강대강 시간이나 때우던 노동자들은 이제 시장의 논리 속에서 일자리를 빼앗기지 않기 위해 동료 노동자들끼리 서로 경쟁해야 하며 경쟁에서 뒤지지 않기 위해 기준보다 더 많은 작업 성과를 냄으로써 관리자에게 잘 보여야 한다.

이런 점에서 러시아의 관료 지배계급이 자유시장으로 몰려가고 있는 현상이, 그들이 추상적인 원칙 — 시장이라는 — 을 무지몽매하게 신봉하는 데에서 비롯한다고 봐서는 곤란하다. 러시아에서 자유시장이란 무엇보다 예전과 똑같은 본능적인 계급 착취와 지배의 논리인 것이다.

그럼에도 불구하고 러시아의 노동자들은 자유시장으로의 이행에 대해 별다른 저항을 보이지 않는다. 그 이유는 단순하다. 일상적인 시기에 지배적인 의식은 지배 이데올로기이기 때문이다. 노동자 계급은 오로지 투쟁을 통해서만 그 사회의 '상식'에 도전할 수 있다. 그러지 않는 한 노동자들은 자신들의 고통의 원인과 미래에 대한 희망을 자본주의 사회 내에 이미 존재하는 것에서 구한다. 종교가 그 가장 대표적인 예인 것처럼 말이다.

현재 러시아에서는 서방 세계에서보다 노동자 계급이 사회주의적 대안에 다가갈 수 있는 조건이 훨씬 크게 존재한다. 불만은 높고 변화에 대한 갈망은 엄청나다. 그럼에도 불구하고 그것은 어느 정도의 규모를 가진 독립적인 사회주의 조직에 의해서 주장되고 있지 않기 때문에 노동자 계급은 사회주의적 대안이 아니라 다른 방식의 계급 착취 사회인 서방 체제에 아주 커다란 기대와 환상을 걸고 있다. 그것이 손쉬운 대안으로 여겨지기 때문이다. 하지만 투쟁은 기존의 의식을 뒤집어 엎는다. 만약, 올바른 사회주의적 대안을 주장하는 좌파가 그 노동자들 가운데에서 청중을 만들어 낸다면 문제는 달라질 수 있다.

이것이 시장의 마술이다

현재 러시아의 지배계급을 괴롭히고 있는 문제는, 예전의 관료적 명령경제로부터 탈출해야 함에도 불구하고 그것은 여전히 아직 숨을 거두지 않은 채 살아 있는 반면, 시장경제는 태어나자마자 죽을 위험에 처해 있다는 데에 있다. 그리하여 명령경제도 시장경제도 제대로 작동하지 않고 있다.

옐친이 집권하면서 관료적 명령경제로부터의 탈출은 가속도를 얻었다. 1991년 10월에 옐친은 가격의 국가통제 철폐, 기업의 사유화, 기업에 대한 국가 보조금의 삭감, 루블화를 태환화로 만드는 등의 급진 경제개혁안을 발표했다. 11월에는 급진 개혁파의 인물인 가이다르를 수상으로 임명하여 지난해 1월 일부 생필품을 제외한 모든 상품의 가격 통제를 철폐했다. 또, 지난해 4월에 니즈니 노브고로드에서 20개 소기업을 민간에 매각한 이후로 올해 1월까지 총 3만 1천 개의 소기업을 민영화했다. 그러나, 이런 야심만만한 "충격요법"은 모든 방향에서 앞길이 꽉 막혀 있다.

이 모든 조치들은 지난 1년간 2,000%나 되는 초인플레이션의 원인이 되었다. 러시아 경제는 300명 이상의 기업들은 거의 모두 특정 상품에 대한 독점적인 공급자일 만큼 독점 수준이 높다. 따라서, 어느 일부에서 가격이 조금만 올라도 전 경제 영역으로 파급되는 것은 시간 문제이다.

소비재 상품의 경우 문제는 더욱 심각하다. 모스크바 같은 거대 도시를 제외하면 대부분의 도시들에는 도매상이 단 한 개만 존재하는데 이곳에서는 모든 종류의 물품을 취급한다. 그런데 이러한 도매업의 민영화가 의미하는 바는 그들이 예전과 달리 제멋대로 그들의 고객에게 원하는 가격을 요구할 수 있게 된다는 것이다. 작년 9월까지 약 4만 3천 개의 소규모 업체·상점·다방 등이 불하되었다. 그럼에도 불구하고 모든 유통 경로를 독점기업들이 장악하고 있기 때문에 민영화는 가격만 더욱 올려 놓고 만 꼴이 되었다. 게다가 민영화는 처음의 의도와는 달리 국가 소유의 독점체제를 사적 소유의 독점체제로 바꾸어 놓는 결과만을 낳고 있다.

이런 초인플레이션 아래서 이자율은 80%나 되기 때문에 기업들은 상품을 팔지 않고 가격이 더 오를 때까지 쌓아두고만 있는 실정이다. 그리하여 많은 기업들이 도산을 경험하고 있다. 지난 여름에 기업들의 부채 총량은 자그마치 3백만조 루블을 기록했다. 모스크바 생산자 동맹의 한 인물은 이런 현상을 두고 "과잉생산의 위기"(글자 그대로!)라고 지적하고 있다. 작년에 산업생산은 20%나 감소했다.

옛 소련 지역 전체로 보면 문제는 더욱 심각하다. 옛 소련 지역의 경제는 명령도 시장도 말을 듣지 않음에 따라 두세 가지 현물교환 방식으로 움직이고 있다. 이것은 경제의 붕괴를 낳고 있다. 튜멘 지역의 석유산업을 예로 들어보자. 옛 소련은 세계에서 손꼽을 수 있는 석유 수출국이었다. 그런데 지금은 석유산업이 붕괴되어 가고 있다. 왜냐하면, 석유 굴착장비를 살 수가 없기 때문이다. 명령경제가 작동하고 있을 때에는 아제르바이잔에서 석유 굴착장비를 공급했지만 이제 아제르바이잔에서는 석유 굴착장비를 공급해 주는 대신에 무언가 반대급부를 튜멘에 요구하고 있다. 그러나, 문제는 튜멘이 아제르바이잔에게 줄 것이 아무것도 없다는 데 있다. 이런 상황은 전혀 나아질 줄 모르는 채 경제를 마비시키고 있다.

CIS를 루블화권으로 묶어서 그 힘을 바탕으로 루블화를 태환화로 만들겠다는 옐친의 구상이 벽에 부딪히면서 옛 소련 지역 전체의 경제 마비는 더욱 속도를 얻고 있다. 현재 루블화의 대달러 교환 비율은 1년 전과 비교할 때 1천 배 가량이나 곤두박질해 있다. 지난 1월 중앙아시아 회교권 5개 국이 중앙아시아인민연방 결성 추진을 선언하면서 CIS의 해체와 재편은 시간 문제인 셈이 되고 있는데, 그나마 CIS 내부에서도 8개 국이 루블화를 공용화폐로 폐기했고 현재는 4개 국만이 가맹국으로 남아 있을 뿐이다.

기존 무역 체제의 붕괴도 무척이나 심각하다. 반면, 새로운 무역 체제에 적응하는 것은 너무나 어려운 일이다. 과거에 옛 소련은 세 가지 범주의 무역에 의존하고 있었다. 첫째 범주는 동서간 무역이었고, 둘째 범주는 동유럽 블록 내부 무역이었고, 셋째 범주는 제3세계와의 무역이었다.

동서간 무역에서는 옛 소련과 동유럽의 1차 원료와 그 지역의 제조업이나 하이테크 산업에 필요한 서방의 반제조업 상품을 교환했다. 제3세계와의 무역에서 옛 소련과 동유럽은 제조업 상품들을 내다팔았다. 하지만, 이 지역의 제조업 상품들은 서방의 상품보다 질이 떨어졌기 때문에 이 무역을 유지하기 위해서는 제3세계 국가들에게 원조나 보조금을 지급하거나 그 나라들이 생산하는 저질의 상품들을 대신 수입해 오는 조치들이 필요했다. 이 범주의 무역은 정치적인 성격이 강했다. 세 범주 가운데서 가장 비중이 크고 중요했던 것은 동유럽 블록 내부의 무역이었다. 이 무역은 소련의 1차 원료 및 에너지와 동유럽의 제조업 상품을 교환하는 방식을 취했다. 서방의 무역에서는 경화(硬貨: 미국 달러나 서독 마르크 등 국제적으로 유통하고 있는 통화와 직접 자유 교환되는 화폐)가 필요했던 반면 이 무역에서는 국제시세와 비슷한 가격의 동유럽과 소련의 화폐가 사용되었다. 옛 소련은 동유럽 블록을 유지하기 위해 이 무역에서 이중의 보조금을 지불하지 않으면 안 되었다. 1차 원료와 에너지를 내다 팔 때는 국제시세보다 낮은 가격으로 거래했고, 반대로 제조업 상품을 사올 때는 국제시세보다 더 높은 가격으로 거래했다. 그러면서도 옛 소련은 세계 수준보다 질이 떨어지는 상품을 구매하는 것을 감수해야 했다. 이러한 무역 형태는 동유럽 블록이 세계 시장에 노출되지 않도록 함으로써 동유럽 제조업의 경쟁력을 강화하는 역할을 했을 뿐더러 동유럽 블록을 결속하는 한 수단으로 기능했다.

하지만, 1989년 이래로 이러한 무역 형태는 완전히 붕괴했다. 이 지역의 경제들이 세계 시장에 노출되면서 이제 의미 있는 무역은 오직 동서간 무역뿐이다. 동유럽 블록 내부 무역에서 보조금이 폐지되었고, 오직 경화만이 무역을 매개하는 유일한 화폐가 되었다. 그에 따라 무역적자가 엄청나게 불어나 있다.(동유럽에서 이 문제는 더욱 심각한데, 왜냐하면 더 이상 자신들의 제조업 상품을 구매해 줄 대상이 없어지자 이 나라들은 점점 농산물 수출 국가로 둔갑하는 일이 발생했기 때문이다.)

서방의 속셈

지난 한 달 동안 서방 각국의 지배계급은 러시아의 상황을 놓고 말도 못하는 부산을 떨었다. 3월 23일 클린턴은 취임 후 처음 가진

기자회견에서, "미국은 러시아의 역사적인 민주 정치 개혁을 지지"하며 "민주적으로 선출된 보리스 옐친 대통령은 이 개혁 운동의 지도자"이기 때문에 "옐친 대통령이 국민투표를 요구한 것은 적절한 조치"하고 말하면서 옐친에 대한 지지를 나타냈다. 그들은 마치 러시아 민주주의의 장래를 진지하게 걱정하는 듯한 인상을 심어주기 위해서 무척이나 애써 왔다. 4월 3일에 미·러 정상회담에서는 러시아에 16억 달러의 금융 지원을 하기로 결정되었다. 일본의 미야자와 총리는 3월 23일 유럽을 순방하던 도중 G7 정상회담을 조기에 개최하여 러시아에 대한 재정 지원 문제를 논의하자고 제안했다. 국제 문제에 대해서는 항상 서방 지배계급의 눈치를 살피다가 바람이 불어가는 쪽으로 충실하게 "풍향계" 노릇을 해 온 이 나라의 정부도 그 며칠 후 외무부 성명을 내고 비슷한 말을 늘어놓으며 대러시아 차관을 재개하겠다고 발표했다.

그러나, 러시아 민주주의의 장래를 위해 돈을 아끼지 않겠다는 이들의 말을 누가 믿을 것인가? 그들이 중동 지역에서, 아프리카와 라틴아메리카에서 행한 일들을 한번 떠올려 보라. 중동 지역에서 그들은 석유를 위해 갖가지 민족억압을 저질러 왔고, 아프리카에서 그들은 기아 난민에게 먹을 것을 주기는커녕 소말리아의 사례에서 보듯 군대를 파병해서 독재자를 옹호했을 뿐이며, 라틴아메리카에서 그들은 마약 산업에만 관심을 보여 왔다. 그들은 그 지역들의 장래를 진심으로 걱정하기는커녕 이윤을 위해서라면 무슨 일이라도 서슴없이 저질러 왔다.

그들은 이윤을 보장받지 않는 한 절대로 러시아에 투자하지 않을 것이다. 그것은 지난 시기 서방이 러시아에 원조해 왔던 금액을 따져 보면 잘 알 수 있다. 서방의 은행들은 러시아와 동유럽 전체의 경제를 구조조정하는 데 필요한 자금이 전후의 마셜플랜에 입각해서 유럽 지역 전체에 공여한 수준(오늘날의 가치로 약 3천억 불)이라고 평가한다. 허나 그간 이 지역에 대한 금융 지원은 기존의 경제 규모를 지탱하기에도 힘든 수준에서 이루어져 왔다. 일례로, 옛 소련과 동유럽 전체에 공여된 원조와 차관을 다 합해도 통일 후 서독이 동독에 공여한 수준의 반에도 못 미친다. 또한, 옐친이 집권하고 난 이후 러시아에 공여된 금액은 고르바초프가 집권하고 있던 시기에 공여된 금액에도 미치지 못한다. 서방의 투자자들은 이윤이 회수될 전망이 거의 없기 때문에 옛 소련과 동유럽에 대한 투자는 다른 곳에 대한 투자보다 훨씬 더 신중하게 이루어져야 하며 그간 투자된 금액도 위험 부담을 따져 볼 때 너무 많은 수준이라고 입을 모은다.

게다가 그간의 금융 지원은 대부분 차관 형식을 띠고 있기 때문에 이것은 지금과 같은 경제 붕괴가 당분간 전혀 나아지지 않을 것이라는 점을 감안한다면 장기적으로 러시아의 부채 부담을 기하급수적으로 늘리는 결과밖에 낳지 못한다. 실제로 러시아의 부채는 이미 상당한 수준에 이르러 있고, 이것은 지금의 경제위기를 더욱 가중시키는 역할을 하고 있다.

이런 상황에서 러시아에 진출하는 데 가장 열심이었던 산업은 모두 소비성 산업들이었다. 맥도날드·버거킹·펩시·베네통사들이 바로 대표적인 예들이다.

서방의 지배계급은 민주주의의 신장을 위해서 투자를 촉진하기보다는 오히려 투자한 것에서 막대한 이윤을 뽑아내기 위해서 러시아의 지배계급이 지금보다 더욱 탄압에 의존하기를 내심 바랄 것이다. 예외 없이 그들은 과거에 동유럽에서 격변이 있을 때마다 권위주의 정권을 충심으로 지지할 준비가 되어 있었다. 그들은 89년도에 중국에서 천안문 학살이 일어났을 때 겉으로는 덩샤오핑을 비난했지만 6개월 후에는 언제 그랬냐는 듯이 다시금 협력을 재개했다. 또, 작년에 러시아에서 보수파 쿠데타가 났을 때는 처음에는 쿠데타 사실을 기정사실화하고 논평을 삼가면서 보수파가 집권했을 경우에 실행할 청사진 만들기에 여념이 없었다. 1981년 폴란드 혁명 당시 한 은행가의 논평은 그들이 러시아의 정치 상황에 대해 실제로 바라는 바가 무엇인가를 생생하게 암시해 준다. "러시아가 침공한다면 좋은 일일 것이다. 왜냐하면, 그렇게 되면 러시아가 폴란드의 부채를 변제할 의무를 짊어지게 되기 때문이다."

시장의 악몽과 민족주의의 급부상

《사회주의 노동자》 제2호*에 실린 '지금의 계급세력 균형과 사회주의자의 임무'의 마지막 부분에는 옛 동독의 공산당 서기장이었던 크렌츠가 부동산 중개업자로 변신했던 것을 가지고 재미 있는 농담을 하는 구절이 나온다. 이 구절은 농담으로 넘겨 버리기에는 너무나

---

* 국제사회주의자들(IS)이 1992년 7월에 발간한 잡지.

선명한 교훈을 우리에게 던져 준다. 무엇보다 옛 소련과 동유럽에서 예전의 계급착취 관계가 지금도 여전히 지속되고 있다는 사실을 입증해 주는 것이다.

옛 소련과 동유럽에서 당과 국가기관에서 착취를 담당하고 있던 지배계급의 압도 대다수의 사람들이, 시장경제로 이행해 가고 있는 지금은 민영화된 사유기업이나 은행들에서 여전히 예전의 부와 권력을 소유하고 있다. 크렌츠의 변신은 이 점을 상징적으로 드러내고 있는 것이다. 헝가리의 예전 공산당 본부는 지금 증권거래소로 변해 있다고 한다. 러시아에서 지배계급에 속하는 몇몇 사람들은 예전의 자리에서 쫓겨났지만 그것은 지배계급의 극히 일부일 뿐이다. 또, 예전에는 지배계급 패권파에게 반대했던 지식인들이 새로운 권력자로 부상하고 있지만 그들 역시 소수일 뿐이다. 예전에 지배계급이었던 사람들의 다수는 새로운 사장 계급으로 변신해 가면서 변함없이 그가 예전에 있던 지위에 앉아 있는 것이다.

그런 점에서 현재의 이행에서 대가를 지불하고 있는 사람들은 오로지 러시아의 노동자 계급(과 농민들)일 뿐이다. 가장 커다란 대가는 뭐니뭐니 해도 실업이 엄청나게 늘어났다는 것이다. 러시아의 실업 통계에 정확하게 접근하기는 어렵지만(현재 러시아는 각종 경제 통계를 전혀 공개하지 않고 있다) 보통 이 나라의 일간지들은 약 7~8백만의 실업자들이 존재한다고 보도해 왔다. 이것은 명목상의 실업자 수치이다. 여기에다가 산업의 구조재편이 노동시장의 구조재편으로 이어지면서 여성 노동자들이나 나이가 든 비숙련 노동자들이 일하기를 포기하고 가정으로 들어갔다는 사실까지 감안하면 그 숫자는 엄청나게 불어날 것이다.

게다가 노동자들의 생활수준도 고르바초프 이래로 엄청나게 하락해 왔다. 그들은 해결의 기미가 보이지 않는 식량 부족과 생필품 부족으로 고통 받고 있으며, 일 년에 2,000%나 되는 초인플레이션에 노출되어 있다. 현재 러시아에서 노동자들이 겪고 있는 생활수준의 급락은 1930년대의 공황 시기에 겪었던 것과 비교되기도 하고, 심지어 1928년 스탈린 반혁명 당시 겪었던 것과 비교되기도 한다.

해고당하지 않은 노동자들은 과거와 비교할 수 없는 강도 높은 착취에 시달리고 있다. 동유럽 지역의 개혁에 관계하고 있는 어떤 자는 이렇게 이야기하기도 했다. "공업에서 병가(病暇)는 80%나 감소했다. 나는 심지어 나에게 아주 잘 대하는 친구들조차도 그들이 사무실에 있는 동안 담소를 나누기 위해 밖으로 불러내는 게 불가능하다는 것을 발견했다. 실업의 위험이 어른거리고 있기 때문에 일을 빼먹는 것은 너무나 위험했던 것이다."

헌데, 아직까지 노동자들이 이러한 대가에 대해 효과적으로 맞받아 싸우고 있지 않다는 점이 문제이다. 이러한 문제를 증폭시키고 있는 가장 커다란 요인은 러시아 좌파들의 방향감각 상실이다.

1989년에 러시아 전역에 걸쳐서 벌어진 광부 파업을 계기로 노동자 조직들은 급신장을 한 바 있다. 보리스 카갈리츠키가 이끄는 사회당과 같은 많은 좌파 조직들이 탄생했고 독립광원노조(Independent Union of Miners)와 같은 많은 독립노조들이 탄생했다. 하지만, 많은 사람들이 기대했던 것처럼 뒤이은 투쟁은 격렬하게 일어나지 않았다. 1991년 봄에 시베리아 광부 파업이나 민스크에서 10일 동안 계속된 폭동도 새로운 폭발로 연결되지 않고 사그라들었다.

그에 따라 좌파는 급속한 민주화로 인해 열리게 된 합법적 기회를 효과적으로 이용하지 못한 채 방향감각을 상실해 왔다. 스탈린주의의 붕괴는 러시아 좌파들이 방향감각을 상실하게 만든 결정적 계기였다. 1928년 이후 그 나라에 존재하던 '사회주의'와 진짜 사회주의를 구분할 수 없었던 그들은 진정한 대안을 발견할 수 없었던 것이다. 그리하여 대부분의 좌파는 이제껏 노동자 계급의 독립적인 사회주의적 대안을 주장하기보다 옐친과 그의 개혁 프로그램에 대한 지지를 표방해 왔다. 그러다 보니 그들은 옐친의 "고통분담"론에 대해서 효과적으로 싸울 수 없었다. 그리하여 점점 심각한 고통에 직면해 왔던 노동자들의 투쟁은 아무런 성과도 낳지 못하고 옐친과 그의 지지자들만을 만족시켜 주는 것으로 끝나 버렸다.

좌파의 방향감각 상실에 따라 갈수록 옐친에게서도 대안을 발견하지 못하고 고통만 넘겨 받아온 노동자들은 점점 정치적 무관심과 냉소주의로 급속하게 내몰리고 있다. 또한, 새로운 독립노조들은 급속한 관료화와 타락을 경험해 왔다. 그리하여 예전의 국가통제 노조가 여전히 노동자들의 대다수를 장악하고 있다. 이러한 전반적인 상황은 현재 급부상하고 있는 인종주의 조직들의 성장과 무관하지 않다. 예전에 공산당에 속해 있던 자들은 현재 RAU(러시아 국민연합)라고 하는 극우 민족주의, 대러시아 국수주의 조직을 결성해 있는데 이들은 예전보다 더 많은 사람들의 지지를 끌어모으고 있다. RAU의 지도자 가운데 한 사람은 《소련의 '사회주의' 쿠데타》["61시간

천하로 끝난 '사회주의' 쿠데타" — 엮은이에서도 소개한 바 있는 극우익 알크스니스 대령이다. 러시아에서 인종주의 조직들의 급성장은 오늘날 유럽 전역을 인종 테러의 공포 속에 몰아넣고 있는 신나치의 등장 배경과 크게 다르지 않다. 경제위기의 시기에 절망 속에 내몰린 노동자들이 명확한 독립적 대안을 찾지 못할 때 그들은 이런 반동적 운동에 자신의 몸을 의탁할 수 있는 것이다. 러시아에서 이런 운동은 지배계급의 민족주의적 데마고기와 아주 쉽게 융합할 수 있으며, 또 실제로 융합하고 있다. 그리하여 많은 노동자들이 이 운동에 동참하고 있다. 옛 국가통제 노조는 이런 움직임에 체계적으로 반응하고 있으며, 옐친에게 지지를 보냈다가 실망감을 잔뜩 안게 된 일부 좌파와 노동자들까지도 옛 공산당 잔당들의 민족주의적 데마고기에(그리고 그들의 '사회주의' 선동에도) 응답하고 있는 실정이다.

우리는 이미 작년 2월에 펴낸 《사회주의 노동자》 창간호에서 옛 소련 연방의 붕괴에 따라 지역 전체가 유고슬라비아식 내전을 재현할 가능성이 크다는 점을 지적한 바 있다. 체제 전체가 전례 없는 위기에 봉착하게 되면서 점점 커다란 고통을 받게 된 러시아 노동자들이 대안을 찾지 못해 시장의 방향으로 급속히 몰려갔다는 점을 위에서 설명했다. 민족주의의 급부상도 마찬가지 맥락에서 설명할 수 있다. 더욱 커다란 시장을 필요로 하는 러시아 지배계급의 이해와 맞물리면서 노동자들이 지배계급이 의도적으로 조장하는 민족주의를 통해 자신의 불만을 표출해 낼 가능성이 아주 많이 존재하는 것이다. 시장이 노동자들에게 악몽이라면 민족주의의 급부상은 재앙이다.

1973년부터 1977년까지 미국 국무성 장관을 지내면서 베트남에서 미군이 야만적인 학살을 하도록 조종한 바 있는 헨리 키신저는 서방 지배계급의 시각에서 러시아 민족주의를 경고하기도 한다.(그는 아주 솔직하게도 클린턴이 너무 "순진하다"며 미국의 이익에 따라서만 행동하자고 이야기한다.) 그는 옐친의 비상통치 선언이 있고 난 후 워싱턴 포스트에 기고한 글에서 다음과 같이 말한 바 있다.

… 러시아의 권력투쟁이 민주세력과 구 반동세력간의 싸움이라는 식으로 간단하게 선을 그을 수 없는 데에 문제가 있다. 경제적으로 보면 개혁의 방향에 대한 문제가 아니라 개혁의 템포를 어떻게 할 것인가를 놓고 갈등이 빚어지고 있는 것이다. … 러시아 내에서는 개혁주의자라 하더라도 러시아 해체를 반대하고 있다. 러시아의 현실은 강력한 민족주의 국가의 출현을 불가피하게 만들고 있다.

옐친은 옛 소련 연방이 해체되기 오래 전부터 대러시아 국수주의를 부추겨 온 인물이다. 그는 당시 소련 연방이 러시아 인민을 탄압해 왔다는 너무도 해괴한 주장을 통해 고르바초프를 공격한 바 있다. 하지만, 그는 고르바초프가 물러난 후 형성된 CIS마저도 효과적으로 통제하지 못해 지배계급의 비난을 한몸에 받아 왔다. 거대 자본가들의 대표들로 이루어진 그룹이자 인민대표대회에 가장 커다란 영향력을 행사하는 시민동맹이 그 동안 옐친에게 강력하게 반대해 왔던 이유 가운데 하나도 바로 이것이었다.

그는 재작년 쿠데타가 벌어지는 와중에서도 우크라이나와 카자흐스탄에 합병을 강요하는 외교각서를 보낸 바 있다. 작년 가을에는 체첸 공화국에 군대를 보내 독립을 저지하고자 했다. 또, 작년 7월에는 몰도바 공화국과 그루지야 공화국에 군대를 보내 일부 지역을 점령했다.

경제위기의 상황에서 지배계급의 가장 중요한 이데올로기 중 하나인 민족주의가 얼마나 막대한 영향력을 행사할 수 있는가는 다음과 같은 요소들에 달려 있다. 체제에 대항한 집단적인 투쟁이 노동자 계급의 자신감을 어느 정도나 고무하는가, 그리고 사회주의 조직들이 얼마나 많은 노동자들을 사회주의적 대안으로 이끌 수 있는가. 바로이 두 가지 요소가 스탈린주의의 붕괴로 인해 옛 소련과 동유럽에서는 결여되어 있다는 점으로 오늘날 옛 소련과 동유럽을 휩쓸고 있는 민족주의의 물결을 설명할 수 있다.

러시아는 어디로

현재 러시아가 정확히 어느 방향으로 갈지 이야기하기는 힘들다. 그러나 분명한 것은 러시아 노동자 계급이 어떻게 행동하느냐에 따라 궁극적인 사태의 방향이 결정되리라는 것이다.

노동자 계급이 행동하는 데에서 결정적으로 중요한 것은, 그들이 예전의 관료적 명령경제도 아니요 서방의 시장경제도 아닌 제3의 길이 분명히 하나의 가능성으로 존재한다는 것을 인식하는 것이다. 노동자들은 옛것 — 관료경제 — 에도 반대해야 하지만, 새것 — 시장 — 에도 반대해야 한다. 노동자들이 생산을 통제한다면 경제위기는 필연적인 것이 아니다. 예전의 관료적 명령경제뿐 아니라 지금의 시장경제 — 더 정확히 말하면, 명령과 시장을 짬뽕하는 경제 — 도 노동자가 자신이 생산한 생산물에 접근하는 것을 차단하기 때문에 노동의 소외를 낳을 수밖에 없다. 이것은 끊임없이 위기를 확대 재생산할 것이다. 노동자들의 고통과 굶주림은 오늘날 러시아를 지배하고 있는 사회를 근본적으로 끝장내는 사회주의 혁명을 통해서만 해결될 수 있다. 경제 붕괴의 상황에서도 러시아 상점과 창고에는 내다팔지 않는 상품들로 꽉 차 있다. 사장들은 돈을 자신의 비밀구좌로 빼돌리고 있다. 이것은 경제위기의 시기에조차 고통 받는 것은 오직 노동자 계급뿐이라는 것을 의미한다. 그 위기의 해결책은 간단하다 — 경제 전반을 노동자 통제 아래 두는 것, 그리하여 진정한 사회주의적 중앙계획에 의해 경제가 통제되는 체제를 만드는 것.

개혁파가 승리하든 보수파가 승리하든 조만간 러시아에서는 예전의 권위주의 통치가 부활할 가능성이 높다. 이 글의 서두에서도 밝혔지만 시장과 권위주의 통치는 결코 대립하는 것이 아니다. 사실 옐친도 등장할 때부터 러시아에 진정한 민주주의를 가져오는 것에는 전혀 관심이 없었다. 그가 옛 소련 헌법에 기초해서 선출된 인민대표대회를 해산하고 새로운 선거를 소집했더라면 보수파와의 충돌은 지금과 판이하게 달랐을 것이다. 조만간 시도될 권위주의 통치는 노동자 계급에 대한 공격의 고삐를 더욱 죄는 동시에 대러시아 국수주의에 입각해 민족공화국들에 대한 무력 개입의 방향을 가리키고 있다.

노동자들이 여기에 단호하게 저항하지 않는다면 이번에 노동자들은 아주 커다란 패배를 겪을 가능성이 높다. 재작년 8월 쿠데타 때

보수파는 단호하게 행동하지 않았다. 그러나, 이번에 새로운 권위주의적 질서를 부과하려고 시도할 자들은 다를 수 있다. 그들은 칠레에서 피노체트가 쿠데타 2주일 만에 수십만을 학살했던 것처럼, 1980년 전두환이 광주에서 일주일 동안 수천 명을 학살했던 것처럼, 1989년 중국에서 덩샤오핑이 수천 명을 죽였던 것처럼 극악무도한 탄압으로 맞설 수 있다.

이 모든 재앙을 피하는 길은 오직 러시아 노동자들이 옛 질서에도 반대하지만 새 질서에도 반대하는 투쟁을, 정치적인 요구와 경제적인 요구를 같이 내걸고 전체 지배계급에 대항해서 싸우는 길밖에 없을 것이다. 이렇게 하는 데에는 사회의 다른 어떤 계급으로부터도 독립적인 노동자 계급의 조직이 사활적일 것이다. 하지만 오늘날 러시아에 명확한 사회주의 정치로 무장하고 있으면서, 동시에 그러한 투쟁을 이끌 만큼 충분한 규모를 가진 조직이 없다는 데에 비극의 씨앗이 존재할 수 있다. 우리는 스탈린주의의 붕괴가 몰고 온 좌파의 공백을 진정한 마르크스주의의 전통을 부활시키고자 하는 사람들이 맹활약함으로써 메워 주기를 진심으로 바라야 할 것이다.

소련의 민족문제

소련에서 민족 문제는 관료 지배계급이 직면한 가장 긴급한 문제들 가운데 하나로 인식되고 있다. 페레스트로이카와 글라스노스트의 틈새를 뚫고 민족주의 운동이 급격히 고양되었으며, 이것은 아무튼 국가의 기존 결속을 위협하고 있다. 캅카스 지역과 발트해 연안 국가들 그리고 이제 우크라이나에서 크렘린의 권위는 위협받고 있다. 이제 몰다비아 공화국의 루마니아계 인민들이 러시아 제국주의를 위협하고 있다.

많은 사회주의자들은 혼동에 빠져 있다. 그들은 스탈린주의의 잔인성은 거부하지만 소련(USSR)의 해체에 대해서는 걱정한다. 볼셰비키가 창설한 국가의 통일성으로부터 일보후퇴이기 때문이라는 것이 그 이유이다.

우리를 위한 교훈을 이끌어내기 위해서는, 권력을 장악한 볼셰비

이 글은 《혁명적 사회주의를 위한 주장들》 (1994년)에 실린 것이다.

키가 소련의 통일성에 대하여 이론과 실천 모두에서 어떻게 접근했던 가를 검토해 볼 필요가 있다.

볼셰비키의 출발점은 레닌의 민족자결권 이론이었다. 이 이론의 중심에는 반(反)제국주의 투쟁 문제가 놓여 있다. 볼셰비키는 민족주의에 완강하게 반대하였다. 하지만 그들은 억압 민족의 민족주의(자기 나라의 소수민족들과 식민지 인민들에 대한)와 피억압 민족의 민족주의를 분명하게 구분했다.

사회주의자들은 피억압 민족의 민족주의가 노동자 계급의 적인 억압 국가에 도전하는 한 그것을 지지할 의무가 있다. 이것은 비록 민족주의자들의 운동 방법이 노동자들의 방법과 동떨어진 것이라고 할지라도 마찬가지이다.

따라서 피억압 인민의 해방운동에 대한 지지는 분리독립권, 즉 피억압 인민이 원한다면 자기들 자신의 국가를 세울 권리에 대한 무조건적 지지를 포함해야 한다. 분리독립권을 인정하지 않는 것은, 자기들 자신의 일을 결정할 권리를 당연히 갖는 더 강한 민족들과의 진정한 평등을 사실상 배제하는 것이다.

민족자결권에 대한 레닌의 지지는 그의 프롤레타리아트 국제주의와 결코 상충하지 않았다. 오히려 두 대의는 상호 보완적이다. 즉, 첫째, 만약 민족 봉기가 성공하면 그것은 기존 세계 질서, 즉 제국주의 체제를 약화시킬 것이다. 둘째, 노동자 계급의 국제적 단결은 오직 인민들 사이의 진정한 평등을 기초로 해서만 가능하다.

또한 무조건의 자결권이라는 요구를 받아들이는 것은 피억압 인민 대중의 민족주의 지도자들의 영향력을 약화시킬 것이다. 그들의 부르주아적 계급 지위 때문에 그 지도자들은 이 문제를 놓고 동요할 것이다.

물론 분리독립을 하지 않고도 진정한 평등이 이루어질 수 있다면 그럴수록 더욱 좋다.(바로 이런 까닭에 레닌은 사회주의자가 분리독립권을 지지해야 하지만 반드시 모든 상황에서 그것을 옹호할 필요는 없다고 주장했던 것이다.)

그러나 그 과정을 질러가려는 어떠한 시도 — 예를 들어 레닌에 맞서 '좌익' 비판자들이 그랬듯이 민족자결은 국제혁명에 추월당했으므로 진부한 것이 되어버렸다고 주장하는 견해 — 도 그 본래 취지에 어긋날 위험이 있었다. 프롤레타리아트 국제주의의 이름으로 민족자결권을 부정하는 것은 피억압 대중이 보기에는 부르주아적 "민족단결"의 이름으로 민족자결권을 부정하는 것과 크게 다르게 보이지 않았던 것이다.

그리하여 레닌은 노동자 국가조차도 각 민족에게 자결권을 허용해야 한다고 주장했다. 1917년 말에 그는 민족자결 때문에 나라가 많은 독립된 공화국들로 분할되어 버린다 하더라도 상관하지 않는다고 썼다. "우리에게 중요한 것은 국경선이 어디를 지나느냐 하는 것이 아니라 어떤 나라의 부르주아지와도 투쟁하기 위해 모든 민족 노동자들의 단결이 유지되어야 한다는 것이다."

일반적으로 사회주의자들은 커다란 국가를 선호한다고 레닌은 주장했다. 그러나, 자신들이 지배하는 영토의 크기로 자신들의 권력을 측정하는 제국주의 부르주아지와는 달리, 사회주의자들은 노동자 계급의 국제적 연대에 관심이 있다. 만약 국가를 여럿으로 나누는 것이 노동자 계급 국제 연대에 도움이 된다면 그만큼 더 좋다. 민족들 사이의 진정한 평등이 실현된다면, 가질 수 있는 모든 이점을 갖는 하나의 커다란 국가로 자발적인 연합이 진행될 수 있다.

이것이 볼셰비키가 자신들이 물려받은 차르 제국에 대하여 적용하고자 했던 이론이었다. 그러나 그것을 실천에 옮기는 것은 볼셰비키가 처할 수밖에 없었던 끔찍한 상황 때문에 지극히 어려워졌다. 첫째로는 나라를 경제적·행정적 혼돈에 빠뜨린 세계대전과 내전(1920년까지 계속된)의 영향이었다.

후진적이고 황폐화된 나라에서 살아남는 문제는 국제 혁명의 전망이 사그라들고 노동자 계급이 해체됨으로 말미암아 당과 국가 내부에서 관료주의 경향이 증대함에 따라 더욱 약화되었다.

러시아 혁명으로 해방된 영토는 엄청나게 다양했다. 전쟁 때문에 서부의 일부 비러시아계 지역을 빼앗긴 뒤에도 대러시아계 지배 민족은 전체 인구의 절반을 갓 넘었을 뿐이다. 거기에 우크라이나인 3천만, 그리고 백러시아인이 450만이었다. 그 나머지가 3천만 정도의 비슬라브계였는데, 이들은 대부분이 수적으로 소수인(그 중 최대 집단인 우즈베크인도 고작 500만이 약간 넘었을 뿐이다) 매우 다양한 '잡동사니'민족들로서, 유목부족 단계에서 상업 자본주의 단계에 이르는 인류 발전의 모든 단계에 걸쳐 있었다.

전쟁은 이 민족들을 묶어놓았던 끈을 느슨하게 했다. 많은 지역에서 이미 사실상의 독립이 존재하였다. 그래서 문제는 종종 독립이 허용되어야 하느냐 마느냐 하는 것이라기보다는 누가 통제하느냐 하는 것이 되었다.

또 다른 문제도 있었다. 혁명의 심장부는 프롤레타리아트와 볼셰비키가 가장 강했던 페트로그라드와 모스크바였다. 이 도시들은 또한 대러시아계 주민의 생활 중심지이기도 했다. 따라서 혁명의 운명이 지배 민족집단의 운명과 동일시될 위험이 있었다.

레닌은 이런 위험을 잘 알고 있었으며 그것에 맞서 필사적으로 싸웠다. 그는 제8차 당대회에서 이렇게 말했다. "많은 공산주의자들을 헤집어 보면 대러시아 국수주의자 하나를 발견할 것입니다."

이러한 변화와 일부 실수에도 불구하고 볼셰비키의 초기 성과는 두드러진 것이었다. 그것은 검증 받았을 때 거의 아무도 제국주의의 억압과 제휴하는 것을 주저하지 않은 사회민주당의 전통보다는 분명히 나은 것이었다.

차르 지배 하의 피억압 민족들 가운데 가장 "선진적인" 민족은 폴란드인, 핀란드인, 그리고 우크라이나인 들이었다. 볼셰비키는 그들의 독립 권리를 (임시정부와는 전혀 달리) 완전히 인정했다. 이에 따라 10월혁명 후인 1917년 11월에 핀란드는 별개의 국가가 되었다. 폴란드는 독일에 의해 점령당해 있었으므로 문제가 되지 않았다. 하지만 볼셰비키는 그들이 폴란드에 대한 모든 권리를 포기했음을 분명히 했다.

또한 발트해 연안 국가들도 독일의 점령이 끝나고 영국의 압력에 맞부딪혀 소비에트 정부들이 붕괴한 후 각자 독립된 부르주아 정부들을 갖게 되었으며, 이 정부들은 1920년 한 해 안에 모두 볼셰비키의 승인을 받았다.

우크라이나에서는 사태가 다르게 전개되어 독립에서 연방으로 나아갔다. 여기에서는 볼셰비키가 권력을 장악하기 이전에 이미 '라다 (Rada)'라고 불렸던 독자적인 공화국이 선포되었다. 이 공화국의 프티부르주아 민족주의 지도자들은 2월혁명의 이념에 동조하고 있었으며 국제 사회주의 혁명에 적대적이었다.

1918년 1~2월 즈음에 '라다'는 전복되고 새로운 소비에트 정부가 수립되었다. 이것은 민족자결권 원칙을 위반한 것인가? 모스크바는 자신이 좋아하지 않는 정부가 그곳에 있다는 이유만으로 우크라이나의 주권을 존중하지 않았는가?

사실, '라다'가 붕괴된 가장 주된 이유는 우크라이나 민족주의자들이 진정한 독립을 위해 일관되게 싸우지 못했다는 것이다. 오히려 그들은 서방 제국주의자들의 품으로 뛰어들었다.

코르닐로프와 칼레딘 휘하의 반혁명 군대가 우크라이나 남부 지방의 돈 강 근처에 집결하자 '라다'는 적위군의 무장을 해제하였고, 카자크 기병이 그들의 영토를 통과하는 것은 허용하였지만 소비에트 병사들에게는 허용되지 않았다.

라다는 스스로 제국주의의 도구가 되었으며, 이 점은 3주 뒤에 독일의 도움으로 라다가 재건되고 그것이 다시 꼭두각시 정부로 대체되었을 때 확증되었다. 이 정부는 독일의 이익에 완전히 복종하였기 때문에 1918년 11월 독일의 붕괴 이후에는 더 이상 지탱하지 못했다. 옛 라다가 다시 등장하였을 때 이번에 그들을 후원한 것은 우크라이나에게 폴란드 땅인 동갈리시아를 제공하는 책임을 떠맡은 프랑스였다.

가장 중요한 것은 새로운 소비에트 정부가 우크라이나 자체에 유기적인 뿌리를 내리고 있었다는 것이다. 반면, 라다는 대중의 욕구를 충족시키지 못했다. 그 지도자들 가운데 하나는 1918년 초에 "우크라이나 주민의 방대한 대중은 우리에게 반대하였다"는 사실을 인정했다.

노동자 평의회가 특히 공업중심지에서 새로운 소비에트 정부의 기반이 되었다. 1919년 2월에 '소비에트 우크라이나'가 재건되었을 때, 키예프 주민들은 그것을 열렬히 환영하였다.

대중은 처음에는 볼셰비키를 대러시아인 외부자들로 의심했던 것 같으나 어쨌든 독립 운동을 일정 정도 지지했다. 그러나 그 가운데 어느 누구도 절실하게 요구되는 개혁을 실시할 준비가 되어 있지 않은 외국 제국주의 또는 백위군 치하에서 '독립'을 경험함으로써 우크라이나 대중은 많은 것을 배웠다. 볼셰비키 하의 생활은 분명히 향상된 것이었다. 대중은 러시아와의 결합을 받아들였다.

이것으로 우크라이나의 민족적 억압에 맞선 볼셰비키의 싸움이 끝난 것은 아니었다. 우크라이나의 지방 소비에트들은 공업 중심지의 노동자들에 기초를 두고 있었다. 이들 가운데 많은 수가 대러시아인들이었으며 지도적 볼셰비키 가운데서도 많은 수가 그랬다. 그래서 볼셰비키 통제의 결과로서 발생할지도 모르는 대러시아인의 지배라는 비난이 조금이라도 생겨나지 않도록 하는 것이 긴요한 일이었다.

따라서 레닌은 막대기를 더욱 구부려 우크라이나인들의 민족적 열망을 충족시키려 하였다. 그는 모든 관리들이 우크라이나어를 쓸 것과 우크라이나 농민들에게 경제적·정치적 양보를 할 것을 주장했다. 그의 제안에는 현실적인 내용이 있었다. 하지만 그것은 국내외의 계급 적(敵)을 물리칠 필요성 때문에 제약을 받았다. (우크라이나는 1919년에는 데니킨 장군 휘하의 백군에 의해서 그리고 1920년 중반에는 폴란드의 침공에 의해서 또 다시 붕괴의 위기에 처하게 된다.)

민족적 억압의 위험에 대처하려는 이러한 끈질긴 노력에도 불구하고 잘못이 저질러졌으며 특히 그루지야의 경우가 그러했다.

여러 민족들의 열망을 해결하는 데서 볼셰비키는 중앙아시아보다 캅카스에서 훨씬 더 커다란 문제에 부닥쳤다. 여기에는 발전의 수준과 종교가 다르고(이슬람교와 여러 교파의 기독교), 영토의 분할이 뚜렷하지 않은 많은 민족집단들이 존재하였다.

여덟 토착 민족집단들 가운데 최대의 민족집단들은 그루지야인, 아르메니아인, 그리고 아제르바이잔인이었다.(각각은 200만 미만.) 기독교계의 그루지야와 이슬람교계의 아제르바이잔에 봉건제가 남아 있었다. 이와 나란히 아제르바이잔에 있던 이 지역 최대의 도시 바쿠의 석유공업은 대규모 노동계급을 창출하였으며, 그 가운데 많은 수가 러시아인이었다.

이러한 경제 발전 수준의 혼합에 더하여 차르 제국은 캅카스 지역 민족들 사이에 민족적 억압과 경쟁을 조장하고 러시아인의 지배를 확보하는 정교한 기구들을 만들어 놓았다.

다른 곳에서와 마찬가지로, 1917년 2월 혁명에 뒤이어 모스크바의 통제가 약해짐에 따라 자치 운동이 일어났다. 그 결과 캅카스에는 11월에 가장 강력하고 응집력 있는 민족집단인 그루지야인이 주도하는 '트란스캅카스 혁명적 민주주의 정부'가 세워졌다. 이들은 소비에트 정부를 인정하기를 거부했다. 볼셰비키는 단지 바쿠에서, 그것도 러시아인들과 아르메니아인들에게서만 대중적 지지를 얻을 수 있었다.

그러나 1918년 3월의 브레스트리토프스크 강화조약 조인과 독일의 동맹국인 터키의 침공 위협으로 말미암아 민족간의 반목이 높아졌다. 그리하여 5월에 트란스캅카스 공화국은 해체되어 3개의 독립된 공화국 — 그루지야·아르메니아·아제르바이잔 — 으로 나뉘었다.

터키가 몇 주일 안에 아르메니아 공화국과 아제르바이잔 공화국을 삼켜 버렸다. 그루지야는 다른 두 나라보다는 강했지만 같은 운명을 면하기 위해서는 독일의 일종의 부하가 되어야 했다. 6월에 멘셰비키 지도자 조르다니아가 정부 수반이 되었다.(그루지야는 멘셰비키의 아성이었다.)

전쟁이 끝나자 독일 군대 대신 영국 군대가 진주했다. 그러나 이들이 1919년 말에 철수하기 시작했을 때 이 작은 공화국들의 운명은 또 다시 문제가 되었다. 바쿠에서는 볼셰비키의 봉기가 일어나 1920년 4월 '아제르바이잔 소비에트 공화국'이 창설되었다. 터키가 아르메니아를 침공했으나 곧 '아르메니아 소비에트 공화국'이 수립되면서 저지되었다.

그루지야의 경우에는 사태가 아주 다른 양상을 보였다. 발트해 연안 국가들의 경우와 마찬가지로, 볼셰비키는 1920년 5월에 그루지야의 부르주아 공화국을 인정하기로 결정했다. 하지만 단 9개월 만에 소비에트 군대가 침공하여 현지 볼셰비키의 도움을 받아 '그루지야 소비에트 공화국'을 세웠다.

소비에트 군대는 광범위한 인민의 저항에 봉착했으며 모스크바에서 파견한 지도자들, 특히 오르조니키제(이 사람 자신도 그루지야인이었다)는 오만하게 행동했다. 그루지야 볼셰비키조차 이러한 행동에 반감을 가졌다.

스탈린은(그도 역시 그루지야인이었다) 민족 문제 담당 인민위원으로서, 소련의 침공에 책임이 있었으며 그의 내심에는 정치적 방법을 관료주의적 방법으로 대체하려는 경향이 이미 발전해 있었다.

트로츠키와 더불어 이 사건과 사실상 아무런 관련이 없었던 레닌은 사태를 충분히 우려하고 그루지야에서 중요한 양보를 할 것을 요구했다. 그는 오르조니키제에게 그루지야의 지식인들과 소상인들에게 양보를 할 것과 심지어는 이전의 멘셰비키 지도자 조르다니아와 제휴할 것을 촉구했다.

사태는 1922년에 이르러 절정에 달했다. 스탈린과 오르조니키제는 트란스캅카스 공화국이라는 옛 발상을 지지했다. 그것은 경제적 통합이 가져올 이익 때문이었다. 그루지야 볼셰비키는 그것이 민족자율의 원칙을 침해할 것이라는 이유로 그 생각에 반대했다. 당시 와병 중이었던 레닌은 대체로 그 생각을 지지했다.

그러나 대러시아적 횡포의 정도를 깨달았을 때(오르조니키제는 심지어 그루지야 볼셰비키 지도자 중 한 사람을 때리기까지 했다) 레닌은 노선을 바꾸었다. 그는 그루지야인들에게 이제 자신은 그들을 진심으로 지지한다고 알렸으며 죽기 전에 쓴 마지막 메모들에서 볼셰비키 민족정책의 타락과 스탈린의 역할을 통렬하고 정확하게 분석했다.

그는 "결합"의 필요성이 제정으로부터 넘겨받아 "소비에트의 기름을 약간 바른" 그런 부분의 국가기구에서 생겨났다고 썼다. 이런 상황에서는 연방으로부터의 분리독립의 자유는 휴지 조각에 불과한 것이며 "대러시아인 불한당"에 대한 보호장치가 전혀 되지 못한다. 계속해서 그는 스탈린의 "졸속", "순수 행정에의 심취", 그리고 "민족주의적 사회주의"에 대한 "심술"을 공격했다.

그는 비러시아인들의 가능한 한 최대의 신뢰를 프롤레타리아트 계급투쟁에 두는 것이 중요하다고 말했다. 그리고 "신뢰는 단순한 형식적 평등에 의해서 확보되지 않는다. 과거의 '지배' 민족의 정부가 비러시아인들에게 보였던 불신·의심·모욕에 대해서 그들에게 보상해야 할 필요가 있다."

이것은 스탈린의 영향력 증대를 저지하기 위한 레닌의 마지막 투쟁이었는데, 그의 뇌졸중으로 인한 마비와 죽음 때문에 중단되었다. 그는 스탈린의 지휘 아래 탄생하려 한 '소비에트 사회주의 공화국 연방'(USSR)을 결국 그렇게 돼버리고 만 가짜가 아니라 가능한 한 진정한 연방으로 만들려고 필사적으로 노력했다.

그 계획이 실패한 것은 상이한 민족의 노동자들의 평등한 연방을 건설하는 것이 불가능해서가 아니라 노동자 혁명 자체가 스탈린에 의해 소멸되었기 때문이었다.

잘못이 있었지만 이 당시까지 볼셰비키의 실천은 러시아의 여러 민족들 사이의 평등을 고양하는 데서 실질적인 성과를 거두었다는 증거가 될 수 있었다. 만약 소수민족들이 자신들도 거기에 약간의 이해관계가 있다고 느끼지 않았다면 사실 소비에트 러시아는 내전에서 살아남지 못했을 것이다.

오랜 세월의 억압을 푸는 데서 레닌이 시작했던 일이 스탈린에 의해 역전되었으며, 그의 새로운 규범은 노동자 국제주의가 아니라, 하나의 제국주의 열강으로서 경쟁하기 위한 새로운 '러시아 제국'의 관료 중앙집권적 지배가 되었다.

1939년에 스탈린은 나치에게 폴란드를 침공하는 것을 허용하는 대신에 발트해 연안 국가와 몰다비아 그리고 서부 우크라이나를 합병하기 위하여 히틀러와 비밀 협정을 조인하기까지 했다.

레닌은 노동자 국가는 필요한 곳에서는 독립을 허용해야 한다고 주장했다. 그는 노동자 국가의 타락에 맞서 싸우는 한 방법으로서 소수민족에게 진정한 자율권을 부여하는 조치를 취할 것을 주장했다. 스탈린이 권좌에 오르면서 대러시아 국수주의는 제정 러시아와 똑같은 완전한 민족적 및 제국주의적 억압의 체제가 되었다.

오늘날 고르바초프는 스탈린에 의해 세워진 제국의 통합을 옹호하고 있다. 왜냐하면 그의 우선순위 — 러시아인 국가자본가 관료 지배 체제의 유지 — 는 궁극적으로 스탈린과 동일하기 때문이다. 바로 이런 이유 때문에 오늘날 사회주의자들은 국가자본주의 제국의 균열을 소련의 모든 노동자들의 적 — 관료 — 에 대한 일대 타격으로 보고 있는 것이다.

피억압 민족의 분리독립권에 반대하는 것은 오직 소련 제국이 다시 접착되고 대러시아 노동자들이 그들의 지배자들에게 밀착되는 데 도움을 줄 뿐이다.

베를린장벽 붕괴의 의미:
"민중이 베를린장벽을 허물었습니다"

Q. 당신은 1989년 전부터 반체제 인사로 활동해 왔습니다. 당시에 어떤 단체들이 활동하고 있었나요?

집권당인 독일사회주의통합당(SED) 내에서 활동하면서 체제 내 변화를 추구한 인사들을 제외하면 일일이 거론하기 힘들 정도로 많은 조직이 있었습니다.

그들은 주로 교회·평화·환경·여성·게이와 레즈비언 단체의 후원을

───

가비 엔젤하르트. 〈레프트21〉 17호, 2009년 10월 22일. https://wspaper.org/article/7112. 1989년 대규모 시위, 파업과 무력 충돌로 대다수 사람들이 결코 변하지 않을 거라 믿은 스탈린주의 정권들이 줄줄이 무너졌다. 1989년 이후로 몇 차례 대규모 전쟁이 발생했고, 신자유주의 정책과 기업 권력이 모든 나라에서 설치면서 빈부 격차가 더 커졌다.

가비 엔젤하르트는 베를린장벽을 무너뜨린 이상이 오늘날 전쟁과 자본주의적 세계화에 맞선 투쟁의 원동력이 되고 있다고 말했다. 가비 엔젤하르트는 동독 반체제 그룹 '연합 좌파' 출신으로 1989년 항쟁 전부터 지금까지 정치 활동을 계속하고 있다.

받아 회합했습니다. 주로 스탈린주의 정당의 독재에 항의하는 인권과 민주화 단체 들이 많았습니다. 우리는 인간의 얼굴을 한 사회주의를 바랐습니다.

Q. 언제 처음으로 변화의 기운을 감지할 수 있었습니까?

소련의 글라스노스트[개방]와 페레스트로이카[개혁]는 동독에서도 사회 변화를 둘러싼 논쟁을 촉발하는 계기가 됐습니다. 불법 모임인 '노이에스 포럼(새로운 포럼)'이 만들어졌습니다. 당시 동독 정부는 강하게 탄압했고, 온갖 핑계를 대며 사람들을 체포했습니다.

그러나 갈수록 많은 사람이 과감하게 말할 용기를 내게 됐습니다. 동독인들의 불만이 많았음에도 SED와 그 위성 정당이 99퍼센트를 득표했습니다. 반체제 세력은 1989년 5월 지방선거 부정을 폭로하면서 포문을 열었습니다.

그와 동시에, 사람들은 자기 발로 불만을 표시했습니다. 수많은 사람이 동독을 떠났습니다. 1989년 여름 국외 이민을 신청한 사람들이 시청 앞에서 모임을 갖기 시작했습니다. 전에는 상상조차 할 수 없는 일들이 일어나기 시작한 것이죠.

Q. 반체제 단체들은 이민 운동을 지지했나요?

반체제 단체들은 민주화 운동의 선두에 있었고 나중에 거리 시위를 주도했습니다. 우리 중 상당수가 서독에 가기를 원하지 않았습니다. 우리의 구호는 '우리는 여기 있을 것이다'였습니다. 동독 건국 40주년 기념식 전날에 1천여 명이 반정부 시위를 벌였습니다. 우리는 동독 정부를 도우려고 소련군 탱크가 오지 않을까 걱정했지만 그래도 강행했습니다.

Q. 당신에게 1989년 항쟁은 어떤 의미가 있었나요?

사회 전체가 정치화됐습니다. 노동자와 가정주부 들이 반체제 단체 연합 사무실로 몰려들었습니다.

당시 어떤 경찰이 이렇게 말했습니다. "만약 저들이 우리 국민에 맞서라고 다시 한 번 명령을 내린다면 이번에는 총구를 저들을 향해 돌릴 것이다." 사람들은 정보에 목이 말랐고, 우리가 배포하는 유인물을 받아가려고 아우성이었습니다. 교회 건물 가득히 사람들이 몰려들었고, 그들은 앞으로 무엇을 해야 할지를 놓고 토론했습니다.

처음에는 아무도 동독 정권이 무너질 거라 생각하지 않았습니다. 돌이켜보면, 10월 9일 라이프치히에서 수만 명이 행진한 것이 이미 일당 독재 국가의 종말을 예고하는 것이었다고 생각합니다.

10월 7일 동독 건국 40주년 기념식 날, 소련 대통령 미하일 고르바초프는 동독 지도자 호네커에게 더는 소련의 지원을 기대하지 말라고 말했습니다. 이는 동독 정권이 확실히 끝장났다는 뜻입니다.

그 다음에 전국적으로 수십만 명이 월요 시위에 참가했습니다. 베를린장벽의 붕괴와 베를린 소재 동독 비밀경찰 본부 건물 공격은 독재의 종말을 상징적으로 보여 주는 사건들이었습니다.

Q. 오늘날 1989년에서 어떤 교훈을 배울 수 있을까요?

우리는 지배자들의 억압을 일방으로 참고 살아서는 안 됩니다. 그리고 지배자들에 맞서려면 우리는 조직해야 합니다.

스탈린주의적 탄압 때문에 우리는 운동이 절정에 도달할 때까지 제대로 된 조직을 가지고 운동에 개입할 수 없었습니다.

그래서 우리는 운동의 한가운데 있었지만 때때로 상황에 압도됐습니다. 다음에 그런 상황에 처하게 된다면 그런 상황에서 적절하게 행동할 수 있는 조직이 있어야 할 것입니다.

동유럽의 민주주의 혁명

폴란드 의회선거가 동유럽 민주주의 혁명의 마지막 웅장한 무대를 열어 놓은 지 벌써 18개월이 지났다. 1989년 6월 공산당에 대한 연대노조의 압승은 폴란드를 심각한 정치 위기로 몰아넣어 40년 만에 동유럽 최초의 비공산당 정부가 들어서게 했다.

그것이 모스크바 당국의 공개적 승인을 얻음에 따라 물꼬가 트였다. 크리스마스 때에 가서는, "공산주의자들"은 베를린, 프라하 그리고 부쿠레슈티에서 권력을 내놓아야 했고, 부다페스트와 소피아에서 개혁 "공산주의자들"은 보수파를 축출해야 했다.

그 뒤부터 일련의 선거들은 자유주의적 중간계급 민주주의자들의 지배를 확립시켰다. 전후 이래 존재해 오던 국가 통제 자본주의 체제는 부분적으로 해체되고 있다. 좌익 진영의 많은 사람들에게 이것은 혼란스럽고 심지어 절망을 안겨 주는 경험이었다. 이러한 반응은 동

출처 및 필자 미상.

유럽 혁명에 대한, 그리고 혁명 이전에 무엇이 존재했고 혁명이 무엇 때문에 일어났는지를 이해하지 못하는 것에서 비롯되는 결과이다.

우리는 동유럽의 변혁이 얼마나 진전되었는가를 되새길 필요가 있다. 많은 사람들이 천하무적이라고 믿었던 일당 독재 체제들은 조각조각 부서졌다. 대신에 많은 정당들이 유권자들의 충성심을 획득하려고 경쟁하고 있다. 대안적 정치이념들이 매체를 통해서 그리고 거리에서 경쟁하고 있다.

노동자들은 자유 노조들을 결성하고 많은 파업들을 벌였다. 그리고 그들은 승리했다. 소수 민족, 여성 그리고 동성애자들은 수십 년 동안의 침묵을 깨고 이제는 그들의 권리들을 한껏 요구하고 있다.

새로운 정권들은 급진적 경제 변화의 필요성을 설교하고 있다. 민족 자립 경제에 대한 요구는 유럽과 세계 시장으로의 통합을 위한 필사적 노력으로 대체되었다. 특히 자본의 소유자로서의 국가의 역할은 역습을 당하고 있다. 기업들은 해체되고 매각될 것이다. 농부들은 토지를 받을 것이다. 국가 부문에서조차 기업 관리자들은 훨씬 더 강한 권력을 갖게 될 것이다.

이것을 설명할 때 소련의 역할을 간과해서는 안 된다. 국가자본주의와 그것의 감독자들은 소련 군대에 의해 동유럽에 부과되었고 소련 군대에 의해 내부와 외부의 모든 위협으로부터 보호받았다. 그런데, 제국을 유지하는 데 드는 경제적·정치적 비용이 너무 커서 고르바초프가 소련 군대를 철수시키기 시작하자, 동유럽의 민주주의자들과 개혁자들은 용기를 냈다.

폴란드 정부가 1989년 초에 연대노조와 협상을 시작하자, 모든 사람들의 눈길이 소련에 쏠렸다. 적대적인 말은 단 한 마디도 없었다. 7월에 바르샤바조약 회의가 개최되어 어떤 나라도 다른 나라의 사정에 개입할 권리가 없다는 내용의 최종 성명서가 발표되었다. 이것은 모든 사람들이 목놓아 기다렸던 사태 발전이었다.

고르바초프가 동독을 방문해서 소련 군대가 시위자들의 투쟁을 진압하는 일에 사용되는 것을 허락하기를 거부한 11월에 소련 군대의 최종적 철수가 이루어졌다. 이것은 호네커 정부의 몰락을 재촉했다.

그러나 동유럽 민주주의 혁명의 원인은 이것보다 더 깊은 것이다. 국가장치에 대한 당의 배타적 통제의 갑작스럽고도 엄청난 비폭력적 붕괴는 동유럽 지배계급들 사이의 심각한 자신감의 위기를 반영하는 것이다.

루마니아를 제외하고 독재자들이 자신들의 생존을 위해 군대를 사용하려는 진지한 시도를 전혀 하지 않았다는 것은 주목할 만한 사실이다. 프라하와 베를린에서 경찰의 만행은 대중운동의 발전을 전혀 늦추지 못했다. 오히려 그것을 고무했다. 그러나 동독의 호네커만이 군대를 투입하려고 시도했다. 그러나 그의 명령은 지역당 관료들에 의해 거부당했다. 루마니아에서조차 군대는 혁명에 감염되었고 비밀경찰만이 차우셰스쿠를 방어하기 위해 투쟁했다.

이러한 자신감의 위기는 국가자본주의가 동유럽에서 잠재력을 완전히 잃었고 상당 수의 지배계급이 그것을 알았다는 사실을 그 어떤 것보다 더 정확하게 반영하는 것이다.

스탈린주의는 무엇보다도 인간해방을 위한 투쟁인 사회주의와 결코 공통점을 갖지 않았다. 오히려 스탈린과 그의 후계자들과 동유럽의 그들의 꼭두각시들은 국민경제적 발전, 특히 공업화에 관심을 가졌었다.

1930년대와 1940년대의 소련 관료와 마찬가지로, 동유럽 지배자들은 농민을 체계적으로 수탈하고 노동자 계급을 억압했다. 바로 이것이 독재(그 초기 단계에서는 테러 독재)를 그토록 필요하게 만든 이유이다. 농민과 노동자 계급에게서 빼앗은 것은 세계 체제에서 지위 상승을 위해 서방 경쟁 국가들과 경쟁하는 거대한 국가장치를 지탱하기 위해 대규모 중공업 발전에 투입되었다.

보다 오래되고 발전된 자본들과의 경쟁에서 자신들의 작고 취약한 경제를 보호하기 위해서 그들은 세계경제와 철저히 단절해야 했다. 게다가 그에 따른 테러와 착취는 자급자족, 즉 국민경제의 고립과 자력갱생을 낳았다.

그리고 일정한 한계 내에서 이러한 전략은 성공을 거두었다. 모든 동유럽 경제들은 오늘날 1930년대에 비해 상당한 공업화와 근대화를 이루었다.

그러나 서유럽 선진 공업 경제들에 비해 국가자본주의 국가들은 2차대전 말에서 1970년대 말까지 안전성을 거의 유지하지 못했다.

또한 국가자본주의 국가들은 자본주의에 내재된 위기 경향을 피하지 못했다. 1960년대 이후 성장률은 지속적으로 하락했고 1970년대 중반과 1980년대 초반의 심각한 경제위기는 서방에서와 마찬가지로 동방에서도 무자비하게 느껴졌다.

어떻게 전진할 것인가의 급박한 문제 또한 존재한다. 세계경제가 발전함에 따라 농업이 지배적 위치를 잃었던 바와 마찬가지로, 이제 중공업은 현대적 전자 산업에 의해 밀려나고 있다. 전자 산업은 기술 혁신이 풍부하게 이루어지고 세계전역에서 개발된 신기술이 빨리 적용되고 발전될 수 있게 하는 보다 자유로운 창조적 노동을 요구한다. 동유럽을 지배하던 권위주의적 경제·정치 질서는 이것을 완전히 불가능하게 했다.

그리하여 긴장이 조성되었다. 지배계급 가운데 경제의 보다 성공적이고 생산적인 부문들과 뒤얽힌 이해관계를 갖고 있던 사람들은 자급자족의 굴레가 너무 많은 제약을 가한다는 것을 알기 시작했다. 그들은 보다 취약한 부문들에 보조금을 지급하는 것에 화를 냈다. 그들은 서방의 투자와 기술 그리고 심지어(대부분의 성공적인 부문들과 기업들의 경우에) 서방시장의 획득을 원했다. 그들의 반대편에는 지배계급 가운데 보다 취약한 부문들과 정치기구와 연결된 사람들, 즉 어떠한 정치적 혹은 경제적 자유화로부터도 많은 것을 잃어야 하는 사람들이 있었다.

가장 낮은 수준에서, 기업과 집단농장의 관리자들은 명령경제의 비효율성에 대해 점점 화를 냈다. 위로부터의 훨씬 더 많은 비현실적 요구들에 짓눌렸던 그들은 1980년대의 개혁의 소심함에 의해 그러한 요구들을 충족시킬 기회를 전혀 갖지 못했다. 그들은 고용과 해고의 권리, 양질의 투입물과 제때에 값을 치를 구매자를 선택할 권리를 원했다. 이것은 중앙계획당국의 권한을 약화시킴으로써만 이루어질 수 있었다.

스탈린주의의 탈테러적 단계의 매우 제한적인 자유만을 누리던,

수적으로는 많은 중간계급 속에서 동유럽 사회의 후진성에 대한 날카로운 인식이 싹텄다. 자유화가 가장 많이 진전된 헝가리에서 일부 사회과학자들이 학파를 이루어 헝가리 근대화에 전념했다. 다른 나라들에서는 소설가와 시인의 저작이 대안적 전망을 제시했다.

이러한 모든 세력들이 1989년 혁명에서 일정한 역할을 했지만, 이것은 어떻게 변화를 가져올 것인가에 관한 그들의 첫째 선택이 결코 아니었다. 위로부터의 개혁 시도들은 지난 40년 동안 규칙적인 모습을 보여 왔다.

1950년대 중반부터 개혁과 후퇴의 물결이 동유럽 모든 나라들에서 일상적으로 반복되어 왔다. 어떤 것들은 매우 급진적이었고, 다른 것들은 매우 소심한 것들이었다. 그러나 그것들 가운데 경제를 오랫동안 활성화시킨 것은 하나도 없었다.

사실 기존의 경제·정치 질서 — 국가 소유, 관료적 계획, 독재 — 는 자본주의 경제와 이에 기초한 복합적 근대 사회를 운영하기에 더 이상 적합하지 않았다. 기존 질서는 보다 나은 발전의 족쇄가 되었고 따라서 제거되어야 했다.

이것은 특히 1981~83년의 심각한 경제 위기 이후에 서방 경제들이 약간의 호황을 경험하기 시작한 1980년대에 사회의 모든 부문들에게 점차 명백해졌다. 이러한 일은 동유럽에서만 일어나지는 않았다. 부분적으로는 지배계급이 경제의 어떤 부분을 제거할 것인가를 결정할 수 없었기 때문이고, 부분적으로는 폴란드에서 연대노조가 폭발적으로 부상한 뒤에 지배계급이 너무 겁에 질려 경제적 합리화에서 비롯될 종류의 노동자 계급에 대한 공격을 개시할 수 없었기 때문이다.

1980년대 말에 이르러 동유럽 지배계급은 심하게 분열되어 교착상태에 빠졌다. 그러한 교착상태는 개혁을 추구하는 분자들이 전통적인 당내 논쟁의 광장을 벗어나 불만에 찬 중간계급의 지지를 구하고 마침내 지배계급 사이의 투쟁이 공개적으로 표출되었을 때 노동자들이 거리로 동원되는 것을 기꺼이 허용하려는 태도에 의해서 깨졌다.

혁명이 터지자 사회의 모든 계급들이 지배계급 가운데 비교적 소수에 대항하여 한데 뭉쳐 싸웠다. 그리하여 "사회"와 "국민"이 강조되었다. 또한 "민주주의"에 대한 요구가 강조되었다. 이것은 모든 계급들이 동의할 수 있는 유일한 요구였다.

그러나 의회민주주의의 승리는 동유럽의 문제들을 해결하지 못했다.

동유럽 사회들은 여전히 자본주의이다. 게다가 공장, 광산 그리고 사무실을 통제하는 엘리트는 자신들의 경쟁자들보다 더 빨리 축적하기 위해 경쟁을 계속하겠다고 다짐하고 있다. 이러한 경제 개편은 노동자 계급의 희생을 통해서만 수행될 수 있다. 따라서 노동자들의 저항이 현실적 가능성으로 나타나고 있다.

강력한 국가장치가 여전히 대중 위에서 군림하면서 아래로부터의 어떠한 도전도 분쇄하고 있다. 동유럽에서 승리한 "민주주의"는 서방의 민주주의, 즉 어떤 정치가들이 자본가를 대신해서 지배할 것인가를 결정할 권리와 매우 똑같은 것이다. 자본주의, 착취, 굶주림 그리고 억압은 여전히 존재한다. 동유럽의 빈민들과 노동자들이 어떠한 진정한 해방이라도 얻기 위해서는 새로운 혁명, 즉 진정한 사회주의 혁명이 필요하다.

그러나 새로운 혁명이 반드시 일어나지는 않을 것이다. 1970년대 남부 유럽에서 포르투갈·스페인·그리스는 독재정권을 성공적으로 밀어내고 자유주의적 자본가 정권을 안정적으로 세웠다. 노동자 권력의 가능성은 부분적으로 미래의 투쟁을 승리로 이끌 수 있는 새로운 사회주의 조류의 등장에 의존한다.

그럼에도 불구하고, 동유럽 혁명의 성과물들을 가볍게 다루어서는 안 된다. 노동자들이 노동조합과 정당을 결성할 자유는 사회주의를 위한 투쟁의 중요한 일부이다. 최근의 승리들에 의해 획득된 자신감도 한몫을 할 것이다.

사회주의가 동유럽에서 다시 일정에 오르는 날에, 다소나마 안정되어 보이는 현재의 상황은 새로운 도약을 위한 발판이 될 것이다. 혁명적 사회주의자들의 임무는 미래의 투쟁을 승리로 이끌 수 있는 혁명적 지도력, 즉 당을 만드는 일이다.

소련 붕괴 10주년 — 동구의 대변동

우리는 동유럽에서 사회·정치 질서의 엄청나기 이를 데 없는 격변을 목격하고 있다. 그것은 1848년과 1917년을 연상시키는 정도의 규모이다.

1848년에는 프랑스, 독일, 오스트리아-헝가리에서 혁명이 일어나서 다른 곳에 엄청난 영향을 미쳤다. 1917년의 러시아 혁명은 독일과 오스트리아-헝가리 혁명으로 이어졌으며, 훨씬 더 큰 규모로 국제적 영향을 미쳤다.

대변동을 이해하기 위해서는 체제 내부의 압력을 관찰해야 한다. 그것은 사회 체제가 생산력의 발전에 질곡이 될 때 사회 혁명의 시대가 시작된다고 하는 마르크스의 진술로 요약된다.

———

토니 클리프. 월간 《다함께》 4호, 2001년 9월 1일. https://wspaper.org/article/220. 일찍이 1947년에 소련은 사회주의가 아니라 자본주의의 한 변형인 관료적 국가자본주의라고 주장한 토니 클리프는 소련의 해체에 절망하거나 좌절하지 않았다. 이 글은 그가 1989년 베를린장벽 붕괴 직후인 1989년 12월에 쓴 글이다.

마르크스는 "시대"라는 말을 강조했다. 그것은 하루이틀 또는 일이 년의 문제가 아니라 사회 체제가 생산력에 질곡이 되는 동안인 수십 년이 걸리는 장기적 과정이다.

왜 국가자본주의 체제들이 질곡으로 작용하는가? 소련의 경우에는 1950년부터 1959년 사이의 연평균 국민총생산(GNP) 성장률은 5.8퍼센트였다. 1970~78년 사이에는 3.7퍼센트에 머물렀으며, 1980~82년 사이에는 1.5퍼센트로 떨어졌다. 내 짐작으로는 지난 3~4년 동안에도 마이너스 성장률을 기록했다.

소련의 제조업 노동자 계급은 미국보다 3분의 1 가량 더 많다. 소련의 제조업 기술자의 숫자는 미국의 두 배이지만, 생산량은 미국의 절반이다.

전체 인구 중에서 농업에 종사하는 비율은 미국이 4퍼센트인데 소련은 30퍼센트이다. 하지만 그 4퍼센트가 미국 내에서 필요한 식량을 넉넉히 생산함은 물론 수출까지 하고 있다. 그에 비해서 소련은 소비 수준이 훨씬 낮은데도 식량을 수입하고 있다.

최근 20년 동안의 경기 하락과 침체는 성장률이 대단히 높았던 스탈린 치하 소련 경제의 경험과는 완전히 모순되는 것처럼 보인다.

스탈린은 중공업과 자본재에 치중함으로써 그렇게 높은 성장률을 이룩했다. 자본 축적이 체제의 중심이었다 — 기계를 만들기 위한 기계를 생산하기 위한 기계.

문제는 그러한 성취에도 불구하고 강조점이 생산의 양에 두어졌기 때문에 체제가 아주 경직됐다는 것이다.

영국의 철강 산업을 보라. 기업들은 아주 무거운 원료인 석탄과 철광석의 수송비를 절약하기 위해 해안에 가까운 곳에 자리잡고 있다.

이에 반해서 다이아몬드 생산의 중심지는 남아프리카이지만 그 유통의 중심지는 암스테르담이다. 이 두 곳이 수천 마일이나 떨어져 있다는 사실은 아무 문제도 되지 않는다. 왜냐하면 이 경우에는 작은 양이 높은 가치를 갖기 때문이다. 철강산업의 경우는 다르다.

세계에서 가장 큰 철강 기업은 우랄 지방의 마그니토고르스크에 있다. 그 곳에는 석탄이 없기 때문에 그들은 수천 마일이나 떨어진 곳에서 육로로 석탄을 운반해 온다. 소련에서 둘째로 큰 철강 기업은 우크라이나의 돈바스에 있다. 그 곳에는 석탄이 풍부하지만 철광이 없기 때문에 수천 마일 떨어진 곳에서 철광석을 운반해 온다.

수송비가 틀림없이 최종 생산물의 가격보다 30~40배에서 50배 정도 더 높을 것이다. 이것은 터무니없는 낭비이다. 철강 제품의 가격은 인위적으로 낮게 유지되고 있다. 이들 산업에 대한 엄청난 보조금은 전체 경제에 만만찮은 부담이 돼 왔다.

비합리성의 또 다른 예는 소련의 두 공장에서 12mm×60mm 크기의 볼트를 생산할 때, 한 공장에서는 10코페이카[소련의 화폐 단위로 100코페이카는 1루블]의 가격을 매기는 데 반해서 다른 공장에서는 똑같은 볼트에 14배나 더 비싼 1.40루블을 매긴다는 것이다.

영국에서 다즈 사와 퍼실 사의 가격 차이는 아마 5퍼센트 정도일 것이다. 만약 가격 차이가 1천3백퍼센트나 된다고 하면 둘 가운데 한쪽은 파산할 것이다.

비효율

소련의 문제는 자원의 사용을 늘려 가는 동안에는 좀더 많은 사람들을 고용하고, 좀더 많은 원료를 사용하며, 좀더 많은 공장을 지음으로써 성장이 유지될 수 있었다는 것이다.

그러나 일단 생산의 강도 또는 생산성 — 노동자 1인당 생산량 또는 자본 1단위당 생산량 — 을 증대시킬 필요가 생기면, 다시 말해서 양적 성장에서 질적 성장으로 전환할 필요가 생기게 되면 양상은 완전히 달라진다. 양적 방법은 전혀 먹혀들지 않는다.

농업에서 일어났던 일을 보라. 스탈린 치하에서 농업의 총생산량은 전혀 늘지 않았다. 1953년에 그가 죽었을 때 소련의 농업총생산은 집산화 전인 1928년보다 좀 적었다. 하지만 집산화는 수많은 사람들과 식량을 농촌에서 도시로 이동시켰기 때문에 스탈린에게는 유리하게 작용했다.

농촌으로부터 식량을 짜내기 위해서 그는 농민들을 집단농장으로 조직해야만 했다. 농민들이 곡물을 숨기려고만 할 것이므로 2천6백만 가구의 농민을 통제하고 그들에게 곡물을 공급하도록 강제하기 위해서는 다른 방법이 없었다.

20만 개의 집단농장을 통제하는 것이 훨씬 쉬웠다. 그러나 스탈린은 그 20만 개조차도 통제하지 못할까 봐 걱정했다. 각 농장의 5백 가구 농민들이 1천톤을 생산하고는 6백톤밖에 생산하지 못한 것처럼 가장하기 위해서 곡물을 숨기로 합의할 수도 있었다.

따라서 그는 '농기계국'을 설치함으로써 집단농장을 통제하려 했다. 이 국가기관 각각이 20~30개의 집단농장을 관리하면서 파종과 수확을 담당했다.

20만 개의 집단농장보다는 1만 개의 '농기계국'을 통제하는 것이 훨씬 쉬웠던 것이다.

문제는 트랙터 운전수가 고랑을 깊게 갈 것인가 얕게 갈 것인가를 결정할 수 있다는 것이었다. 만약 얕게 간다면 일을 더 빨리 할 수 있고, 따라서 더 많은 상여금을 받을 수 있을 것이다. 아무도 운전수가 한 일을 측정하러 다닐 수는 없을 것이다. 5개월 후에 수확이 나빴다 할지라도, 그 누구도 그것이 운전수의 잘못이라는 것을 입증할 수 없다. 날씨 탓으로 돌려질 수도 있는 것이니까.

이런 체제의 에누리 없는 결과는 농업을 통제하려는 스탈린의 시도가 생산량을 늘리지 못했다는 것이다.

1959년 집단농장원들의 개인 경작지는 전체 경작지의 1퍼센트에도 미치지 못했다. 이런 개인 경작지에는 기계가 사용되지 않았으며, 심지어 쟁기조차 쓰이지 않는 경우도 있었다. 젊은 노동자들이 없기 때문에 영농법은 아주 원시적이었다. 그런데도 1959년에 이 개인 경작지에서 소련 전체 육류 생산의 46.6퍼센트, 우유의 49.2퍼센트, 달걀의 82.1퍼센트가 생산됐다.

만약 고르바초프가 농업 노동력을 전체 인구의 30퍼센트에서 예컨대 10퍼센트로 줄일 수 있다면 공업 생산을 늘릴 수 있는 큰 기회가 생길 것이다. 그렇게 할 수 없기 때문에 그는 공업 생산성의 향상을 강조할 수밖에 없으며, 바로 여기에서 문제가 시작된다.

페레스트로이카는 경제를 합리화해 군살을 빼고 튼튼하게 하려는 것이다. 마거릿 대처는 1979~1981년에 영국에서 페레스트로이카를 실시했다. 그는 제조업 노동력을 5분의 1 이상이나 줄였다. 모든 자본주의 나라에서 페레스트로이카를 실시하고 있다.

일본에서는 자본가들이 공장문을 닫고 새 공장을 열었으며 기계를 바꿨다. 하지만 일본 경제는 영국 경제보다 훨씬 현대적이기 때문에 경제 개혁의 상처가 훨씬 덜할 수 있다. 소련 경제는 대처가 실시했던 것보다 더 근본적인 페레스트로이카를 요구한다.

보리스 카갈리츠키가 런던을 방문했을 때 그는 관료 집단 내의 주요한 세 그룹에 관해 말한 바 있다.

그들 가운데 한 그룹은 "우리는 합리화와 시장이 필요하며 '스웨덴 사회민주당의 모델'을 따라야 한다"고 말한다.

또 다른 그룹은 훨씬 더 급진적인 개혁을 요구하며, '대처 류의 시장경제론자들'이라고 불린다.

하지만 카갈리츠키에 따르면, 가장 큰 그룹은 '피노체트 류의 시장경제론자들'로 불리는 그룹으로서 이들은 대처가 너무 온건하다고 말한다. 그들은 칠레의 피노체트 장군이 실시했던 것과 같은 급진적인 조치들을 도입하려 한다.

채널 4 방송은 폴란드 경제를 다룬 최근 프로그램에서 카토비체에 있는 한 철강 공장의 경영자를 특집으로 다뤘다. 그는 "우리는 이언 맥그리거로부터 배워야만 합니다"라고 말했다. 그는 노동력의 철저한 감축을 주장하고 자신은 한 일자리를 놓고 두 명의 노동자가 취직하려 할 경우에만 만족할 수 있을 것이라고 말했다.

이것이 고르바초프가 따라야만 하는 논리이다. 영국에서는 제조업 생산 설비의 20~25퍼센트를 폐쇄했다. 소련에서는 그 이상을 해야 할 것이다. 페레스트로이카의 결과로 1천6백만 명이 일자리를 잃게 될 것이라는 계산은 어떻게 보면 좀 적게 산정한 것이다.

최초의 저항은 공장의 관료들에게서 나올 것이다. 둘째로, 그런 저항을 극복하기 위해서 고르바초프는 더 많은 개방, 글라스노스트가 필요하게 될 것이다. 글라스노스트의 문제는 그것이 통제를 벗어난다는 것이다. 지배자들은 폭력과 설득, 채찍과 당근을 가지고 지배한다. 그들은 채찍이 충분히 강하지 못하거나 당근이 충분히 크지않을 때 어려움에 부딪히게 된다.

개방

스탈린이 죽었을 당시만 해도 소련은 정치적 격변의 관점에서 볼 때 여전히 무덤과 다를 바 없었다. 그러던 중 1956년 2월에 흐루쇼프가 스탈린을 비난하고 약간의 민주화 조치를 취하기 시작했다. 8개월 후 헝가리 봉기가 일어났다. 노동자들은 공장을 점거하고 노동자평의회를 설치했으며 헝가리의 경찰과 군대를 분쇄했다. 흐루쇼프는 그들에게 손가락을 주었으나, 그들은 주먹을 가져갔다. 물론 그 후에 흐루쇼프는 탱크를 진입시켰다.

이런 결과는 전혀 새로운 것이 아니다. 알렉산드르 2세는 1855년에 러시아 황제에 등극해 농노와 지방정부에 자유를, 그리고 여성에게는 대학에 갈 수 있는 자유를 줬다. 당시의 지도적인 혁명적 민주주의자였던 헤르첸은 알렉산드르 2세를 "해방자 차르"라고 불렀다. 단 한 가지 문제는 차르가 농노에게 자유를 주었지만 토지는 주지 않았다는 것이었다. 그는 지방정부에 자유를 주었지만 폴란드의 민족자치를 허용하지 않았고 대신에 군대를 파견했다.

그 결과 나로드니키(민중주의자들)는 거대하고 적극적인 운동을 형성했고 알렉산드르 2세는 1881년에 러시아 역사상 최초로 혁명가에 의해 암살당한 황제가 됐다.

오늘날 소련의 지배자들에게 글라스노스트의 문제는 그것이 엄청난 요구들에 문을 열어 놓고 있다는 것이다. 법을 어기고 파업을 감행한 보르쿠타의 노동자들을 보라.

글라스노스트는 소련과 동유럽의 다른 나라들에서 저항과 분노의 봇물을 터뜨렸다.

위기의 폭발은 무척 빠르다. 그러나 위기의 해결은 장기적인 문제이다. 이것은, 여기에서 다시 한번 말하건대, 과거가 우리와 함께 살고 있기 때문이다.

스탈린은 엄청난 노동자 계급을 창출함으로써 역사를 거대한 규모로 진전시켰다. 오늘날 소련의 노동자 계급은 규모나 집중도, 그리고 힘의 측면에서 1917년의 노동자 계급에 비할 수 없을 만큼 강력하다. 이와 동시에, 노동자들은 사상, 조직, 생활관습의 측면에서 엄청나게 퇴보했다.

바로 이런 까닭에 노동자들은 지극히 강력함에도 이미 오래 전인

1848년에 제기됐던 지극히 초보적인 것들 — 민주적 권리, 집회의 자유, 선거권과 노동조합 결성권 — 을 위해 싸우고 있는 것이다.

이러한 후퇴보다 더 중요한 것은 사상의 물리적 연속성이 없다는 것이다. 트로츠키가 "혁명 정당은 계급의 기억"이라고 말했을 때, 그는 "기억"이 단지 허공에 매달린 그 무엇이 아니고 인간에 의해 수행되는 것임을 강조한 것이었다. 인간은 자신의 경험을 전달하고, 자신들이 읽은 책 등에 관해 서로 얘기하기 마련이다.

퇴보의 한 예는 모스크바와 야로슬라브에서 있었던 11월 7일의 시위에서 사람들이 차르의 기치를 들고 있던 충격적인 장면이었다. 이보다 더욱 나빴던 것은 지난 여름 서부 우크라이나의 르보프에서 사람들이 1919년에 15만 명의 유대인을 학살했던 우크라이나 민족주의자 페틀루라의 청백(青白)기를 들고 있었던 사실이다

문제는 진정한 공산주의, 계획, 그리고 적기가 모두 억압적 체제와 동일시되고 있다는 것이다.

모순

카갈리츠키나 동유럽 전체의 그와 비슷한 수많은 혁명가들에게 또 다른 문제가 있다. 그들은 사상의 측면에서 자신들의 길을 찾기가 굉장히 어렵다는 것을 알고 있다. 그들은 사실상 처음부터 시작해야 한다. 아무런 전통이 없기 때문이다.

명확해질 때까지는 시간이 좀 걸릴 것이다. 정치적 분화의 과정이

필요하다. 카갈리츠키의 그룹 안에는 아나키스트들도 있고 갖가지 종류의 정치 사상을 지닌 사람들이 있다.

마르크스는 아나키스트 바쿠닌과 결별하는 데 여러 해가 걸렸다. 나는 오늘날 서방에서 마르크스주의자와 아나키스트가 함께 있는 조직을 알지 못한다. 그러나 소련에서는 분화의 과정이 아직 없었기 때문에 그들이 함께 모여 있다.

노동자들의 운동은 한편으로는 발전이 아주 빠르고, 다른 한편으로는 굉장히 느리다. 왜냐하면 극복해야 할 60년 간의 황폐기가 있기 때문이다. 사회주의자들은 1917년에 노동자 대중이 자발적으로 받아들였던 사상을 획득해야만 한다.

또한 노동자들이 투쟁의 어떤 측면들은 지극히 빨리 배울 수 있지만 그것을 일반화히 는 데에는 훨씬 더 많은 시간이 필요하다는 두 과정 사이의 불균형도 있다. 사람들의 두뇌 속에 있는 모순은 그들의 경험 속에서의 모순의 결과이다.

소련 노동자들은 공장 안에서 많은 연대의 경험을 가지고 있다. 따라서 기본적인 민주적 요구들은 이런 상황으로부터 성장해 나올 수 있다. 모든 사람들이 민주적 권리와 노동조합의 권리를 원한다.

문제는 쟁점이 직접적인 공장의 문제를 넘어서서 좀더 일반적인 것으로 될 때에는 모든 것이 온데간데 없어진다는 것이다. 여기서 시장의 매력을 이해하는 것은 중요하다.

소련 노동자들은 그들의 생활수준을 외국과 비교할 때면 언제나 서독의 생활수준과 비교한다.

만약 그들이 모스크바의 주택 사정을 수많은 사람들이 거리에서 잠을 자는 캘커타와 비교한다면 그들은 캘커타에는 시장이 아무 소용이 없다고 말할 것이다. 하지만 서독과 비교할 경우에 시장은 아주 매력적으로 보인다.

레닌이 혁명 사상은 노동자들 외부로부터 와야 한다고 말했을 때 그가 뜻했던 것은 그들의 직접적인 경험의 바깥이라는 것이었다. 다시 말해서, 노동자로서 임금 인상을 위해 싸우는 것은 자발적이다. 인종 차별에 맞서 싸우는 것은 자발적이지 않다. 자동으로 그렇게 되지는 않는다. 직접적인 경험을 넘어서야만 한다.

1905년 1월 9월 러시아에서는 사제이면서 경찰 첩자였던 가폰 신부가 이끌었던 동궁[차르의 집무실이자 거체]으로의 행진이 있었다. 민중은 그가 경찰 첩자였다는 것은 물론 몰랐지만, 그가 신부이고, 그것도 교도소 순회 신부라는 것은 알고 있었다. 시위 군중은 적기가 아니라 성상을 들고 있었으며 "차르 타도"를 외친 것이 아니라 "우리는 우리의 아버지이신 황제를 사랑합니다"라고 외쳤다.

혁명가들은 극소수여서 기껏해야 2백 명 정도에 불과했다. 군대가 5백 명의 민중을 사살하자 대중은 변하기 시작했다.

1월 9일부터 시작해서 그 해 말의 소비에트 구호 — "8시간 노동"과 "무장" — 로까지 변화한 것은 매우 신속한 도약이었다. 민중이 과도기를 거쳐야만 한다는 것은 그 과도기가 5백 년쯤 돼야 한다는 것을 뜻하는 것은 아니다. 레닌이 말했듯이 혁명적 시기에는 노동자들이 하루 만에 [일상적 시기의] 한 세기 동안보다도 더 많이 변한다.

분화

　동유럽의 사회주의자들에게는 극복해야 할 엄청난 문제들이 있다. 우리가 혁명가라고 부르는 사람들조차 좌파 경향의 중도파와 섞일 것이며, 뚜렷한 구분선이 없을 것이다. 우리는 중도파가 좌파로 기울고 분화되는 것을 기대할 수는 있다.

　폴란드의 경험은 폭력이 사용될 때마다 그 폭력이 약화된다는 것을 보여 준다. 1980~1981년에 지배계급은 1956년만큼 자신이 없었다. 소련 군대는 개입하지 않았다. 현재의 상황에서 그들이 동독에 있는 38만의 소련 군대를 사용하기를 두려워한다는 것은 의문의 여지가 없다.

　따라서 그들은 개량과 억압을 동시에 사용해야 한다. 광부들은 파업에 돌입함으로써 광산, 철도, 동력 산업에서의 파업은 불법이라는 법을 돌파했다. 그리하여 광부들은 그 법을 깨뜨렸다. 하지만 그들은 그것을 완전히 깨지는 못했다. 왜냐하면 보르쿠타에서는 단지 18개 갱의 광부들만이 파업에 참가했기 때문이다.

　투쟁에는 기복이 있기 마련이다. 그것은 단순한 일방통행 과정이 아니다. 시베리아 쿠즈바스의 광부 파업위원회는 파업에 반대했다. 파업을 계속하기로 결정한 것은 노동자들이었다. 그곳에서는 이미 투사들 사이에 분화가 일어나고 있다.

　동유럽 사태는 서방에도 커다란 영향을 미치고 있다.

　사람들은 시장을 지지하는 대처와 키녹[당시 영국 노동당 대표]이 옳으며 계획은 효과가 없고 사회주의는 낡은 모자라고 말한다.

폴란드의 한 경제학자는 공산주의를 자본주의에서 자본주의로의 이행기라고 규정했다. 서방에서 볼 때 [동구의] 정권들이 산산조각났 듯이 사회주의도 미래가 없는 것처럼 보인다. 이것은 우파에게 엄청 난 응원이 되고 있다.

많은 좌파가 동유럽 체제에 환상을 갖고 있었기 때문에 이 점은 특히 중요하다.

그러나 동유럽 노동자들의 파업이 전면에 나선다면 이런 상황은 근본적으로 변할 수도 있다. 그렇게 되면 모든 상황에서 계급투쟁이 여전히 지배적 요인이라는 것이 분명해질 것이다.

역사의 복수

이론으로서 국가자본주의는 절대 중요하다. 소련에 어떤 형태로든 사회주의가 존재한다고 생각하는 사람은 곤경에 빠져 있다. 에르네 스트 만델조차도 1956년에 이렇게 주장했다.

> 소련은 매번의 [경제개발] 계획이 시행되고 세월이 흐르면서 과거의 결과가 미래의 가능성을 압박하지 않은 채 거의 균등한 경제 성장 속도를 유지하 고 있다. … 경제 성장 속도를 저하시키는 모든 자본주의 경제 발전 법칙 들은 사라졌다.

같은 해 아이적 도이처는 10년 이내에 소련의 생활수준이 서유럽을 능가할 것이라고 말했다. 이 말을 믿었던 사람들은 이제 누구나 완전히 풀이 죽어 있다. 소련이 모든 사람이 자본주의라고 받아들이는 나라들보다 더 진보적이라는 가정은 산산조각이 나 버렸다.

국가자본주의 이론의 중요성은 그것이 경제가 왜 실제로 움직이는 방식대로 작용하는지를 설명한다는 데 있다. 자본 축적을 강조함으로써 엄청난 성장률과 미래의 성장에 대한 장애를 모두 설명한다. 나는 1963년에 이렇게 쓴 바 있다.

> 만약 우리가 계획경제라는 말을 마찰이 최소화되고 무엇보다도 경제적 결정을 하는 데 예측이 주류를 이루는 그러한 단일한 리듬으로 모든 구성 요소들이 조정되고 규제되는 경제를 뜻하는 것으로 이해한다면, 소련의 경제는 결코 계획경제가 아니다. 진정한 계획 대신 정부의 명령이라는 엄격한 방식이 그 정부의 결정과 활동에 의해 만들어진 경제 내부의 간극을 메우는 데에 관여하고 있다. 따라서 소비에트 계획경제라고 말하는 대신 관료적 지시 경제라고 말하는 것이 더 정확하다.

이것은 체제의 동력, 자본 축적, 노동자 계급의 창출을 설명해 준다. 이것이 국가자본주의의 강점이다. 그와 동시에, 이것은 생산력 — 가장 중요한 생산력은 노동자들 자신이다 — 의 발전에 장애가 된다.

다음으로, 국가자본주의 이론은 우리가 어떤 식으로든 지나친 인상주의[경험주의]에 빠지지 않도록 해 준다.

스탈린이 초래한 마르크스주의 전통과의 모든 단절에도 불구하고 이런 전통들은 아직 살아 있다. 보르쿠타에는 그 곳의 가장 큰 강제 노동수용소에 보내졌던 옛 트로츠키주의자들과 광부인 그들의 손자들 사이에 연속성이 있다는 카갈리츠키의 이야기는 참으로 흥미롭다.

사상은 탱크, 곧 폭력만으로는 분쇄될 수 없다. 트로츠키의 사상은 마치 시냇물과 같은 것일 수 있다. 물의 흐름은 눈앞에서 사라졌다가도 수 킬로미터 지난 곳에서 다시 나타난다. 시냇물은 마르지 않았다. 그것은 단지 땅 밑으로 스며들어 우리 눈에 보이지 않았을 뿐이다.

사상도 마찬가지이다. 트로츠키가 1939년에 말했듯이 "가장 막강한 서기장의 복수보다 역사의 복수가 훨씬 더 가혹하다." 그가 옳다는 것이 증명됐다. 스탈린은 죽었고 트로츠키는 미소짓고 있다.

옛 소련과 사회주의

오늘날, 자본주의를 대체할 혁명적 대안에 많은 사람들이 관심이 있다. 그러나 그들은 사회주의 하면 야만적인 스탈린주의 체제를 떠올린다. 20세기 대부분 동안 옛 소련과 동유럽을 지배한 스탈린주의 체제는 서방 자본주의보다 결코 더 나은 것이 아니었다.

전쟁과 인종차별에 반대하는 새 세대가 거리에서 투쟁을 벌이지만, 스탈린주의의 유산은 여전히 현재의 논쟁에 영향을 미치고 있다.

이오시프 스탈린 치하의 소련은 마르크스주의의 화신을 자처했다. 그러나 온갖 미사여구에도 그것은 사회주의와 아무 관계도 없는 체제였다.

우리는 조지 부시 정부가 민주주의에 대해 뭐라고 떠들어 대든 그들의 말이 아니라 행동을 보고 그들을 평가한다. 스탈린주의도 마

애비 바칸(캐나다 퀸스대학교 정치학 교수). 〈맞불〉 36호, 2007년 3월 20일. https://wspaper.org/article/3987.

찬가지다. 스탈린주의는 카를 마르크스와 프리드리히 엥겔스 같은 사회주의 사상가들이 염원한 사회주의와 아무 관계도 없었다.

스탈린은 노동자 민주주의라는 원칙을 바탕으로 한 체제를 잔혹하고 체계적인 착취·억압 체제로 바꿔놓았다.

1917년 러시아 혁명은 전 세계 노동자·빈민에게 영감을 줬다. 러시아 혁명은 주요 나라 가운데 최초로 마르크스와 엥겔스의 사상에서 영감을 얻어 일어난 혁명이었다.

차르 국가는 혁명 과정에서 분쇄됐고, 뒤따른 내전 과정에서 소수 특권층은 마침내 패배했다.

노동자·농민·병사 평의회가 주도하는 대중 정부는 지주와 민간 산업 자본가 계급을 철저히 타도했다.

러시아어로 "소비에트"라고 부른 이 평의회는 새롭고 진정으로 민주적인 노동자 국가의 진수였다. 노동자들은 소비에트를 통해 사회를 자신들에게 이롭게 운영하며 사회주의를 건설하기 시작할 수 있었다.

생산은 이윤이 아니라 필요에 따라 이뤄졌다. 소비에트 대의원들은 그들을 선출한 사람들의 다수가 원하면 언제든 소환될 수 있었다.

또, 러시아 혁명은 제1차세계대전의 동부전선에서 전쟁을 끝낸, 세계 역사상 가장 성공적인 반전 운동이었다. 러시아 혁명은 자본주의와 제국주의라는 야만을 대체할 진정한 대안이 가능하다는 희망을 보여 줬다.

스탈린의 반혁명은 볼셰비키 지도자 레닌이 죽은 후인 1920년대

중반부터 시작됐다. 혁명 운동이 다른 나라[특히 독일]에서 실패하자 러시아는 정치 경제적으로 고립됐다.

서방 열강의 개입과 우익 세력들의 저항 때문에 야만적인 내전이 벌어졌고, 러시아 혁명을 일으킨 노동계급은 내전 중에 상당수가 살해됐다.

이 때문에 신흥 관료 계층이 스탈린 주위로 집결해 국가를 통제하기 시작했다. 그들은 '일국사회주의' 건설이 필요하며 가능하다고 주장했다. 이는 국제 사회주의 운동에서 완전히 낯선 이론이었다.

뻔뻔한 거짓말

소련의 국가자본주의 체제는 스스로 사회주의라고 우겼다. 이는 나중에 국제적 모델이 돼서, 동유럽·중국 등지에서 모방됐다.

국가자본주의에서는 민간 자본가들이 아니라 국가가 자본을 축적하고 세계시장에서 이윤을 차지하기 위해 경쟁한다.

새로운 자본가 계급 구실을 하는 국가 관료들이 반혁명을 주도했다.

혁명 이후 소련이 철저하게 고립되고 쇠약해진 상황에서 시간이 흐르자 이 신생 계급이 노동자들에 맞서 힘을 행사하기 시작했다.

이윤 추구와 자본축적을 향한 결정적 변화는 '제1차 5개년 계획'이 시작된 1928년에 일어났다.

1920년대 말과 1930년대에 소련 관료는 의식적으로 국가자본주의적 지배계급으로 행동했다.

차르 정권에 대한 혁명적 도전을 이끈 볼셰비키 지도자들은 박해받고 수감되고 살해되거나 망명했다.

농민은 자기 땅에서 쫓겨나 노동수용소에 강제 수용됐고, 반항하면 고문당하고 살해됐다.

도시 노동자들은 파업권을 박탈당하고, 노동조합은 국가에 대한 독립성을 잃고 국가의 자본축적 확장에 필요한 생산 할당량을 채우는 수단으로 전락했다.

1920년대 초에도 소련은 경제 제재 때문에 세계 자본주의에서 고립됐지만 볼셰비키는 국가와 작업장 관리자에 대한 노동조합의 독립성을 옹호했다.

당시에는 당 지역 기구, 노동자 공장위원회, 노동자 관리 하의 기술 전문가로 구성된 3자 위원회가 서로 협력하며 작업장 정책에 영향을 미쳤다.

그러나 5개년 계획과 함께 노동자의 주도적 구실은 사라졌다. 오히려 관리자들 개인이 중앙 관료들이 지정한 생산 할당량에 따라 독단적으로 작업장을 운영했다.

소련에서 스탈린주의는 60년 간 지속됐다. 1953년 스탈린이 죽은 후에도 살아남았다. 그것은 1991년 소련이 붕괴하면서 종식됐다. 자본주의는 러시아와 동유럽에서 다른 형태로 유지되고 있지만, 이제 그 곳의 지배계급은 그 체제를 더는 마르크스주의라고 부르지 않는다.

소련 국가자본주의는 미국이나 다른 서방 국가들의 자본주의와 똑같지 않았다. 소련 경제는 특정한 방식으로 '계획'됐다.

그러나 5개년 계획이 거듭될 때마다 생산 목표는 서방과의 군비 경쟁에 대응해 매번 사후 조정됐다.

모든 재산은 국유화됐다. 민간 자본가 계급은 없었다. 그럼에도 그것은 자본주의였다.

스탈린주의적 계획에서는 군비 확대가 절대적으로 중요했다. 소련은 영국과 독일 등 세계 열강의 위협을 받았다. 군비 확대는 노동자 착취 강화를 수반했다.

착취율을 결정한 것은 당시 세계 최대의 자본주의 열강인 미국과의 경쟁 — '총에는 총으로, 총알에는 총알로, 폭탄에는 폭탄으로' 식의 — 이었다.

이 세계적 군비 경쟁이 냉전의 기초가 됐다. 러시아 혁명이 파괴되자, 사회주의가 수많은 사람에게 보여 준 희망은 절망과 혼란으로 바뀌었다.

각국 공산당은 러시아 혁명에 연대한다는 대의로 가장 헌신적인 활동가들과 급진적 작가들을 끌어당겼다.

그러나 1920년대 말에 이르면 각국 공산당 지도자들은 스탈린주의 러시아의 외교 정책 도구 노릇을 하거나 그렇지 않으면 혹독한 비판을 당하고 축출됐다.

중국·독일·스페인·쿠바 등지의 공산당은 노동자 권력을 향한 혁명적 전망을 비극적으로 배신했다.

러시아 혁명, 그 성공과 패배를 명확히 인식하는 것은 오늘날 우리의 실천에서 매우 중요하다.

국제사회주의(IS) 경향과 영국 사회주의노동자당(SWP)의 창시자인 토니 클리프는 1947년에 쓴 《소련 국가자본주의》[국역: 《소련은 과연 사회주의였는가》, 책갈피, 2011]에서 스탈린주의를 마르크스주의적 시각에서 분석했다.

해방

소련 내부의 계급 모순을 이해하는 것은 캄캄한 터널에서 한 줄기 빛을 보는 것과 마찬가지였다.

그 덕분에 서방의 극소수 사회주의자들은 아주 어려운 시기에도 마르크스주의의 진정한 정신 — 노동계급 자기해방에 근거한 인간 해방을 위한 현실적 과학 — 을 보존할 수 있었다.

오늘날 스탈린주의의 영향력은 냉전 때보다 훨씬 미약하다. 그러나 스탈린주의의 유산은 여전히 우리를 괴롭힌다.

좌파들은 러시아 혁명 초기에 영감을 불러일으킨 인간 해방의 이상을 많이 잃었다.

오늘날 사회주의에 관한 논쟁을 하면 사람들은 인류가 자본주의의 독재에서 해방될 가능성을 상상하는 것이 아니라 흔히 '실재했던 사회주의'의 사례를 지적하기 바쁘다.

자본주의의 모순, 세계를 바꾸고 새롭고 다른 세계를 창조할 수 있는 노동자와 빈민 들의 잠재력에 주목하는 경우는 드물다.

사회주의적 대안에 대해 얘기할 때 많은 사람은 흔히 피델 카스트

로의 쿠바나 우고 차베스의 베네수엘라를 모델로 든다. 이들 국가
는 미국 제국주의에 용감하게 맞서고 있다. 그들은 반전 운동과 반
자본주의 운동에 심대한 영감을 줬다.

그러나 라틴아메리카의 가장 급진적 정부의 정책조차 조지 부시
정부의 끝없는 군사 위협의 영향을 받지 않을 수 없다.

마르크스가 말한 사회주의는 완전히 다른 것이다. 사회주의는 그
런 위협이 사라진 세계다. 사회주의 사회에서는 미국·쿠바·베네수엘
라와 전 세계의 노동계급이 인간의 필요에 따라 사회를 집단적으로
조직할 것이다.

카를 마르크스가 원래 제시한 사회주의 개념은 사회 전체의 혁명
적 변혁에 기초한 자유와 해방의 사상이다.

평생 협력자인 엥겔스와 함께 마르크스는 인류 해방을 위해 착취
의 종식이 필요하다고 주장했다. 이는 삶의 물질적 조건을 변화시키
는 것을 뜻했다.

이는 단순한 부의 재분배와는 다르다. 사회주의를 위한 투쟁은 또
한 인간의 잠재력을 해방하는 것도 목표로 삼는 것이다.

이는 의식적·창조적·생산적 노동 능력을 개발하고 천대와 소외가
없는 인간 관계를 발전시킬 가능성을 포함한다.

자본주의에 대한 혁명적 도전은 아래로부터 와야 한다. 마르크스
와 엥겔스는 혁명의 결과와 혁명의 과정 — 자본주의의 착취에 도전
하는 의식적·집단적 저항 — 을 분리하지 않았다.

초기 볼셰비키도 같은 생각이었다. 이는 스탈린주의가 혁명을 패
배시키기 전 혁명적 시기의 역사에 기록돼 있다.

사회주의 운동은 스탈린주의 때문에 이런 이상 중 많은 부분을 포기했다. 그러나 오늘날 우리에게는 그것을 다시 불러올 수 있는 힘과 그래야 할 책임이 있다.

우리는 새롭고 더 나은 세계를 지향하는, 현실적이면서도 스탈린주의와는 완전히 다른 사회주의적 이상을 부활시킬 수 있다.

순전한 거짓말 ―
왜 이른바 '사회주의' 국가들은
사회주의가 아닌가

머리말: 사회주의인가 국가자본주의인가?

　세계관으로서 마르크스주의가 갖는 힘은 역사상 처음으로 사회주의를 눈으로 볼 수 있는 살아 있는 가능성으로 만든 것에 있다. 1917년 러시아 혁명의 승리는 그러한 가능성을 현실로 바꾸어 놓았다. 전쟁과 가난과 실업과 굶주림에 찌들어 황폐해진 세계의 한 주요 국가에서 노동자 정부가 승리를 거둠에 따라 세계 도처의 수백만 대중은 사회를 변혁할 수 있다는 희망을 갖게 되었다.

　그러나 오늘날 우리가 소련에서 보는 것은 1917년의 상황과 거리

이 글은 캐나다 국제사회주의자 조직(IS Canada)에서 활동하는 애비 바칸이 1981년에 쓴 것을 우리말로 옮긴 것이다. 각주는 생략했다.

가 멀어도 한참 멀다. 소련은 여전히 사회주의 운동의 전통에 대해 입에 발린 말을 하고 있지만, 실제로는 서구 자본주의 국가들 못지 않게 야만적 착취를 저지르는 체제임을 스스로 입증해 왔다. 1920년 대말 모스크바 공개재판에서 1956년 헝가리 혁명에 대한 유혈 탄압, 1968년 체코슬로바키아 침공과 점령, 1979년 아프가니스탄 침공과 점령, 1980년 폴란드 침공 위협에 이르기까지 소련에는 서방 사회주의자들한테 영감을 줄 수 있는 것은 눈을 씻고 보아도 없다.

소련판 사회주의를 충실하게 지지하는 사람들의 수는 제2차세계 대전 이후 크게 줄었다. 자유의 모델로서 자유민주주의 이상 좋은 것이 없다고 많은 사람들이 생각했다.

새로운 희망의 빛이 반짝이게 했던 것은 크게는 바로 제3세계 국가들의 민족해방투쟁이었다. 제국주의 지배에 맞서는 투쟁은 1968년 프랑스 총파업, 억압에 맞서는 흑인과 동성애자들과 여성의 운동을 포함하는 새로운 투쟁 물결의 일부였다. 이러한 투쟁들은 서방에서 자유에 대한 희망이 되살아나게 했다. 많은 사람들에게 중국과 베트남의 경험에 바탕을 둔 '아시아 사회주의'가 소련 모델을 대신하게 되었다.

그러나 오늘날 아시아 모델이나 소련 모델이나 아무런 희망도 주지 않기는 마찬가지이다. 사람들이 사회주의 국가라고 생각하는 캄보디아는 1979년 1월 사회주의 국가라고 일컬어지는 베트남이 파견한 13만의 군대한테 점령당했다. 그 뒤 2월에 중국이 베트남을 침공 — 또 다른 '사회주의' 침략 — 했다. 150만 이상의 베트남인, 라오스인, 캄보디아인이 이른바 사회주의 국가인 정든 고향을 등지고 피난해야 했다. 그리하여 그들은 보트 여행을 해야 했고 보트 여행이 끝난 뒤 살아남은 사람들은 절반 정도에 지나지 않았다.

중국에서는 1979년에 5개월에 걸친 '민주화의 벽' 운동 시기가 지난 다음 주요 반체제 인사들이 '반혁명 선전' 혐의로 기소되어 장기징역을 선고받았다. 수천의 젊은 중국 반란자들이 재판도 받지 않은 채로 투옥되었다. 대중이 자기 의사를 표현하는 주요 형태인 벽보는 권력을 휘두르는 중국공산당을 제외한 다른 어느 누구도 붙일 수 없었다. 중국 정부에서 권력을 휘두르던 인물들인 '사인방'이 사회 전체의 동요에 대한 희생양들로서 체포되었다. 그들은 소련의 스탈린 시대를 생각나게 하는 공개재판을 받았다.

다른 '사회주의' 국가들도 엇비슷하다. 아직까지도 수만의 쿠바인들이 가난과 끔찍한 실업과 정치적 억압으로 얼룩진 나라를 목숨을 걸고 탈출하는 사태가 이어지고 있다. 짐바브웨에서 무가베는 선거에서 대승을 거두자마자 곧바로 백인 지주들과 자본가들한테 짐바브웨 경제를 계속 지배하라고 호소했다. 또한, 수백만의 폴란드 노동자들이 소련 탱크를 두려워하면서 살아가고 있다. 왜냐하면 그들은 자유 노조를 건설할 권리를 요구했기 때문이다.

성(sex), 성적 취향(sexual orientation) 또는 인종에 바탕을 둔 억압은 이들 '사회주의' 국가들에서나 서방에서나 마찬가지로 심각하게 자행된다. 중국에서 가난 때문에 어쩔 수 없이 매춘을 하는 여성은 사형선고를 받는다. 쿠바 공산당은 "동성애의 병적 성격"을 선언하고 동성애를 "단호히 거부하고 확산되지 못하게 하라"고 호소하는 공식 정책을 채택했다. 또한 베트남 정부는 중국계 사람들을 내놓고 차별한다. 아시아 '보트 피플'의 압도 다수는 야만적 억압과 차별을 피해 탈출하는 중국계 베트남인들이다.

결핍·굶주림·가난·억압·전쟁으로부터 자유, 인간 자유 등의 최고 표현이라고 자처하는 국가들은 한결같이 자본주의의 고유 상표라 할 수 있는 잔악함들을 하나도 빼놓지 않고 똑같이 갖고 있음을 보여 주고 있다. 이런 나라들이 정말로 사회주의 체제라면, 그렇다면 사회주의는 자본주의의 착취와 소외 말고 어떤 전망을 제시해 주는 것일까?

그러나 사실 이들 국가들은 사회주의가 아니다. 사회주의는 1920년대말에 소련에서 권력을 장악한 스탈린주의 정권과 닮은 구석이 눈꼽만큼도 없다. 스탈린 체제는 자기가 노동계급 권력의 전통을 이어받았다고 주장했지만, 진정한 사회주의는 노동자 권력, 즉 노동계급의 자기해방이다. 그것은 동유럽, 중국, 베트남, 쿠바에서 활개치는 관료 정권과 닮은 구석이 조금도 없다.

진정한 사회주의는 가난과 억압과 착취가 판을 치는 세상과는 거리가 멀어도 한참 멀다. 진정한 사회주의는 번영과 자유로 수놓인 세계를 갖다 준다. 사회주의는 세계 노동계급이 오랜 세월 동안 자본주의 착취에 시달리면서 노동하여 만든 막대한 부를 인간 욕구를 충족하기 위해 사용할 수 있음을 뜻하는 것이다. 사회주의는 자본주의 군비생산에 들어가는 무지무지하게 많은 돈을 세계 도처에서 가난에 찌들어 살아야 하는 사람들을 먹이고 입히고 재우기 위해 쓸 수 있음을 뜻하는 것이다. 오늘날 세계에 존재하는 물질적 풍요에 비추어 보아 진정한 세계 사회주의의 실현은 현실적으로 가능해졌다.

바로 이러한 사회주의의 전망이 1920년대에 러시아에서 스탈린주의의 등장으로 파괴되었던 것이다. 스탈린주의가 남긴 유산은 오늘날까지 이어져 당시에 러시아 혁명이 타락한 이후 자유를 위해 투쟁하는 사람들을 괴롭혀 왔다.

스탈린주의의 유산은 두 가지 커다란 신화를 남겼다. 하나는 사회주의가 일국 국경 안에서 실현될 수 있다는 것이고, 다른 하나는 사회주의가 단순히 국가통제에 의한 자본주의 기업의 국유화라는 것이다. 마르크스와 레닌과 룩셈부르크와 트로츠키가 마음 속에 그리고 있었으며 건설하기 위해 투쟁했던 사회주의는 스탈린식 사회주의와 조금도 닮은 점이 없다.

오늘날 우리가 목격하고 있는 이른바 사회주의 국가들은 국제 자본주의와 협력하고 있으며 다른 자본주의 국가들과 하등 다를 바 없다. 이들은 관료제 국가자본주의 나라들이다. 소련, 폴란드, 동독, 중국, 베트남, 북한, 알바니아, 앙골라, 모잠비크 등의 지배자들은 자기 나라의 노동자들이나 국제 노동자들보다 서방 지배자들과 공통점을 훨씬 더 많이 가지고 있다.

러시아에서 일어난 스탈린주의의 끔찍한 비극을 제대로 이해하지 못한 사람들은 그 뒤 권력을 장악한 소위 '사회주의'라고 자처하는 정권들 역시 이해하지 못하고 있다. 국제적으로 좌익은 계속 이런 잘못 때문에 고통을 당해 왔다. 좌익은 엉뚱한 상대에게 연대를 표명하고, 방어하지 말아야 할 것을 방어해 왔으며, 남들에게 감출 수 없는 진실을 자신에게는 감추려고 스스로 애써 왔다. 불가피하게 이런 행동은 좌익의 이념적 신뢰를 실추시켰고, 수만의 좌익 지지자들한테 환멸을 가져다 주었고, 행동이 가장 급선무인 시기에 좌익을 마비시켰다.

오늘날 이런 체제들을 명확하게 분석하는 것은 단순히 학술적 토론의 문제가 아니다. 그것은 서방에서 혁명적 좌익을 재건하기 위해 반드시 필요한 전제조건이다. 사회주의가 아닌 것을 가려낼 수 있기 전에는, 우리는 진짜 사회주의를 위해 자신감 있게 투쟁할 수 없다. 이 글이 파헤치고자 하는 것은 바로 이 문제이다.

러시아와 국가자본주의의 탄생

소련이나 폴란드나 중국과 같은 나라들의 정권처럼 근본적으로 반노동계급적인 정권들이 어떻게 노동자 권력의 전통에 서 있다고 주장할 수 있었는지 이해하기 위해서는 1917년 러시아 혁명 과정부터 살펴보아야 한다.

혁명 전야가 오기 전에는, 레닌과 그가 이끌었던 볼셰비키 당은 러시아에서 사회주의 혁명이 불가능하다고 생각했다. 사회주의의 물질적 기초가 러시아 내에는 존재하지 않았고 따라서 사회적 기초는 간단히 얘기해서 존재하지도 않았다.

1900년대초의 러시아는 오늘날 '제3세계' 국가라고 부르는 나라들과 아주 비슷했다. 노동계급의 수는 약 2백만 정도였는데 인구의 다수를 이루고 있는 농민에 비해 아주 적은 수를 이루고 있었다.

도시에는 집단적 경제 활동을 통해서만 살아나갈 수 있는 노동계급이 있었다.

농촌에는 농토를 차지하기 위해 자기네들 사이에서조차 단지 잠시 동안만 단결하지만 경작은 각자가 하는 계급이 있었다.

레닌과 볼셰비키가 자신의 입장을 바꾸도록 만든 것은 바로 러시아 노동계급의 조직화와 자신감 그리고 사회주의가 국제적으로 승리할 가능성이었다. 국제혁명의 가능성은 더 발전한 선진국에서 노동자들이 승리함으로써 러시아 노동자들의 승리를 지지하게 될 것임을 뜻했다. 자본주의 중심지역에서 노동자 권력이 세워진다면 러시아 노동계급에 대한 외국의 개입을 막을 수 있었다. 그리고 다른 국가들의 노동자들이 보낸 지원이 러시아 농민이 노동자들의 승리에 반대하지 못하게 할 수 있었다.

그러나 국제 노동계급의 지원을 받지 못하면, 러시아 노동자들은 외국 군대의 탱크와 농민의 총칼과 맞서게 될 것이었다. 혁명이 일어난 지 넉 달 후에 레닌은 다음과 같이 되풀이해서 말했다. "독일에서 혁명이 일어나지 않으면 우리가 끝장날 것이라는 것은 명백한 진실입니다."

비극이게도, 1918년 독일 혁명은 실패했다. 그래서 러시아 혁명은 자본주의 세계에서 고립되어 버렸다. 그러나 볼셰비키는 그들이 쟁취한 성과들을 포기하고 해외에서 혁명이 일어나기만을 기다리려 하지 않았다. 사실, 러시아 노동자들의 승리와 그 성과를 방어하는 일은 세계 전역에서 혁명적 좌익의 성장을 가속시켰다. 1919년, 코민테른이 창설되었다. 그것은 세계 도처의 혁명정당들이 러시아 노동자들이 거둔 업적을 지키고 자신들의 국가에서 노동자 권력을 세우기 위해 싸우도록 단결시켰다.

볼셰비키가 예견했던 대로, 국제혁명이 실패하자 러시아 노동자 국가를 잠시 동안 지켜내는 것조차 거의 불가능했다. 전세계 자본주의 지배계급들은 노동자들이 자신의 권력을 지키기로 한 것만큼이나 노동자 국가를 붕괴시키기로 결심했다.

16개국의 군대가 러시아를 침공했다. 그들은 쫓겨난 러시아 지배계급의 반동적인 군대를 지원했다. 볼셰비키는 자신들의 정책을 현실에 적용할 기회를 갖기도 전에 내전을 치러야 했고 제국주의 군대를 몰아내야 했다.

소비에트 공화국은 지켜졌지만, 엄청난 대가를 치렀다. 1920년경 러시아 노동계급은 그렇지 않아도 적은 수였는데 이전 규모의 43%로 줄었다. 그 중에서 지도적인 사람들, 즉 계급의 전위는 대부분 전쟁 중에 목숨을 잃어 약화됐다.

제국주의의 침략이 있기 전에도 약했던 러시아 경제는 전쟁 이전 수준의 18% 수준으로 산업 생산이 감소됐다. 더 발전된 선진국 노동자 국가들의 원조와 지원 없이는 볼셰비키의 사회주의 정책들이 실행될 수 없었다.

다음 10년 동안, 러시아 경제는 1917년의 성과와 세계자본주의 침략의 손길 사이에 어정쩡하게 양다리를 걸친 이행기 경제였다.* 볼셰비키 당에게 이것은 대단한 모순을 제기했다. 볼셰비키는 노동계급

---

* 이 시기(1917~28)가 러시아가 '타락한 노동자 국가'로 올바르게 묘사될 수 있는 유일한 기간이었다.

과 사회주의의 이름으로 국가를 관리했지만, 그러한 국가를 위한 물질적·사회적 기초가 존재하지 않았다.

노동자 권력의 혁명 기관들 — '소비에트', 즉 노동자 평의회 — 은 1917년 볼셰비키당 권력의 기초였다. 볼셰비키는 자신들이 노동자의 이익을 위해 싸우는 당임을 입증함으로써 노동자들 사이에서 다수를 획득할 수 있었다. 볼셰비키 당은 계급의식이 가장 투철한 투사들의 조직이었다. 권력을 획득한 정당으로서 볼셰비키는 자신의 정책을 수행하기 위해서 노동계급 대중의 지지에 의지하고 있었다.

그러나 내전 후 노동계급은 약화되었고 소비에트는 거의 다 파괴되어 버렸다. 당과 국가는 그들이 대표했던 계급과 떨어진 채 굴러가기 시작했다. 증대된 관료화의 압력은 엄청났다. 스탈린주의의 등장은 이러한 러시아 노동계급의 패배와 자본주의 세계에서 고립된 노동자 국가, 특히 약화될 대로 약화된 노동자 국가의 상황에서 비롯했다.

러시아 노동계급이 약해진 상태는 볼셰비키 당의 구성에도 반영되었다. 혁명 당시에는 볼셰비키는 진짜 노동자 대중의 당이었다. 1917년 당시 노동자 열 명당 한 명은 볼셰비키 당원이었다. 볼셰비키는 거의 전체가 노동자 계급 당원들로 구성되었고, 학생이나 지식인은 아주 극소수였다.

그러나 바로 이 노동계급 출신 볼셰비키는 내전 기간에는 혁명을 지켰던 적군 대원으로 행동했다. 약 20만 명의 혁명적 노동자들이 전사했다. 1919년경, 공장에서 일하는 볼셰비키 당원 비율은 11%로 감소했다. 35%가 (적)군에 속해 있거나 당과 노조 간부로 있었다.

당원의 53%가 정부 관리로 일하고 있었다. 볼셰비키 당은 점점 가분수 꼴이 되었고, 점점 관료화되었다.

스탈린은 볼셰비키 당 내에서 이런 관료화 경향을 강화하는 쪽을 대표했다. 그와 그의 추종자들은 노동계급으로부터 당과 국가가 독립하는 것을 지지했고 나중에는 농민으로부터도 독립하는 것을 지지했다. 그들은 새로운 국가자본주의 지배계급의 맹아를 대표했다.

레온 트로츠키가 지도하는 좌익반대파가 형성되었던 것은 바로 당 내의 이런 경향에 반대하기 위한 것이었다. 러시아에서나 국제적으로 좌익반대파는 노동계급 권력을 위해 끊임없이 싸우려 한 사회주의 운동 분파였다.

1923년경, 당내 스탈린파가 산업과 군대를 통제했지만, 아직은 자의식적인 명확한 대자적 계급은 아니었다. 스탈린주의자들은 자신들의 특권과 국가 권위를 위협하는 견해라면 무엇이든 두려워했다. 그들은 반대파를 가차없이 단죄했다. 그러나 이것만이 그들의 유일한 일관된 행동이었다. 스탈린파는 잠시 농민에게 양보조치를 하고 나서 좌선회해서 좌익반대파의 허를 찌르고는 노조 관료 쪽에 기댔다. 이와 같은 일은 많았다.

일반적으로, 러시아에서는 스탈린주의의 등장이 사적 토지소유 농민들의 요구를 채워주는 것을 뜻했고, 해외에서는 해외 공산당들이 러시아의 국제적 안보를 위해 복종하는 것을 뜻했다. 이 두 정책 모두가 '일국 사회주의'의 깃발 아래 옹호되었다. 그러나 공산당의 정책은 아직은 어느 정도 노동자들의 이익을 반영했다. 예를 들면, 노동자들의 파업권은 여전히 법으로 보장되었고 노조 관료들은 조합원들의 이익과 요구에 관심을 보였다. 1928년까지 공식적으로 당원의 임금은 숙련노동자 수준으로 제한되었다.

최초의 '사회주의' 지배계급

결정적인 전환이 이루어졌던 것은 1929년이었다. 제1차 5개년 계획을 발표하면서, 관료는 독자적으로 움직이기 시작했다. 관료는 자신이 노동자들과 농민들과 다른 이해관계를 가진 계급이라는 자의식을 갖게 되었다.

좌익반대파를 고립시키고 제거하기 위해서 관료는 이전에는 당 내에서 농민의 요구를 대변하던 쪽에 충성했는데, 이제는 농민과 농민의 이익을 옹호하던 당내 분파 모두에 반대하게 되었다. 이제 관료 지배계급 자신을 제외하고는 다른 어떤 계급 세력에게도 더 이상 양보를 제공할 여지가 없었다.

구체적으로 말해서, 이것은 농촌으로 무장병력을 보냈음을 뜻한다. 이제 농촌에서는 농민과 군대 사이에 말 그대로 내전이 전개되었다. 5개년 계획은 필수적인 집산화율을 20%로 산정했지만 실제로는 60% 가까이 되었다.

도시에서는 노동자들에게 파업권이 허용되지 않았다. 그리고 노조들이 국가로부터 독립되어 있던 모습이라고는 모두 사라졌다. 그 대신 국가에서 책정한 생산량과 노동규율을 노동자에게 강요하는 정부기관이 되었다. 1930년부터 노동자들은 직업을 바꿀 수 없게 되었다. 1929년 이후 7년 동안 임금은 절반으로 줄었다. 강제 노동이 도입되었고 강제수용소 안에 갇힌 사람들의 수는 급증했다.

관료는 자본축적에 최고의 우선 순위를 두는 계급으로 자신을 규정했다. 인민의 소비욕구는 중공업을 발전시킬 필요에 완전히 종속되었다. 소비재 산업은 전혀 발전하지 않은 반면, 공장을 짓고 기계를 만드는 데 들인 투자율은 극적으로 증대했다. 기계에 대한 투자율이 1927~1928년에 32.8%였던 것이 1932년에는 53.3%로, 그리고 1950년에는 68.8%로 상승했다.

당 내에는 더 이상 경제전략에 대해 토론할 시간이나 동기가 없었다. 토론의 자유는 점점 제한되었고, 그것을 요구하는 일도 점점 더 없게 되었다. 외부로부터 강요받은 일종의 신사협정이 당 관료들 사이에서 확립되었다.

서방의 국회의원들이 자본주의를 위해 행동할 것이냐 아니냐 하는 것을 놓고 토론하는 것이 아니라 자본주의를 위해 어떤 방법으로 행동할 것인가 하는 것을 놓고 토론하듯이, 소련 관료는 자신의 계급 이익에 관해 토론할 필요가 없었다.

그 당시 러시아 통치자들의 이해관계를 규정했던 동력과 외부 압력은 무엇이었나? 이것은 핵심적인 문제인데, 왜냐하면 오늘날까지 소련 경제를 규정짓고 있으며 다른 소위 사회주의 국가들의 경제를 규정지어 온 것은 바로 이 동력이기 때문이다.

스탈린과 그가 대표하는 당의 이해관계에 비추어 본다면, 1929년에 채택되어 그 이후 추구된 정책들은 독단적인 선택이라기보다는 죽고 사는 문제였다. 그 시기는 자본주의가 북미와 서유럽에 더욱더 집중됨에 따라 국제적 긴장이 증가하던 시기였다. 자본주의는 팽창을 위해 외국 자원에 여전히 많은 부분을 의존하던 터라 손을 뻗을 수 있는 곳이라면 어디든 위협을 가해 종속시킬 위험을 가하고 있었다.

지구상에서 가장 멀리 떨어진 국가들을 짓누르고 복속시킬 수 있는 경제력과 군사력이 서방 기업들과 그 기업들을 지원했던 국가들의 수중에 집중되어 있었다. 약 1825년부터 모든 비(非)자본주의적 지배계급들은 둘 중 하나를 선택해야 할 상황에 놓였다. 즉, 제국주의에 의해 지배를 받거나 하급 동반자가 되거나, 아니면 서방과 경쟁하기 위해 필요한 자본축적을 충분히 이루기 위해 노동력 착취 방법을 근본적으로 바꿀 것이냐 하는 것이었다.

그러나 러시아 관료에게는 제3의 길이 있었다. 이것은 좌익 반대파가 제출했던 국제사회주의의 길이었다. 이 길을 그들은 가볍게 제쳐 버렸다. 이 길에 따르면 볼셰비키 당의 주요 관심사는 해외로 혁명을 확산하는 것이었다. 국내에서는 러시아 노동계급을 강화하기 위해 공업을 서서히 발전시키는 동시에 당과 국가의 민주적 통제를 증대하는 쪽으로 방책들이 세워져야 했다.

그러나 스탈린과 러시아 통치자들은 이런 선택을 취하는 것이 위험천만한 일이라고 생각했다. 국제사회주의를 촉진하면 외국 자본가 계급들을 분명히 자극하게 될 것이다. 러시아 관료들은 제국주의적 침략의 위험을 다른 무엇보다 더 두려워했는데, 그것이 자기들의 정권을 위협했기 때문이다.

남아 있는 유일한 선택은 모든 비자본주의 지배계급 앞에 놓여 있는 것과 똑같은 길이었다. 즉, 제국주의에 패배할 것이냐, 아니면 제국주의가 바라는 대로 그것과 경쟁할 것이냐.

스탈린은 관료가 추구해야 하는 길을 다음과 같이 명확히 밝혔다.

[공업화의] 속도를 늦추는 것은 뒤지는 것을 뜻한다. 그리고 뒤지는 것은 패배하는 것이다. 우리는 패배를 원하지 않는다. 우리는 그것을 결코 원하지 않는다. 구 러시아 역사는 ⋯ 후진성을 면치 못하던 패배의 연속[이었다.] ⋯ 러시아는 모든 나라에게 패배당했다 ─ 후진성, 즉 정치적 후진성, 문화적 후진성, 공업의 후진성, 농업의 후진성 때문에 말이다. ⋯ 우리는 선진국보다 50년에서 100년 뒤졌다. 우리는 10년 안에 따라잡아야 한다. 우리가 그것을 이루느냐 그들이 우리를 무너뜨리느냐, 둘 중 하나다.

스탈린주의 러시아는 겉모양은 다를지라도 자본주의 경제의 본질적인 특징들을 띠게 되었다. 서방 자본주의와는 달리 생산수단이 완전히 국유화되었고, 겉보기에는 계획경제가 이루어졌으며 사적 자본가 계급이라는 의미에서 '부르주아지'는 존재하지 않았다. 이러한 변형은 국제 혁명적 좌익에게 핵심적인 문제를 제기했다. 소련 경제의 기본 동력은 자본주의와는 다른가?

현재 세계에서 12개국 이상이 소련 경제와 유사한 특징들을 나타내고 있는 상황에서 오늘날 국제 좌익에게 이 문제는 더욱 중요하다.

무엇 때문에 국가자본주의는 자본주의인가?

생산양식으로서 자본주의를 특징짓는 것은 그것의 성장이 순전히 더 많은 축적을 위한 축적에 달려 있다는 것이다. 크리스 하먼이 지적했듯이, 자본주의 이전에는 착취의 주요한 기능은

지배계급과 그 하수인들을 호화롭게 살게 해주는 것이었다. 그러므로 실질적인 착취의 정도와 효율은 어느 정도 우연적이다. 즉, 피착취자가 나타내는 저항의 정도뿐 아니라 착취자가 필요로 하는 바에 달려 있었다.

그러나, 자본주의에서는 자본가 계급의 소비조차 축적에 종속된다.

자본주의 축적은 두 가지 특정 조건에 달려 있다. 첫째, 생산수단으로부터 노동자들의 분리와 둘째, 자본가 사이의 경쟁이다. 노동자들이 생산수단에서 완전히 분리되어 생산에 대한 모든 통제권을 박탈당하지 않으면 축적에 소비를 종속시키는 것은 불가능할 것이다.

만일 노동자들이 생산수단을 통제한다면, 그들은 자기와 자기 가족들이 자본주의 축적 때문에 비참한 생활을 하도록 내버려 두지 않을 것이다. 마찬가지로, 자본주의 경쟁이 없다면 자본가들은 자기 기업의 부를 애써 늘리지 않고 적당히 돈을 모아 사치품을 사는 데 쓸 것이다.

이 두 조건 모두 소련 경제에 적용된다. 그리고 1929년 이래로 그래 왔다. 소련 노동자들이 생산과정과 생산수단을 소유한 국가에

대한 통제권을 완전히 박탈당했다는 사실은 구구히 설명할 필요가 없다. 소련 노동자들은 노동력만 갖고 있을 뿐이다. 그들은 임금을 받기 위해서는 고용주들에게 자신의 노동력을 팔아야 한다. 소련 노동계급은 그야말로 프롤레타리아 계급이다. 그러나 소련 지배자들이 서방 자본가들과 똑같은 경쟁 압력에 시달린다는 사실은 그리 명확하게 드러나지는 않는다.

소련을 세계자본주의 체제와 완전히 분리해 살펴본다면, 여느 자본주의 사회처럼 자본가 기업들이 존재하여 서로 경쟁하지는 않는다. 소련 경제 자체를 보면, 생산의 중앙 통제 체제가 확립되어 있다. 어떤 의미에서는 "소련 내의 노동 분화는 본질적으로 단일 작업장 내의 분업과 같은 것이다."

그러나 '주식회사 소련'은 세계에서 유일한 작업장이 아니다. 소련은 세계체제로부터 분리되어 본 적이 결코 없었다. 그리고 소련이 내내 세계체제와 무관하게 움직여 왔다고 가정하는 것은 결코 마르크스주의적 분석이 아니다. 일차적으로 군사력 증강뿐 아니라 날이 갈수록 직접 무역이라는 측면에서도 국제자본주의 경쟁은 과거에도 그랬고 지금도 소련 경제를 규정하는 결정적인 동인이다.

일단 국제사회주의 건설 전망을 포기하자 관료는 세계자본주의의 압력 때문에 축적에 전념하게 되었다. 마르크스의 표현대로 하자면,

경쟁은 자본주의 생산 내부에 존재하는 법칙이다. 개별 자본가는 이것을 자신의 외부에서 강제되는 법칙으로 느낀다.

소련에서는 본래 의미의 '부르주아지'가 없지만, 관료 지배계급이 똑같은 역할을 한다.

GM(제너럴 모터스)의 경영자들이 장기적인 투자계획을 입안하려 하듯이, 소련 지배계급은 경제를 '계획'하려 한다. 그러나 계획 자체가 계속 재조정되고 있고 국제 경쟁 속도에 적용되고 있다. 그런 무정부적 '계획'은 진정한 사회주의적 계획과는 공통점이 하나도 없다. 진정한 사회주의적 계획의 유일한 결정 요인은 인민의 필요이다.

중국, 베트남, 탄자니아 그리고 쿠바의 지배자들처럼 소련 지배자들이 경제 계획을 시도하는 것은 자신들을 세계 경쟁에서 고립되지 않게 하기 위함이다. 소련이 특히 공업화의 초기 몇 년간 세계 시장과 상대적으로 거의 무역을 하지 않았을지라도, 자본주의의 기본 법칙인 '가치 법칙'은 소련의 근본적인 발전 양태를 계속 결정지었다.*

---

* 여기서 가치 법칙에 대한 간단한 설명이 필요할 것이다. 마르크스는 가치가 그 자체로는 물체의 본질이 아니라, 생산물을 통해서 표현되는 생산자들 사이의 사회적 관계라고 보았다. 자본주의에서 주된 가치형태인 교환가치는 사람들에게 그것이 유용하냐에 따라 측정될 수 있는 것이 아니라, 그것을 생산하는 데 드는 인간 노동시간의 양에 따라 측정될 수 있다.

자본주의 경쟁은 모든 자본가에게 가능한 가장 적은 노동시간으로 상품을 생산하려 하게끔 강제한다. 따라서 모든 임금노동자는 단지 자신의 개별 고용주가 요구하는 수준으로만이 아니라 사회 전체가 유지할 수 있는 극대 수준으로 생산하려 하지 않을 수 없다.

독점체가 지배하기 전인 초기의 경쟁적 자본주의에서는 이러한 상이한 양의 노동력이 서로 견주어 측정되는 기구(메커니즘)는 시장이었다. 그러나, 독점가격이 형성되고 국가를 위한 무기 생산과 경제에 대한 국가개입이 주된 특징으로 부각되는 현대 자본주의에서는 시장의 역할이 크게 감소됐다. 그러나, 그렇다고 해서 가치 법칙이 더 이상 작용하지 않는 것은 아니다.

무계획적 방식으로 독립적 생산행위들을 비교하는 데서 시장 이외의 다른 메커니

서방과의 군비 경쟁 압력은 소련 경제 전체를 규정하는 주된 요인이었다. 소련 관료가 국제 자본주의와 경쟁하기로 마음먹자 세계에서 가장 앞선 강대국과 똑같은 군사력을 지원할 수 있는 공업과 생산력과 기술 수준을 발전시키도록 노력해야만 했다. 소련의 낮은 공업 발전 수준을 생각하면, 이것은 서방보다 훨씬 더 높은 착취율로 소련 노동계급을 다그쳐야 함을 뜻했다.

소련 경제는 하나의 거대한 산업독점체와 아주 비슷하다. 국제 자본주의 경쟁에서 서방 노동자들의 노동생산성은 소련 노동자들의 노동생산성과 비교된다. 이러한 계획될 수 없는 관계는 소련 노동자들의 생활 조건을 결정한다. 더 많은 잉여가 경쟁적인 생산을 유지하기 위해 투자되어야 하기 때문에 계속해서 노동자들의 생활수준과 임금은 억제된다. 서방에서 능률이 증대하면 동구권에서도 그와 비슷한 능률 증대가 이루어져야 하고, 반대로 동구권에서 그러면 서방에서도 그래야 한다. 서방의 축적은 소련의 축적을 더욱 강요하며 그 역도 마찬가지이다.

둘들이 똑같은 역할을 할 수 없다거나 하지 않을 이유는 전혀 없다. 규모에 관계없이 모든 독점 기업들은 국제적 차원에서 경쟁력 있는 지위를 유지하기 위해 생산을 '계획'할 필요가 있다. 생산성이 가장 높은 기업체들과 겨루기 위해 끊임없이 생산성이 제고되어야 한다. 현대 자본주의 하에서 '계획'은 세계적 경쟁 압력에 대한 대응이다. 마침내 국제 시장의 규율이 작용하게 된다. 계획의 내용이 경쟁사에 필적하지 못한다면 생산품 — 무기건 제품이건 간에 — 은 갈수록 경쟁력을 상실하게 될 것이다. 생산의 각 측면은 단일한 기업에서든 단일한 나라에서든 그 내부 조직에서 기업 외부의 힘들에 의해 결정된다.
가치 법칙에 대해 더 알고 싶으면 마르크스의 《임금·가격·이윤》과 클리프의 《소련 국가자본주의》[국역: 《소련은 과연 사회주의였는가》, 책갈피, 2011] 7장을 보시오.

소련 경제를 국가자본주의라고 말할 수밖에 없는 것은 소련에서 자본주의의 이러한 기본 특징들 ― 임노동, 국제 경쟁, 그로부터 생기는 가치법칙의 작동 ― 이 작동하기 때문이다. 표면적인 특징들로 보면 서방 독점자본주의와 분명히 다르지만, 소련은 여전히 자본주의 체제이다.

만일 생산수단의 국유화, 계획의 시도, 사적 부르주아지의 부재 때문에 소련이 본질상 자본주의가 아니라면, 서방 자본주의 역시 못지않게 '자본주의적'이 아닐 것이다.

소련 제국주의

소련의 외교정책은 국내정책에서 비롯했다. 일반적으로, 혁명이 패배한 후에 그것은 혁명이 국제적으로 발전하는 것을 반대한다는 의미가 되었다.

1920년대말에서 1930년대에 걸쳐, 때로는 혁명적 수준으로까지 나아갔던 노동자들의 엄청난 격동이 스탈린의 지도 하에 있던 각국 공산당들의 정책 때문에 결정적인 순간에 저지되고 좌절되었다. 소련 지도자들은 중국, 스페인, 그리스, 독일, 영국, 이탈리아, 쿠바에서 노동자 권력이 승리하는 것이 아니라 자신의 권력을 유지하는 것에 관심이 있었다. '일국 사회주의'는 나머지 세계에 존재하는 자본주의와 어떤 식으로든 협력하겠다는 것을 뜻했다.

소련이 세계 제국주의의 제물이었다는 바로 그 이유가 그 나라가 제국주의적 팽창을 하는 데 이해관계를 갖지 않는다는 것을 뜻하지는 않았다. 소련 관료는 세계 자본주의의 압력 때문에 축적하지 않으면 안 되었다. 그리고 자신의 축적 드라이브는 이러한 압력을 증가시켰을 뿐이다. 제2차 세계대전에서 독일이 패배하자 소련은 동유럽에 자신의 영향력을 확대했다. 그리고 대부분 군사적 점령을 통해 헝가리, 폴란드, 동독, 체코슬로바키아, 그 밖의 다른 나라들에 소련 경제와 닮은 정권을 세웠다. 1940년대말경 이러한 정권들은 국유화, 당의 관료적 통치방식, 계획 생산을 특징으로 하고 있었다.

그러나 이러한 위성국들과 소련 사이에는 한 가지 중요한 차이점이 있다. 소련은 그 나름으로 점점 더 강력한 국가가 되었던 반면, 동유럽 국가들은 소련의 이익에 경제적·정치적으로 종속되어야 했다.

소련의 자본축적 드라이브는 자원을 최소 비용으로 최대한 많이 들여오는 것에 의존하고 있었다. 위성국들은 자국의 경제발전을 '조국'(소련)의 자본축적 요구에 끼워 맞춰야 했다. 헝가리, 체코슬로바키아, 루마니아, 동독은 '전쟁배상금'을 지불해야 했다. 이 때문에 소련은 이들 나라의 공장들을 접수하였고 엄청나게 높은 가격으로 이 나라들이 자신의 제품을 수입할 것을 요구하였다.

1945년 이후 10년 동안, 소련과 합작한 회사들이 소련이 지배하고 있는 동유럽 국가들에 세워졌다. 물론 소련이 회사 경영을 주도하였다. 아주 불리한 교역 조건이 강요되었다. 소련은 동유럽 상품을 세계 시장 가격보다 훨씬 싼 가격으로 구입한 반면, 자기 나라 물건들은 세계 시장 가격 수준으로 팔거나 아니면 그보다 더 높은 가격으로 팔았다. 소련은 살 상품과 가격 수준을 많은 생산국들에서 고를 수 있었지만, 위성국들은 소련의 정치적 지배 때문에 주요 교역국을 단 하나만 갖고 있었던 셈이다.

이런 나라들의 국내 소비는 자기 나라의 축적뿐 아니라 소련의 축적에도 종속되었고 지금도 이런 상황은 계속되고 있다. 제2차 세계 대전 이후에 동유럽 국가들은 자본을 약탈당했다. 이 때문에 그 지역 민중들은 심각한 빈곤과 기근에 빠졌다. 1940년대말 헝가리에서는 식량 부족 사태가 아주 심각해서 평균 칼로리 소비량이 하루 850 이하로 떨어졌고, 루마니아 사람들은 살아남기 위해 풀과 나무껍질 그리고 진흙을 먹으며 지냈다.

자본축적의 동력을 소련이 챙기는 이익의 이면에 숨어 있는 주된 추진력으로 이해하지 않으면, 소련의 외교정책은 아무리 좋게 보아도 모순되는 듯이 보이며 심하게 말하면 미친 짓거리처럼 보인다. 그러나 사실상 스탈린식 해결 방법에서 보면 모순되지 않았고, 설사 스탈린이 미쳤다 하더라도 그가 내린 정치적 판단은 손상 받지 않았다. 그는 소련이 확실히 통제할 수 있고 통제할 수 있는 가능성이 높은 정권을 언제든지 지원할 준비가 되어 있었다. 동유럽(그리고 북한)에서 구지배계급과 노동자 운동 모두가 너무 약했고 분열해 있었으며 점령군의 방해 때문에 권력을 장악하여 유지할 수 없었다.

그러나 스탈린주의 정당들의 지도자들은 소련 군대의 후원을 받았다. 그들은 누구의 반대도 받지 않고 상당한 정치권력을 휘두를 수 있었으며, 그리고 나서 자신의 관료적 통제를 점점 경제 전체로 확대해 나갈 수 있었다.

1930년대의 전쟁과 불황 때문에 이미 빈궁해진 이들 나라의 경제는 더욱 약화되었다. 국가는 산업을 유지하는 데 매우 중요했다. 일단 공산당이 국방부와 내무부를 통제하게 되면, 국가의 나머지 부분이 국가 통제에 종속되었다.

소련이 국가자본주의로 이행한 경우와는 달리, 이들 위성국에서는 파괴해야 할 노동자 혁명의 성과가 없었다. 따라서 구 자본주의 국가기구가 파괴되지 않고 단지 새로운 지도자들의 손으로 넘어갔을 뿐이다. 이행 과정의 구체적 상황들은 각기 달랐지만 그 결과는 똑같았다. 모든 사회세력들이 국가에 종속되었다. 관료화에 저항한 국가공무원들은 숙청되거나 복종하도록 위협받았다. 러시아에서 스탈린이 수행한 반혁명이 이런 나라들에서는 필요하지 않았다. 즉, 억압적인 국가가 더 중앙집권화되고 관료화되었던 것이다.

제2차 세계대전에서 소련의 이해관계가 명백히 자본주의적이었다는 것이 좌익에게는 이해가 안 되겠지만, 목적이 같은 서방 지배자들이 보기에는 아주 분명했다. 처칠은 자신이 쓴 전쟁사에서 1944년에 스탈린과 나눈 대화를 회고하고 있다.

그때는 사업 문제를 얘기하기가 좋았다. 그래서 나는 이렇게 말했다. '발칸반도 문제를 해결합시다. 영국과 소련에 관한 한, 당신이 루마니아를 90% 차지하고 그리스에서는 우리가 90%를, 유고슬라비아에서는 50 대 50으로 하는 것이 어떻습니까.' … 협상이 시작되자마자 곧 합의가 이루어졌다.

소련 획일 체제를 넘어

지금까지 우리는 소련 국가자본주의의 등장과 소련의 영향력 확산에 초점을 맞췄다. 그러나 소련이 세우려고 한 획일적 지배체제가 무너졌다. 국가자본주의 국가들 사이의 주요한 분열이 왜 그리고 어떻게 진행되었는가는 또다시 축적 드라이브라는 핵심 동력에서 찾을 수 있다.

소련의 획일적 지배체제는 1948년에 처음으로 금이 갔다. 유고슬라비아가 공산주의 정보국(코민포름)에서 떨어져 나간 것이다. 9개의 공산당들로 구성된 코민포름은 소련이 주도한 동맹체였는데 '국제 공산주의 운동'을 소련이 통제하기 위해 1947년에 세워졌다. 유고슬라비아가 탈퇴한 이유는 무엇보다도 경제적 종속을 강요받았기 때문이었다.

티토가 지도하고 있던 유고슬라비아 공산당은 동유럽에서 소련의 지원에 의존하지 않고 권력을 잡았던 유일한 당이었다. 티토는 국내에 강력한 대중적 기반을 가지고 있었다. 따라서 그는 자기 자신의 일국적 계급지배 하에서 관료적 통제를 확립할 수 있다는 자신감을 가지고 있었다.

당시에 스탈린과 티토의 분열은 좌익반대파의 패배 이후 세계 공산주의 운동에서 가장 심각한 분열로 여겨졌고, 소련이 국제 좌익을 지배하는 데 위협적인 요소가 되었다. 티토는 위성국들에 대한 소련의 제국주의적 구상을 지적하고, 동구권과 서방 모두에서 불만 세력들의 마음을 움직일 만한 비난을 퍼부었다.

소련은 광범한 티토 반대 선전 캠페인을 벌이는 것으로 보복했다. 1948년에서 1953년까지 동유럽 전체에서 '티토주의자'가 될 만한 사람들을 축출하는 물결이 일어났다. 그리고 코민포름 언론은 유고슬라비아 정권에 대한 새로운 분석을 내놓았다. "부르주아 민족주의자 티토 도당은 … 반공주의의 논리적 귀결인 파시스트가 되었다."

그러나 유고슬라비아는 파시즘도 사회주의도 아니었다. 동유럽권 시장에서 내몰려 유고슬라비아는 서방과 교역을 하게 되었다. 그러나 노동자들은 여전히 파업권이 없었고 그들이 새로운 직장에 지원할 때마다 그들은 밀봉된 인사고과 기록부를 제출할 것을 강요받았다. 소련과 유고슬라비아 사이의 분쟁은 나중에 일어난 소련과 중국 사이의 분쟁과 마찬가지로(그리고 덜 중요하지만 소련과 알바니아 사이의 분쟁과 마찬가지로) 경쟁하는 일국적 국가자본주의 나라들 사이의 분쟁이었다.

다른 위성국 정권들과는 달리 이러한 이탈국들에서는 관료가 국가적 지지를 받는 독립적 기반을 가지고 있었다. 비록 그들이 국가자본주의적 목표를 가지고 있었지만, 대중 운동은 그들을 지지하여 공산당들을 통해 권력을 장악하도록 했다. 그들은 노동계급 정책이 아니라 민족주의 정책을 제시하면서 등장했다. 이러한 정권들에 대한 소련의 지원은 임시적이고 조건을 단 것이었다.

국가자본주의 지배계급들 사이의 분열은 서로 경쟁하는 관료들이 늘어놓는 미사여구로는 설명할 수 없다. 중국, 알바니아, 쿠바, 베트남, 앙골라, 모잠비크 그리고 국가의 정치적 독립을 위해 싸워 왔거나 이미 쟁취한 다른 나라들은 소련과 미국 사이에서 무역과 국방 분야에서 가장 좋은 조건을 따내려 하지 않을 수 없었다. 동맹관계는 당면한 경제·정치 상황에 따라 발전하기도 하고 좌절하기도 한다. 이러한 국가들은 모두 세계 자본주의가 계속되리라고 생각한다. 그리고 일단 이러한 생각이 받아들여지면, 국제사회주의 투쟁은 포기되게 마련이다. 이러한 약소 독립국들의 지배자들은 자본주의적 이익을 더 많이 차지하려고 싸울 수 있을 뿐이다.

국가자본주의 정권들의 기원은 다양하다. 그 정권들 모두가 자기 나라를 처음부터 '사회주의'라고 생각한 것은 아니다. 예를 들어, 국내 자본가 계급을 무마하려고 많은 노력을 기울인다. 중국 공산당은 1949년에 자기 나라를 '신민주주의'라고 선언했다. 얼마 후 한국전쟁이 터지고 나서야 비로소 중국 공산당은 저임금과 효과적인 생산 합리화를 보장해 줄 국유화로 나아갔다.

쿠바의 카스트로는 1959년 혁명을 이끌 때 자신을 자유주의자라고 불렀다. 민중이 '사회주의' 국가에서 살고 있다고 알게 된 것은 쿠바가 미국의 무역봉쇄에서 살아남기 위해 소련 편에 섰던 때뿐이었다. 카스트로는 하룻밤이 지나기도 전에 갑자기 자신을 '마르크스·레닌주의자'라고 선언하게 되었다.

그러나 계급의 이해관계는 선언에 의해 결정되는 것이 아니다. 이러한 지배계급들 하나 하나를 관료 국가자본가 계급이라고 규정하는 것은 그들의 이해관계를 형성하는 수많은 공통된 물질적 조건들이다. 제국주의에 의해 왜곡되고 약화된 나라들에서 국가공무원들과 지식인들과 자유주의자들은 대개 국가 발전에 가장 큰 기대를 거는데, 그렇지 못하면 극도로 좌절하게 된다.

이러한 도시 중간계급들은 일반적으로 국가에 대한 통제권을 얻기를 바란다. 그들은 자신들이 국가권력을 장악할 수 있는 조건을 획득하기 위해서만 외세의 지배에 대항한다.

1917년 러시아에서 제국주의에 반대한 노동계급 투쟁은 제국주의가 기반을 두었던 계급구조 전체를 변화시키는 진일보였다. 그러나 그 밖의 저발전 국가들에서 노동계급의 과제는 '일탈'했다. 이것은 노동계급 조직의 약화와 공산당들의 스탈린주의화에서 비롯했다. 급진적 지식인들은 때로는 공산당을 가장하여 때로는 그렇지 않은 채로 정치적 공백 상태를 이용하여 정권을 장악했다.

이 과정에서 제국주의 반대 투쟁은 노동계급의 사회주의 투쟁과 관련을 잃어버렸다. 자본주의 법칙은 계속해서 저발전 국가들의 민중에게 극도의 빈곤과 착취를 강요하고 있다. 강력한 사적 자본가 계급이 없는 상황에서 국가가 자본축적 과제를 짊어지고자 하는 경제적 동기가 존재한다. 국가는 '사회주의'의 담지자가 된다. 경제 민족주의와 관료적 계획 전략이 국제사회주의와 노동자 권력을 위한 투쟁을 대체한다. 위로부터 '사회주의'가 아래로부터 사회주의를 위한 투쟁을 대체한다.

지식인과 국가관료들은 진정한 사회주의의 담지자가 결코 아니다. 이러한 중간계급 세력들이 일단 권력을 잡으면 여러 상황의 힘 때문에 그들은 새로운 자본가 계급이 되어 민중을 착취할 것을 강요받는다.

한편으로는 제국주의의 압박이, 그리고 다른 한편으로는 광범한 농촌 경제의 후진성이 메워야 할 간극을 만든다. 국제자본주의가 위기로 더 깊이 빠져들수록 국가자본주의 지배계급을 옥죄는 족쇄가 더욱더 이들을 조이고 이 상황으로부터 빠져나올 가능성은 점점 적어지게 된다.

국가자본주의와 세계 위기

국가자본주의를 낳은 조건들이 세계체제에 바탕을 두고 있는 것과 마찬가지로, 세계체제의 위기도 국가자본주의 경제 내부에 영향을 끼쳐 왔다. 자본주의 위기는 같은 시간에 모든 나라에 같은 충격을 주는 법이 결코 없었다. 그러나 서방의 위기가 최근에 심화함에 따라, 다른 나라들도 서방의 위기가 미치는 영향 때문에 갈수록 고통을 당하고 있다. 이들 나라들이 서방과 통합될수록, 그러한 나라들의 경제는 더욱 허약해지고, 세계체제가 갈수록 허약해짐에 따라 생겨나는 부담을 질 수밖에 없다.

또한, 국가자본주의 국가들은 자국 경제발전에 영향을 주고 그리하여 국제 위기의 영향을 증폭시키는 일정한 내부적 특징을 저마다 갖고 있다. 예컨대, 소비재 생산과 자본재 생산 사이에 크나큰 격차가 존재한다. 서방을 상대로 벌이는 경쟁에 대처하기 위해서 국가자본주의 국가들은 될 수 있는 대로 많은 자원을 생산수단 개발과 파괴수단, 즉 무기에 쏟아부어야 한다. 소비재는 반드시 우선순위에서 밀리게 된다.

가장 발전한 국가자본주의 국가인 소련은 미국과 맞먹는 무기 생산 능력을 갖고 있다. 그러나 소련의 농업 부문은 여전히 후진적이고 비생산적이다. 기계, 토지 개발과 연구 등 농업 부문에 대한 투자 결핍 그리고 숙련 노동의 부족 때문에 소련 농업은 미국 농업보다 기상 조건에 훨씬 더 민감하다. 그래서 소련 농업생산은 들쭉날쭉하는 경향이 미국보다 더 크다.

훨씬 더 가난한 나라인 중국은 국가 투자의 절반 이상을 방위산업에 쏟아붓는다. 그리하여 이것은 다른 부문에 투자할 자원을 뺏어먹고 국민생산증가율을 둔화시킨다. 무기 생산에 필요한 철강이 부족하여 농기구 생산이 희생된다. 핵 정책은 모든 희귀 자원을 끌어다 쓴다. 비싼 장비, 가장 희귀한 종류의 고숙련 노동, 절망적일 만큼 모자라는 전력이 엄청난 규모로 핵무기 개발에 사용된다.

이러한 투자 불균형은 아주 심각한 결과들을 낳는다. 첫째, 저임금은 경제적 유인(인센티브)이 적음을 뜻하고 그래서 기존의 낮은 노동생산성을 더욱 낮춘다. 둘째, 대중의 낮은 생활수준이 노동계급의 심각한 정치적 저항을 유발하지 않고도 무한정 유지될 수는 없다. 중국과 동유럽, 특히 폴란드의 관료들은 이미 그러한 저항으로부터 교훈을 얻었고 그래서 그들은 저항의 심지에 불을 붙이는 일을 하기를 꺼려한다.

군비생산과 자본생산을 최우선 순위로 만들 필요는 노동계급에게 직접적인 영향을 미칠 뿐 아니라 관료의 생산 계획 능력 자체에 영향을 끼친다. 역사적으로 아주 후진적인 소련 자동차 산업을 예로 들어보자. 소련의 자동차 생산 증대 계획은 관련 소비재 생산 부문에 대한 투자 결핍으로 차질을 빚어 왔다. 이탈리아제 피아트 자동차 공장 건설로 도시에서는 자동차가 늘어났지만, 부품과 부대용품의 부족, 적절한 서비스 체제의 결핍, 영토는 미국의 두 배인데도 포장도로율이 미국의 12분의 1에 불과하다는 사실 때문에 자동차 생산을 늘린다는 원대한 계획은 차질을 빚어 왔다. 소련에는 대규모 소비재 생산에 투자할 만한 충분한 잉여가 없다. 군비생산과 관련산업을 축소하지 않는다면 소비재 생산에 필요한 자원은 언제나 모자랄 것이다.

이와 마찬가지로, 최근에 중국이 세운, 대규모 서방 투자 유치를 통한 개발 속도 증대 계획은 자금 부족으로 중단되었다. 1979년 중국은 600억 달러어치의 서방 물품 구매 계약을 체결했다. 이것은 중국의 1978년 수출 총액의 10배에 달하는 수치이다. 이미 상당량의 구매 계약이 취소되거나 연기되었다.

국가자본주의 국가들의 구조적 불균등성은 극도의 경제적 불안정 경향을 창출한다. 과거의 약점을 보완하기 위해 광범한 투자 계획이 마련되고 '과잉투자'가 일어난다. 경제규모의 확대는 한편에서는 원료 부족을 낳고 다른 한편에서는 생산 수요의 감소를 낳는 경우가 허다하다. 그리하여 대대적인 투자가 이루어진 후에는 일부 부문의 정체가 뒤따르고 특정 주요 계획들은 여러 해가 지나도 완수되지 못한다. 예컨대 한편에서는 반쯤 조립된 자동차들이 쌓이고 다른 한편에서는 부품과 서비스와 도로가 여전히 모자라고 그리하여 수요가 감소하는 상황이 있을 수 있다. 대규모 낭비와 비효율성이 체제에 내장되어 있다.

국가는 이러한 난관을 해결할 심산으로 공장 차원의 생산계획에 거듭 개입하여 생산을 조정하려고 한다. 개별 공장 경영자들은 보급품과 원료를 비축함으로써 이러한 사태에 대비하려 한다. 마찬가지로 노동자들도 자기들이 실제로 생산할 수 있는 물량을 경영자한테 바른대로 보고하지 않으려 한다. 그 결과는 계획의 정반대이다. 어느 누구도 그 사회나 기업의 최대 생산능력을 알지 못한다. 이것은 자본주의 생산의 무정부성의 변종일 뿐이다.

그러한 단기적 위기는 '우선순위'를 부여받은 일련의 계획들이 완수되어 다른 부문의 생산을 뒷받침할 때에야 비로소 극복된다. 그러나 국내에서 재화의 부족을 낳고 국영은행으로부터 원료 구입 자금을 대거 대출하는 등의 부작용 현상들이 나타난다. 호황이 시작되면, 노동력이 팽창하고 그리하여 경제에서 유통되는 돈도 증가한다. 그 결과 정해진 물량을 구입하기 위해 방출된 통화가 이리저리 날뛰는 인플레가 발생한다.

물가 폭등이 정치적 의미에서 시한폭탄의 성격을 가지고 있기 때문에 국가는 가격을 될 수 있는 대로 낮추려 하고 이 결과 가격 폭등 대신에 '숨은 인플레이션'이 발전한다. 노동자들은 자기 임금으로 구매할 수 있는 상품을 상점에서 거의 찾을 수 없게 된다. 상점 앞에 길게 늘어선 사람들, 국영 금융을 통해 국가로 환수되는 돈, 암시장의 성장은 이러한 인플레 위기의 표현이다.

국가자본주의 체제의 경제위기가 자아내는 이러한 현상들은 서방에서도 나타나고 있는데 결국 세계경제위기의 특징들에 지나지 않는다. 모든 국가자본주의 국가들은 서방 국가들과 마찬가지로 최근 몇 년 동안 이윤율 하락과 성장률 둔화를 겪어 오고 있다. 현재 서방에서 가장 강한 국가들인 미국과 독일과 일본은 무역에서 자신들이 차지하는 경쟁 우위와 우수한 기술 덕분에 일시적으로 위기를 헤쳐나갈 수 있었다. 가장 발전한 국가자본주의 국가 소련조차 그러한 장점을 갖고 있지 않다. 그러니 중국이나 앙골라나 베트남 같은 나라들은 오죽할까!

위기와 저항: 1980년대 전망

국가자본주의 지배계급한테 남아 있는 대안은 서방 지배자들한테 남아 있는 대안과 크게 다르지 않다. 경쟁에서 자신들이 차지하는 지위를 유지하기 위해 그들은 자국 노동계급에 대한 착취율을 높이거나 상품과 자본을 수입하여 국내 생산성을 높여야 한다. 아니면 그들은 이 두 가지를 모두 선택해야 할 판이다. 첫 번째 대안은 노동계급의 대중적 저항을 야기할 위험을 안고 있다. 그래서 그것은 국내에서 탄압의 강화를 요구한다. 두 번째 대안은 외국 특히 서방 자본주의에 대한 의존도 심화, 무역 역조, 채무 증가를 뜻한다. 두 가지 선택 모두 심각한 정치적 파장을 일으킬 수 있다. 그러나 어떤 선택도 국제적 위기에서 벗어나는 길을 약속해 주지 않는다.

국가자본주의 지배계급은 오늘날까지 이러한 두 가지 대안을 다양한 수준에서 선택하고 있다. 동유럽 국가들의 지배계급들은 주기적으로 첫 번째 대안을 선택하여 물가를 올리고 임금 가치를 낮추곤 했다. 그러나 노동계급은 번번이 저항을 하여 관료의 계획을 망치곤

했다. 1968년 체코슬로바키아에서 소비를 증대시키기 위한 노동자들의 노력을 소련 탱크들이 좌절시키고 2년이 흐른 뒤 폴란드에서 대규모 노동계급 저항이 일어나 폴란드 정부는 물가 인상 정책을 철회해야 했다. 1970년 폴란드에서는 실질임금의 상당한 인상이 허용되었다. 1976년 다시 정부가 물가를 50%에서 100%까지 올려 1970년의 실질임금 상승을 무로 돌리려 하자 전국에서 파업이 일어나 정부는 다시 후퇴해야 했다.

1980년 7월 폴란드에서 일기 시작한 파업물결은 연대노조를 낳았다. 그것은 식량 부족이 아예 만성화한 시기에 물가를 올리려는 정부 조치에 직접 반대하여 일어난 운동이었다. 이번에도 역시 폴란드 관료는 후퇴할 수밖에 없었다. 그러다가 결국 다시 억압을 강화하여 자신의 지배를 유지했다.

소련에서 노동계급의 생활수준은 육류와 낙농제품이 갈수록 줄어드는 탓에 낮아졌다. 1980년 봄 톨리아티의 17만 자동차 노동자와 고리키의 20만 노동자가 이에 항의하여 작업을 거부했다.

이러한 '사회주의' 국가들에서 노동계급 착취를 증대시키는 다른 형태들은 더욱 직접적이다. 쿠바에서는 노동자들이 하는 노동의 12%가 완전히 부불(不拂)노동이다. 중국 정부는 자국 노동자들을 외국 정부들에 돈을 받고 제공하고 노동자들을 대신하여 이들이 얌전히 지내면서 열심히 일하도록 하겠다는 약속을 했다. 동독에서 최근 정부 관료들은 경영자들한테 생산 속도를 높이고 작업장 규율을 강화하라고 지시했다.

노동자들의 요구는 대규모 차관 도입을 통해 부분적으로 그리고 단기적으로만 충족될 수 있었다. 소련은 세계시장과 외국신용에 대한 의존도를 꾸준하고도 상당히 많이 높여 왔다. 1970년대초부터 이러한 추세는 애교가 담긴 어조로 '데탕트'라 선언되었다.

1977년 중반 소련이 주도하는 상호경제원조회의(코메콘)는 서방 은행들에 484억 달러의 부채를 갖고 있었다. 소련의 입장에서 보면, 그러한 채무 관계는 마지못해 하는 선택이다. 소련은 자신의 군사적·정치적 경쟁자들에 갈수록 의존하기보다는 자신의 위성국들과의 무역을 증대시키는 쪽으로 노력하고 싶어한다. 다른 한편으로 동유럽의 완충국들은 서방 시장에 훨씬 더 많이 편입되지 않을 수 없었다.

폴란드는 동유럽 국가들 가운데 부채가 가장 많은 나라인데 소련에 대한 부채를 갚고 생산을 유지하기 위해 서방의 대부에 의존하고 있다. 폴란드는 기계와 설비 수입을 서방에 의존하고 있고 그에 대한 대가로 서방에 대한 수출이 늘어날 것이라고 기대하고 있다. 그러나 폴란드의 수출은 서방의 경기후퇴 때문에 곤란을 겪어 왔다. 서방에 대한 폴란드의 무역적자는 지금 막대하다. 1979년이 저물 무렵 무역적자는 200억 달러를 넘어섰다. 그리고 폴란드 노동자들이 자본주의 위기의 결과에 맞서 계속 싸움에 따라 폴란드는 갈수록 외국 투자가들과 금융업자들한테 매력을 주지 못하고 있다.

한편 다른 동유럽 국가들은 폴란드만큼 심각하게 세계 위기의 영향을 받고 있지 않지만 동유럽 전체의 경제성장은 둔화하거나 정체해 왔다. 1979년 헝가리의 성장률은 겨우 1%였고(3~4% 성장이 '계획' 목표였는데도), 실질소득은 1~1.5% 가량 떨어졌다. 불가리아와 체코슬로바키아에서 임금은 하락해 왔고, 동독은 1976년 이후 해마다 산업생산 목표를 하향 조정해야 했다. 군비생산과 석유판매라는 임시방편을 갖고 있는 소련에서조차 1979년의 성장률은 2차 세계대전 이후 가장 낮은 2%였다.

세계위기가 심화함에 따라, 국가자본주의 국가들은 서방자본주의와 갈수록 격렬하게 경쟁하는 동시에 갈수록 서방 자본주의의 지속적 안정과 팽창에 의존하는 상태가 되어 가고 있다. 그리고 동방과 서방의 모든 지배계급은 세계 노동계급이 국제자본주의 위기의 부담을 기꺼이 떠맡으려 하는가에 의존하고 있다.

아시아 국가자본주의 국가들에서도 이와 비슷한 패턴이 존재한다. 중국 지배계급은 대규모 노동자 봉기의 가능성을 봉쇄하고 싶어한다. 고립된 저항이 증대하고 있다. 노동생산성과 규율을 증대시키려는 분명한 노력과 함께 중국 정부는 서방 투자를 유치하기 위해 혈안이 되어 있다.

최근 몇 년 동안 중국공산당 내부에서 일어난 소용돌이는 지속적으로 쇠퇴하는 경제 상황을 반영하는 것이다. 중국의 주요 에너지 공급원인 석탄 생산은 최근까지 거의 정체 상태를 면하지 못하고 있다. 관영 언론은 대중한테 "석탄 한 덩어리라도 기름 한 방울이라도 혁명과 생산이 그것들을 가장 필요로 하는 곳에 갖다 주자"고 호소해 왔다. 사람들은 기찻길을 따라 타다 남은 석탄 부스러기를 주우러 다녔다. 한편 석유는 서방 기술과 교환하기 위한 수출품으로 개발되고 있다. 농업 부문은 너무 비효율적이라 중국은 캐나다와 호주에서 밀을 수입하여 국민들을 먹여 살리고 있는 실정이다.

베트남에서는, 가장 악랄하고 피비린내 나는 현대 제국주의를 격퇴시킨 뒤, 팜반동 총리는 미국 기업을 포함한 서방 기업들의 국내 투자를 더욱 많이 끌어들이기 위해 노력했다. 국가자본주의 지배자의 완벽한 계급의식을 드러내면서 팜반동은 베트남 독립 이후 첫 번째 국제 연설에서 다음과 같이 말했다. "자본주의 대국들은 그들 나라의 속성상 갖고 있게 마련인 경제위기, 인플레이션, 에너지 위기 등 버거운 짐들을 우리가 떠맡게 했다. 현대 세계에서 우리는 발전한 자본주의 국가들과 경제 관계를 발전시켜야 한다. 이러한 관계들이 우리의 자주성을 해치지 않는다면 말이다."

사실상 결론은 '자주성'이 현대 세계에서는 실제로 더 이상 가능하지 않다는 것이다. 어느 한 차원에서의 외국의 개입에 대한 해결책은 다른 차원에서의 외국의 개입을 유발하는 것이다.

'사회주의' 아프리카에서도 사정은 마찬가지이다. 포르투갈 제국주의에 맞선 전쟁에서 승리한 뒤 모잠비크는 포르투갈 투자가들한테 다시 돌아와서 버려두고 떠난 기업들을 인수하라고 애원했다. 동시에 모잠비크는 브라질, 영국, 프랑스, 미국에 3억 달러가 넘는 빚을 지고 있다.

'사회주의'라 자처하기도 하고 그렇지 않기도 하는 캄보디아, 라오스, 앙골라, 탄자니아, 쿠바, 북한, 그 밖의 다른 개발도상국들에서도 이러한 패턴이 반복된다. 이러한 나라들도 착취를 증대시키기 위해 노동계급에 대한 탄압을 강화하고, 외국 자본의 투자를 유치하기 위해 안간힘을 쓰고 있으며, 지배계급의 생존을 위해 과거와 같이 세계 자본주의의 경기회복에 의존하고 있다. 그러나 주도권은 역시 서방에 있다.

오늘날 경제가 허약한 국가들에 대한 투자는 시장 규모가 더 큰 선진국 경제에 대한 투자보다 수익성이 낮다. 경제가 허약한 국가들에 대한 투자는 대개의 경우 고도로 자본 집약적인 것이기 때문에, 값싼 노동조차 높은 수준의 자본 지출 비용을 상쇄할 수 없다. 게다가 정치불안의 가능성마저 겹쳐서 투자는 매우 위험천만한 일이 된다. 이러한 나라들에서 서방은 정부에 압력을 넣어 정치적 충성 서약을 받아내고 대단히 불평등한 교역조건을 강요한다.

자본주의가 발전하고 세계 재원이 갈수록 서방에 집중됨에 따라 부국과 빈국 사이의 격차는 계속 벌어져 왔다. 1920년대말 러시아가 채택한 전략, 즉 경제적 민족주의를 통한 발전 전략은 세계자본주의가 발전함에 따라 갈수록 쓸모없는 것이 되어 가고 있다.

'서방을 따라잡기' 위해 필요한 양의 자본과 기술은 이제 가난한 나라가 자국 국경 안에서 축적하기를 바랄 수 있는 수준을 훨씬 넘어섰다. 하나의 국가가 자국 자본주의를 세계체제 ― 이것은 오늘날 위기에 빠진 체제를 뜻한다 ― 의 영향으로부터 보호할 수 있는 시대는 막을 내렸다. 국가자본주의나 독점자본주의를 불문하고 각국 지배계급은 자신의 경쟁자들한테 훨씬 더 많이 의존하고 있고 그와 동시에 이들과 경쟁하지 않으면 살아남을 수 없다.

개혁의 여지는 없다

지금 세계체제에서 국가자본주의는 갈수록 자기 본색을 드러내고 있다. 소련은 한때 생명력 있는 '사회주의적' 대안으로 간주되었다. 왜냐하면 1930년대 공황기에 소련은 지속적 성장을 구가했기 때문이다. 1950년대와 1960년대에 중국은 적정 성장을 보이는 듯해서 모델로 간주되었다.

그러나 1980년대에 경제성장과 국가자본주의는 더 이상 등치될 수 없다. 세계자본주의가 장기 침체와 불황에 계속 시달리고 있기 때문에 국가자본주의 지배자들은 꾸준히 우경화하고 있다. 즉, 그들은 국내에서 억압과 착취를 강화하고 자신들의 동맹자인 외국 지배계급에 대한 지원을 늘리는 방향으로 기울고 있다. 이제 경제성장은 과거지사가 되었다. 사실 중국 관리들은 최근에 중국 경제가 1949년 이후 사실상 정체 상태였다고 시인했다.

자국 노농자와 외국 노동자들을 착취하기 위해 사력을 다해 경쟁을 벌이는 국제 지배계급은 미래에 더욱 심한 착취만을 약속할 수 있을 뿐이다. 군비생산은 계속 늘어나고 있다. 미국과 소련은 세계 군비거래의 70% 이상을 장악하고 있다. UN 151개 회원국들의 연간 군비예산 총액은 4천억 달러이다. 1976년에 제3세계 국가들의 군비지출은 563억 달러였다. 이것은 공식 원조액의 3배에 달하는 수치이다.

세계를 휩쓸고 있는 경제위기는 계속 심화될 것이다. 그와 더불어 우리는 더욱 많은 빈곤, 더욱 많은 전쟁, 더욱 많은 침략, 더욱 많은 난민을 보게 될 것이다. 그러나 우리는 더욱 많은 노동계급의 저항도 보게 될 것이다. 그리고 이른바 사회주의 국가들은 그러한 상황에서 예외가 아님이 입증될 것이다.

국가자본주의 지배계급의 기동의 여지는 갈수록 줄어들고 있다. 그들은 이곳저곳을 잠시 땜질할 수 있지만, 결국 위기가 다시 타격을 가하여 상처는 더욱 커질 것이다. 개량의 여지, 즉 양보조치를 통해서 노동계급을 '매수'하여 협력을 끌어낼 여지도 거의 없다. 자본가와 노동자 사이의 협력, 즉 개량주의의 토대는 세계적 규모의 계급투쟁의 부활로 잠식되고 있다. 오늘날 세계는 국경뿐 아니라 계급에 바탕을 두고 양극화하고 있다.

관료제적 국가자본주의는 국가와 지배계급의 획일적 융합에 의존하고 있다. 역사에 등장했던 과거의 관료 정권들과 달리, 국가가 자본주의 생산에 의존하기 때문에 지속적 팽창과 변혁이 일어나지 않을 수 없다. 축적을 증대시키고, 생산을 '우선순위' 부문으로 이동시키고, 특정 부문의 경영자들을 다른 부문의 경영자들에 대해 선호하려는 추세는 이들 체제의 경직된 구조와 끊임없이 충돌하게 된다.

'개혁파' 관료, 반체제 지식인, 특히 노동계급으로부터 나오는 사회적 불만의 조짐이 있을 경우, 그것은 역사에서 가장 혁명적인 계급, 즉 노동계급이 자기 생존을 위해 몸부림치게 할 수 있다. 동구권과 서방에서 지배계급은 너나 할 것 없이 자신들의 무덤을 파는 사람들한테 자기 생존을 의존하고 있다.

그러나 다음과 같은 차이가 있다. 혁명적 사회주의 노동자들이 경제 문제와 정치 문제를 연관시키고 한 부문의 노동계급 투쟁을 다른 부문의 노동계급 투쟁과 연관시키려는 노력은 이들 관료제적 국가들에서 훨씬 더 빨리 이루어진다. 그런 나라들에서 고용주, 경찰, 정부 관리들은 모두 철저하게 한통속이다.

관료는 자기 나라의 대중을 통제하기 위해 갈수록 말보다는 직접적 억압에 의존해야 하는 실정이다. 폴란드 관료는 당과 노동자들 사이에 '신뢰도 격차'가 점점 벌어지고 있다고 말해 왔다. 중국에서 인민해방군은 갈수록 자주 '생산을 촉진하고 혁명을 건설하는' 일을 도우라는 요구를 받고 있다. 앙골라 수상 로뿌 지 나시멘뚜는 '노동자들의 비현실적 요구'를 비난해 왔고 태업과 파업을 강력하게 처벌하겠다고 공약해 왔다.

가장 발전된 노동자 저항 운동 사례는 폴란드에 있다. 폴란드에서는 대규모 독립노조인 연대노조가 1천만 이상의 노동자들의 지지를 얻었다. 동유럽 지배계급 전체가 자기 나라 노동자들이 연대노조를 뒤따르면 어떻게 하나 하는 두려움에 떨어 왔다. 연대노조가 금지되어 지하로 숨어들었다는 사실이 그들에게 보장해 줄 수 있는 것은 아무것도 없다. 위기가 계속되고 있기 때문에, 언제 어디서 저항이 터질지 모르는 판국이다. 1980년 봄에 소련에서 일어난 파업들은 손으로 써서 만든 유인물의 대량 배포를 통해서 지도되었고, 이것은 노동계급의 자주적 조직화의 새로운 단계를 나타내는 것이다.

다른 형태의 저항도 명백히 눈에 띄고 있다. 쿠바에서는 만성적인 태업이 일부 지역에서는 파업의 한 형태로까지 발전했다. 중국 철도 노동자들은 1979년에 북경으로 행진하여 실업과 정치적 억압에 반대하는 시위를 했다. 인도차이나에서는, 태국 주민들이 쫓겨나는 캄보디아인들 손에 쌀자루를 건네 주었다. 국제 자본주의는 위기에서 헤어나오지 못하고 있다. 그래서 국제 사회주의라는 대안이 환한 빛을 내기 시작하고 있다.

국제 사회주의를 위하여

국가자본주의 지배계급은 자신들이 근본적으로 노동계급의 적이라는 사실을 거듭거듭 보여 왔다. 그러한 체제들이 '사회주의'이고, 그러한 체제들을 노동계급이 통제한다는 새빨간 거짓말은 날이 갈수록 방어하기 어렵게 되어 가고 있다.

그러나 많은 좌익들이 '사회주의'의 이름으로 억압과 침략과 모든 형태의 인간 고통을 정당화하려 하고 있다. 그들은 이런 저런 국가자본주의 지배계급을 이른바 사회주의의 진정한 사자(使者)로 보고 그들한테 충성을 맹세하고 있다. 그러나 국제 자본주의라는 괴물의 한 손이 다른 한 손을 파괴할 것이라는 희망은 갈수록 덧없는 것이 되어 가고 있다.

노동계급의 이름으로 지배계급을 방어하는 것은 혼란과 냉소주의를 낳을 뿐이다. 또한 그것은 서방에서 사회주의를 위한 투쟁을 가로막는다. 북미와 서유럽의 고용주들과 정부들은 노동자들을 설득하여 이미 그들이 갖고 있는 것에 만족하게 하기 위해 국가자본주의 사회들의 낮은 생활수준과 관료적 억압을 계속 지적한다. 사회주의가 자본주의와 똑같은 것들을 제공한다면 그리고 제공하는 것이 자본주의보다 적을지도 모른다면, 무엇 때문에 노동자들이 지금 갖고 있는 것을 잃을 위험을 무릅쓰면서까지 파업대열에 참여하고 행진하고 공장을 점거하는 것일까?

그러나 사회주의가 노동자 통제, 노동자 권력, 가난과 배고픔과 억압의 종식을 뜻한다면, 사회주의는 우리가 얻기 위해 투쟁할 만한 가치가 있는 것이다. 일관된 마르크스주의 분석은 국가자본주의 국가들의 본질을 설명하고 국제사회주의의 전망을 지적할 수 있다.

오늘날 세계에서 사회주의라 자처하는 나라들은 세계자본주의 체제에 완전히 통합되어 있다. 국가자본주의를 이해하면 이른바 사회주의 국가들을 설명할 수 있을 뿐 아니라 자본주의가 어떻게 세계 체제로서 존재하는지 설명할 수 있다. 이러한 나라들의 주요 특징은 다른 저발전 국가들에서도 볼 수 있다. 그러한 나라들이 사회주의라 자처하든 말든 말이다. 인도와 이집트와 브라질은 소련과 중국과 쿠바와 똑같은 특징을 갖고 있다. 즉, 그러한 나라들에서는 공통적으로 국가가 경제를 주도하고, 계획은 언제나 완수되지 못하고, 서방의 투자에 갈수록 의존하고 있고, 갈수록 억압이 강화되고 있다. 등등

또한, 국가자본주의는 서방자본주의의 공통점이 되어 가고 있다. 캐나다, 미국, 영국, 독일, 이탈리아, 그 밖의 다른 서방 국가들에서 이윤율이 떨어지는 시기에 사기업을 구제하기 위해 국가가 투자할 것을 요구하는 목소리가 갈수록 커지고 있다.

자본주의 세계체제가 어떻게 작동하는지 명확하게 설명할 수 있으면 세계체제를 변혁하기 위한 전략도 정확히 지적할 수 있다. 오늘날 세계 노동계급은 세계체제가 그들한테 강요한 끝없는 착취와 소외에서 자신을 해방시킬 잠재력을 갖고 있다. 그러나 국제 노동계급의 노동을 통해서 창출된 부(富)가 서방 지배자들 손아귀에 집중되고 있기 때문에, 그러한 자유를 얻기 위한 수단은 저발전 국가들한테만 있는 것이 아니다. 어느 가난한 나라에서 시작된 혁명은 결국 가장

부유한 나라, 즉 자본주의 괴물의 심장부인 서유럽과 북미에서 끝날 것이다. 1917년 러시아 노동계급이 거둔 성공이 혁명이 해외로 확산되는 것에 의존했던 것과 마찬가지로, 오늘날 제3세계에서의 사회주의 전략은 그 성격이 어떤 것이든 국제사회주의 전략이어야 한다.

서방의 사회주의자들과 투사들이 동유럽, 중국, 쿠바, 베트남, 앙골라 등의 대중에 대해 갖고 있는 주된 책임은 산업자본주의 심장부에서 진정한 사회주의적 대안을 위해 투쟁하는 것이다. 우리는 진정한 사회주의 — 마르크스와 레닌이 제시한 사회주의, 노동계급의 자주적 해방으로서 사회주의, 자유와 평화와 번영을 뜻하는 사회주의 — 를 위한 투쟁을 지지한다.

국가자본주의 분석은 오늘날 혁명적 좌익 재건에 매우 중요한 것이다. 그러나 분석은 말하는 차원을 넘어서 행동으로 발전해야 한다. 그것은 행동지침이어야 한다. 당신이 우리가 여기서 주장한 사상에 동의한다면 우리와 손잡고 진정한 사회주의 대안을 건설합시다!

제3부
북한 사회의 성격

북한 사회의 성격: 북한은 자본주의의 한 변형태인 국가자본주의 사회다

우익 언론들은 장성택 처형을 두고 북한이 얼마나 "이상한 나라"인지 떠드는 데 여념이 없다.

이들이 이렇게 열심히 떠드는 데는 이유가 있다. 우선, 남한 지배자들이 미국과 손잡고 북한을 군사적으로 압박하는 것을 정당화하기 위해서다. 또한 이른바 "우리식 사회주의"인 북한이 얼마나 끔찍한 사회인지를 보여 줘서, 자본주의 체제의 대안은 없다는 생각을 대중에게 각인시키려는 노력이기도 하다.

그런데 북한이 자본주의 사회가 아니라는 생각은 진보운동 내에서도 상식처럼 광범하게 퍼져 있다. 다만 진보운동 내에서는 북한 사회가 남한 사회보다 본질적으로 진보적이냐 반동적이냐에 대한 견

김영익. 〈레프트21〉 118호, 2013년 12월 21일. https://wspaper.org/article/13956.

해 차이가 존재한다.

북한이 남한보다 근본적으로 후진적인 사회라는 주장은 이석기 의원과 통합진보당 탄압 등의 문제나 북핵을 이유로 한 미국의 북한 압박에 단호하게 반대하지 않는 것으로 나아갈 수 있다.

반대로 자민통 진영의 지도적 활동가들은 북한이 남한보다 근본적으로 더 나은 대안이라고 여기고 있다. 바로 이런 생각 때문인지 장성택 사태가 터진 지 한참이 지났지만 자민통 진영의 지도적 활동가들은 대부분 이 문제에 대해 침묵하고 있다. 자민통 진영의 일각에서는 심지어 장성택 처형이 '[사회주의] 체제 수호를 위한 [불가피한] 조처'였다고 보기도 한다.

경쟁적 축적

그러나 북한은 진정한 사회주의와는 아무 관계가 없다. 핵무기, 기아, 권력 세습, 강세수용소, 공개 처형 따위는 "노동계급의 자기해방" 사상인 사회주의와는 완전히 무관한 것들이다.

사람들은 국유화한 경제를 두고 북한이 사회주의 사회라고 보지만, 자본주의 체제가 역사에 등장한 이후 국가는 언제나 자본주의 체제의 핵심적 일부였다. 그동안 북한이 채택해 온 국가 주도 경제는 20세기 중엽 세계 자본주의의 주요 흐름이었다. 제2차세계대전 중에 일본과 나치 독일, 영국과 미국 등 많은 나라들도 국유화와 국가 개입을 통해 경제를 운영했다.

특히 제2차세계대전 종전 후 독립한 후발 국가에서는 선진 경제를 단기간에 따라잡으려고 국가가 빈약한 사적 자본을 대신해 자본 축적 과정을 주도했다. 이때 북한 관료도 국가기구를 이용해 노동자와 농민을 쥐어짜면서 한정된 자원을 중공업에 집중 투자해 자본 축적을 이뤘다.

북한 관료를 자본 축적에 열을 올리게 한 진정한 동력은 미국과 남한을 상대로 한 군사적·경제적 경쟁 논리였다. 그 논리는 바로 자본주의의 본질적 특징인 '축적을 위한 축적, 경쟁을 위한 경쟁'이었다. 이 점에서 북한은 1960~70년대 남한과 본질이 다르지 않은 국가자본주의 사회다.

북한 지배 관료들은 노동자 대중을 경쟁적 축적 시스템에 종속시키고 착취율을 높여 왔다. 북한 노동계급 대중의 삶은 고단했고, 불만에 찬 대중을 통제하고 억압하려고 북한 국가는 거대한 억압기구(강제수용소, 공안 기구 따위)를 만들었다.

국가자본주의적 축적 방식을 채택함으로써, 1950~60년대 북한은 비약적인 경제 성장을 이뤘다. 그래서 1960년대 초에 일부 서구 경제학자들은 북한을 아시아에서 일본 다음 가는 공업국으로 평가하기도 했다.

그러나 자원이 부족하고 바깥에 손 벌릴 곳도 마땅치 않은 작은 국가가 급속한 공업화를 추구하다 보니, 여러 문제들에 봉착하게 됐다. 게다가 1970년대에 들어서 세계 자본주의의 세계화 추세가 발전하면서, 이제 폐쇄적인 국가자본주의적 방식은 점차 낡고 사태에 뒤처지는 것이 되기 시작했다.

북한 관료들도 경제의 성장 방식을 바꿔야 할 필요를 느끼면서 여러 차례 변화를 시도했다. 그러나 이런 조심스런 경제 개혁 시도들은 모두 실패로 끝났고, 이때마다 북한은 다시 기존의 낡은 방식으로 거듭 후퇴해야 했다.

그래서 이미 1980년대에 북한 경제는 자체의 모순을 이겨 내지 못하고 심각한 위기로 나아가고 있었다. 이후 동구권이 붕괴하고 미국의 북한 '악마화'가 진행되면서, 1990년대 북한은 최악의 위기를 겪어야 했다.

그리고 수십 년 동안 심각한 대내외적 문제들에 부딪힐 때마다 북한 관료들은 자꾸만 '비정상적인' 해법(주체 사상, 수령 숭배, 권력 세습 등)에 이끌렸던 것이다. 따라서 오늘날 북한이 "이상한 나라"가 된 것은 세계 자본주의 체제와 제국주의가 가한 압력과 북한 관료의 선택이 결합된 결과이기도 한 것이다.

진정한 대안

북한 사회가 겪는 위기에서 진정으로 벗어날 수 있는 길은 북한 노동계급의 저항에 있다. 물론 이것은 결코 쉬운 일이 아니다. 북한 노동자들은 수십 년 동안 국가 억압에 의해 원자화돼 있다. 20년이 넘은 식량난과 혹독한 경제 위기는 노동자들의 자신감에도 상당한 악영향을 줬을 것이다. 미국과 남한의 압박도 이데올로기적으로 큰 부정적 구실을 했을 것이다. 따라서 북한 노동자들이 온갖 제약들을 뚫고 혁명적 저항에 나서리라 기대하는 건 얼핏 공상적으로 들릴지 모른다.

그러나 수십 년 동안 아래로부터 도전을 받지 않고 지배 체제를 유지해 온 북한 사회도 근본적 모순을 피할 수는 없다. 그것은 바로 지속적인 자본 축적을 위해 생산수단을 끊임없이 혁신해야 할 필요성이다. 이것이 바로 경직되고 획일적인 관료 지배 체제를 내부로부터 위기에 빠뜨리는 근본 동력이다. 그리고 이런 위기가 일어날 때 아래로부터 반란이 터져 나올 빈틈이 열리기 시작할 것이다.

또한 북한 사회가 세계자본주의 체제의 일부라는 점도 잊어서는 안 된다. 2011년 아랍 혁명은 전 세계가 얼마나 긴밀하게 상호 연결돼 있는지를 실감하게 해 줬다. 튀니지에서 시작한 혁명은 순식간에 이집트·리비아·시리아 등지로 퍼져 나갔다.

이와 같은 아랍 혁명의 확산 과정은 언제든 동아시아에서도 펼쳐질 수 있는 일이다. 특히, 온갖 모순으로 펄펄 끓고 있는 중국 사회에서 거대한 저항이 분출되고 이것이 북한의 특정 상황과 맞물린다면, 북한에서 진정한 혁명이 일어날 수 있다.

노동계급의 자기 해방을 바라는 사람들은 북한의 노동계급이 앞으로 펼쳐질 불안정한 상황 속에서 사회의 근본적 변화를 위한 투쟁에 나서기를 바라야 한다. 그리고 그런 일이 발생한다면 지지를 아끼지 말아야 한다.

사회주의는 누군가가 위에서 선사하는 선물이 아니라, 오로지 노동계급 스스로 쟁취하는 것이다. 북한 노동계급이 스스로 일어서서 계급 착취 구조를 무너뜨릴 때만, 노동자들의 필요를 충족시킬 수 있는 진정한 사회주의 사회를 건설하기 시작할 수 있을 것이다.

북한 국가자본주의의 확립

북한이 한국전쟁에서 입은 피해는 남한보다 더 컸다.

북한의 공식적인 기록에 따르면, 힘이 우세했던 미 공군은 평균 1 평방킬로미터(㎢)당 18 개의 폭탄을 북한 지역에 투하했다. 8700 개의 공장과 기업 들이 완전히 파괴되었다. 1953년의 공업 생산은 1949년의 64% 수준으로 떨어졌고 전력 공업은 26%로, 연료공업은 11%로, 화학공업은 22%로 감소했다.

사회간접자본의 파괴도 매우 컸다. 60만 호에 달하는 주택, 5천여 개의 학교, 1천여 개의 병원과 진료소, 수백 개의 영화·연극관과 수천 개의 문화시설들이 모두 잿더미가 되었다. 관개시설이나 하천 제방 등 농업 부문의 피해도 엄청났다. 농업총생산은 1949년의 생산액을 100으로 할 때, 1953년에는 76밖에 되지 않았다. 기관차는 70% 이상, 화차는 65% 이상, 객차는 90% 이상이 파괴되었다.

이 글은 《사회주의 평론》 7호(1996년 1~2월)에 실린 것이다.

북한이 한국전쟁으로 입은 경제적 손실은 "물질적 피해가 4억 2천만 원 — 이는 1949년 국민소득의 6 배에 해당한다 — 에 달"했다.*
미국조차 이 당시 북한이 입은 손실을 두고 "조선은 앞으로 100 년이 걸려도 다시 일어서지 못한다"고 말했을 정도이다.**

그래서 북한의 지배계급은 전후복구에 온힘을 쏟지 않으면 안 되었다. 1953년부터 1956년까지는 전후복구기라 할 수 있는데, 이 때 경제가 신속하게 복구될 수 있었던 것은 소련을 비롯한 '사회주의' 국가들의 원조 덕분이었다. 중국의용군은 1958년까지 북한에 주둔하면서 교량과 철도 재건에 큰 도움을 주었으며, 소련은 기계, 소비재 그리고 기술을 원조해 주었다.***

주변 국가들의 원조보다 더 중요한 것은 북한 노동자 계급을 복구사업에 동원하는 것이었다. 북한 지배자들은 노동대중에게 사이비 반제국주의 의식을 불어넣어 전쟁을 수행하게 했을 뿐 아니라 파괴된 생산시설들을 복구하는 데 적극적으로 동원했다. 이 당시 북한 노동자 계급에게 만연해 있던, 미제국주의의 위협에 대한 위기감이 재빠른 복구를 위한 추진력으로 작용했다.

북한의 지배계급은 미제국주의를 포함한 세계체제가 다시 북한을 전쟁으로 끌어들일 수 있다는 위협을 강하게 느꼈다. 그래서 북한

---

* 엘렌 브룬·재퀴스 허쉬, 《사회주의 북한》, 지평, 66쪽.

** 사회과학원 력사연구소, 《조선전사 28》, 평양, 과학·백과사전출판사, 15쪽.

*** 1962년 원조가 중단될 때까지 소련과 중국 등의 국가로부터 받은 원조 총액은 14억 달러였다. 소련으로부터는 48.8%, 중국은 30.9% 그리고 나머지는 동유럽 국가들로부터 받았다.(1962년에 출판된 《북한총감》, 374쪽.)

은 또다시 전쟁을 벌이더라도 살아남을 수 있도록 재빨리 경제를 복구하여 강력한 국가를 재건할 필요를 느꼈다. 경제복구는 무엇보다도 중공업을 발전시키는 데 맞추어졌다. 북한의 공업화 전략은 1930년대 소련과 1960~1970년대 남한의 발전전략과 너무나 비슷했다. 1953년 8월 초순에 열린 당중앙위원회 제6차 전원회의에서는 "중공업을 우선적으로 발전시키면서 동시에 경공업과 농업을 급속히 발전시킨다"는 기본노선이 채택되었다.

친북한 학자들은 북한의 발전 전략이 중공업을 우선으로 하는 것이긴 했지만 경공업과 농업 분야의 발전에도 많은 관심을 기울였다고 주장한다.* 그러나 전후복구기와 제1차 5개년계획 기간에 투자된 총액 가운데 공업과 농업의 비율과 중공업과 경공업의 비율을 보면 이들의 주장이 잘못되었음을 알 수 있다.

〈표 1〉 국가의 기본 건설 투자액과 그 구성비**

(백만 원, %)

	투자총액		공 업		농 업		수송·통신	
	금액	구성비	금액	구성비	금액	구성비	금액	구성비
1954	330	100	143	43.2	21	6.4	66	20.2
1954~1956	357	100	177	49.6	33	9.2	47	13.1
1956	351	100	188	53.6	37	10.5	28	7.9
1957~1960	500	100	257	51.3	52	10.5	39	7.7

---

* 엘렌 브룬·재퀴스 허쉬, 앞의 책, 70~71쪽.

** 국토통일원, 《북한 경제 통계집》, 186~187쪽.

1961	593	100	345	58.1	75	12.7	42	7.0
1962	650	100	363	55.8	69	10.6	40	6.1
1963	686	100	—	—	108	15.8	—	—
1964	756	100	—	—	177	23.4	—	—
1965	827	100	518	62.0	191	13.2	69	8.3

〈표 2〉 국가의 공업부문 투자 구성비*

	중 공 업	경 공 업
1954	81.0	19.0
1954~1956	81.1	18.9
1956	83.3	16.7
1957~1960	80.6	17.4
1961	69.7	30.3
1962	63.7	36.3
1963	68.2	31.8
1964	73.8	26.2

　〈표 1〉을 보면, 공업은 투자액이 계속 증가하는 데 비해 농업은 1964년만 제외하면 투자액이 15%대를 넘지 않고 있다. 또 〈표 2〉는 중공업에 대한 투자가 1950년대 내내 80%를 넘었다는 점을 보여 준다. 이것은 북한 지배계급이 중공업에 우선하여 투자했다는 뜻이다.

　북한이 중공업과 생산재 생산에 주력했던 것은 세계체제 안에서 살아남기 위해 강력한 국가를 건설해야 했기 때문이었다.

---

*　같은 책, 168쪽.

권력 투쟁과 숙청

사회 전체를 이러한 방향으로 몰고 가기 위해서 김일성은 먼저 지배계급 내의 여러 분파들을 제압할 필요가 있었다. 1928년 이후에 스탈린이 전쟁의 위협을 가하는 세계체제에서 살아남기 위해 강력한 권위주의 국가를 필요로 했듯이, 김일성도 강력한 통치력을 필요로 했다.

한국전쟁과 그에 뒤이은 경제복구, 급격한 경제성장의 과정은 김일성이 다른 분파들을 숙청하고 단일한 독재 체제를 형성하는 과정이기도 했다. 전쟁 중이었던 1950년 12월 하순부터 김일성은 다른 분파를 숙청하고 지배권력을 굳히기 시작했다.

김일성은 사상도 강계에서 열린 조선노동당중앙위원회 제2기 제3차 전원회의에서 연안파의 무정, 김한중을 비롯하여 소련파의 김렬, 채규형과 빨치산파의 김일, 최광 등을 격렬하게 비판했다. 주된 표적은 연안파의 무정이었다. "조선인민군 제2군단장으로 있으면서 병사들을 무단 사형시켰을 뿐 아니라 평양 방위의 임무를 수행하지 못하고 유엔군이 진격해 오자 저항 없이 후퇴했다"*는 것이 그의 죄목이었다. 하지만 숙청의 진짜 이유는 중국의 지지를 받는 무정을 제압하지 않고서는 김일성이 권력을 완전히 장악할 수 없었기 때문이다.

그 다음에는 소련파의 우두머리인 허가이를 숙청했다. 김일성은 그가 노동당의 제1서기를 맡고 있을 때 "60만 당원 가운데서 45만

---

* 고병철, 《한국전쟁과 북한사회주의체제건설》, 경남대학교 극동문제연구소, 17쪽.

명에게 책벌을 줌으로써 당을 파괴했다'"고 주장했다. 하지만 이것 역시 허가이를 제거하기 위한 구실이었을 뿐이다.

그 뒤 1953년 7월 휴전협정이 이루어진 직후 이승엽, 이강국, 임화 등 전(前)남로당 지도부에 대한 재판 및 처형이 있었으며, 1955년 12월에는 박헌영에 대한 재판과 처형이 있었다. 남로당파는 "미제국주의를 위해 감행한 간첩행위", "남반부민주역량 파괴, 약화, 음모와 테러", "공화국정권 전복을 위한 무장폭동행위"라는 세 가지 혐의로 기소되어 재판을 받았다. 김일성의 빨치산파가 자신의 최대 정적인 국내파의 우두머리 박헌영을 제거했는데도 완전한 권력 독점을 이루지는 못했다. 1956년 4월에 열린 제3차 당대회에서 선출된 중앙위원회는 정위원 71명 가운데 국내파가 23명, 연안파가 14명, 빨치산파와 소련파가 각각 11명이었다. 제2차 당대회(10.4%)에 비해 중앙위원회에서 수(15.5%)가 증가했음에도 불구하고 빨치산파가 완전한 1인 독재 체제를 구축하기 위해서는 제2의 숙청이 필요했다.

지배계급 내에서 벌어진 두 번째 갈등과 숙청은 전후 경제복구의 계획을 두고 벌어졌다.

평양경제학연구소의 김영주와 신조회가 어떤 토론회에서 한 말은 논쟁의 본질을 잘 보여 준다.

당이 [경공업 및 농업과 동시에 중공업을 건설하겠다는] 노선을 발표하였을 때 당 내의 종파주의자들은 이에 반대하였다. … 종파주의자들은 "기계가

---

* 김일성, 《김일성저작선집》 제1권, 조선로동당출판사, 611~612쪽.

어떻게 쌀을 생산하겠는가?"라고 반문하였다. 달리 말하자면 그들은 우리에게 짧은 기간 동안이나마 잘 살고 그리고 그 후에 아무것도 남지 않더라도 모든 자원과 외국원조를 "먹어치워버릴 것"을 요구하였다. 우리 당은 중공업에 우선을 두지 않으면 인민 대중의 생활을 안정시킬 수 없으며, 우리의 방어력이 어려움을 당하게 될 것이고, 우리는 자립적인 민족경제의 기반을 마련할 수 없다는 이유로 이러한 노선을 거부했다.[*]

그 때 연안파는 주된 투자를 소비재 생산에 집중해야 한다는 입장을 갖고 있었다. 하지만 1953년 8월에 열린 중앙위원회는 중공업 우선 방침을 결정했다. "미제의 침략위협, 남한과의 지속적인 대치상황, 불안정한 한반도 상황이 지도방법에 일정한 영향"[**]을 미쳤던 것이다.

하지만 연인파나 소련파도 국가 재건 노선에 대해 나름대로의 이해관계를 갖고 있었다. 만약 북한이 자립경제와 자주방위를 재빨리 추진하게 된다면 자신들이 중국이나 소련을 등에 업고 북한에서 가지게 될 입지가 더 축소될 것은 뻔한 일이었다. 말하자면 이 논쟁은 김일성파가 중국 및 소련의 영향력을 배제하려는 시도에 대한 연안파와 소련파의 반발이었다. 이것은 1956년에 벌어진 이른바 '8월 종파사건'의 배경이 되었다.

1956년 8월에 열린 당중앙위원회 전원회의에서 연안파는 김일성에 대한 개인숭배, 중공업 우선전략, 농업협동화 전략 등을 비판했다.

---

[*] 엘렌 브룬·재퀴스 허쉬, 앞의 책, 71쪽.

[**] 신병식, 《한국전쟁과 북한사회주의체제건설》, 120쪽.

이 때 소련에서는 흐루쇼프가 스탈린 체제를 비판하면서 미국과 평화공존하려는 물결이 일고 있었다. '8월 종파사건'이 있기 얼마 전에 김일성은 이렇게 말했다.

> 박영빈 동무는 쏘련에 갔다와서 하는 말이 쏘련에서는 국제긴장상태를 완화하는 방향이니 우리도 미제국주의를 반대하는 구호를 집어치워야 하겠다고 하였습니다. 이러한 주장은 혁명적 창발성과는 아무런 공통성도 없으며 우리 인민의 혁명적 경각성을 무디게 하는 것입니다.[*]

김일성은 박영빈 등 반대파의 저항에 맞서 1953년에 결정한 중공업 우선 노선을 다시 확고하게 밝혔다. 또 소련이나 중국 등의 경험이 아니라 북한의 독립적인 발전 전략이 필요하다는 것을 강조하며 처음으로 주체사상의 원형을 제시했다.

> 사업에서 혁명적 진리, 맑스-레닌주의적 진리를 체득하는 것이 중요하며 그 진리를 우리 나라의 실정에 맞게 적용하는 것이 중요합니다. 꼭 쏘련식과 같이 해야만 한다는 원칙은 있을 수 없습니다. 어떤 사람들은 쏘련식이 좋으니 중국식이 좋으니 하지만 이제는 우리 식을 만들 때가 되지 않았습니까?[**]

---

[*] 김일성, '사상사업에서 교조주의와 형식주의를 퇴치하고 주체를 확립할 데 대하여', 《원자료로 본 북한 1945~1988》, 동아일보사, 147쪽.

[**] 같은 글, 같은 책, 148쪽.

1955년부터 1956년까지 중공업과 경공업, 또는 공업과 농업 사이의 발전 방향에 대한 논쟁이 이루어졌다. 이 논쟁이 진행되는 동안 소련의 대표위원 자격으로 북한에 와 있던 레오니드 브레즈네프는 "당조직의 말단에서부터 최상층에 이르기까지 레닌주의의 집단지도 원칙을 충분히 확립할 것"을 역설하면서 북한에서 진행되고 있는 개인숭배와 중공업 우선 정책을 비판했다. 반대에 직면한 김일성은 소련이나 중국의 지원 없이 스스로의 힘으로 국가자본주의 국가를 건설해야 했다. 따라서 김일성은 오로지 북한의 노동대중을 동원하는 것에 의존할 수밖에 없었다.*

1958년에 김두봉을 숙청한 것을 마지막으로, 권력 독점을 위한 김일성의 투쟁은 끝나게 된다. 1950년대초부터 진행된 일련의 숙청은 노동자 대중의 관심을 다른 데로 돌려 고통이 분노로 표출되지 않도록 막아 주는 역할을 했다. 다른 한편 숙청 과정은 강제적인 대중동원을 위한 사회적 긴장을 형성했다. 그래서 '8월 종파사건'을 계기로 김일성은 '사회주의' 건설을 위해 천리마운동 같은 대중동원 캠페인을 자연스럽게 전개할 수 있었다.

---

* 조선로동당은 1956년에 '1957년 경제계획의 효과적인 완수를 위하여'라는 글에서 전당원들에게 이렇게 호소했다. "우리는 이처럼 중요한 발전단계에서 제1차 5개년계획의 집행에 필요한 대규모 자본을 동원하는 문제를 반드시 해결해야만 한다. 이것은 오직 우리 자신의 귀중한 노동에 의해 이루어져야만 한다."(〈로동신문〉, 1956. 12. 16)

축적을 위한 축적

북한의 지배계급은 1953년 휴전 직후에 열린 당중앙위원회 회의에서 전후 경제복구 계획을 다음과 같이 정했다. 먼저 1953년은 전반적인 복구작업을 위한 준비단계이고, 1954년부터 3 년 동안에 전쟁 전의 생산수준으로 회복한다는 것이었다.

노동자 대중을 동원하기 위한 최초의 집단적 동원 캠페인은 광공업에서 진행된 대중적 증산경쟁운동과 농업에서의 협동화[집단화] 운동이었다. 증산경쟁운동은 개인별, 작업반별, 직장별로 목표를 설정하고 몇 배 또는 몇 십 배의 초과 달성을 위해 노동자들이 서로 경쟁하도록 했다. 한국전쟁에서 미제국주의가 가져다 준 파괴 때문에 북한 지배자들은 이러한 동원 캠페인에 반제 투쟁의 성격을 적절히 가미하여 효과를 거둘 수 있었다. 하지만 이러한 이데올로기적 수단보다 더 큰 효과를 거두었던 것은 채찍이었다.

김일성은 "국가권력을 강화하여 혁명의 적대분자를 철저적으로 진압하여 사회주의 건설의 대업을 달성하여 독재를 강화하여야 한다"* 고 강조했다. 생산을 증가하는 데 필요한 비철금속류의 사용을 철저히 단속했으며, 각 기관이나 기업소 등에서 기자재나 생활필수품, 의약품 등을 횡령하는 행위들을 엄격히 다스렸다. 노동규율을 강화하기 위해 '기업소 및 기관 노동자, 사무원이 임의로 직장을 이탈하는 행위를 금지하는 것에 관하여'라는 법령을 1953년 8월 31일에 발

---

* 김일성, 《김일성 저작집》 제9권, 218쪽.

표하기도 했다. 이 법을 어기는 노동자가 있을 경우, 각 국가기관, 협동단체, 사회단체, 기업소 등에서 책임자가 그를 인민재판에 넘겼다.

북한이 전후복구와 경제적 자립을 이룩하는 과정에서 노동자 대중과 하급 관료들에게 강제했던 효과적인 노동력 동원 캠페인은 천리마운동과 청산리정신·청산리방법이었다.

김일성은 5개년계획의 시작을 앞둔 1956년 12월에 중앙위원회 전원회의에서 '천리마를 탄 기세로 달리자'는 구호를 내걸었고, 이것이 천리마운동의 출발이 되었다.

1958년말에 천리마운동은 천리마작업반운동으로 변화하여 광공업뿐 아니라 농업 등 모든 산업에 확대되었다. 북한 당국이 "집단적 영웅주의와 집단적 혁신에로 불러일으키는 공산주의적 대중적 대진군운동"이라고 천리마운동을 정의했듯이, 이 운동은 생산 목표의 초과 달성을 위한 대중 운동으로 전개되었다. 천리마운동은 바로 북한판 스타하노프주의였던 셈이다.*

천리마운동이 노동자 대중을 대상으로 진행된 동원 캠페인이라면 청산리정신·청신리방법은 당이나 국가 간부들을 겨낭한 것이었다. 북한 당국이 청산리방법의 목적을 "웃기관이 아래기관을 도와주고 늘 현지에 내려가 실정을 깊이 알아 보고 문제해결의 올바른 방도"를

---

* 그 외에도 대중적인 '사회주의' 경쟁운동은 '공작기계 새끼치기운동', '대중적인 기술혁신·증산절약운동' 등이 있다(《김일성 저작집》, 276쪽). 또 속도전도 존재하는데, 1959년 이후 '천리마작업반운동'이 속도전의 주된 운동이었다. 1975년말부터는 '3대혁명붉은기 쟁취운동'이 존재했고, 1982년 7월 9일 김책제철소의 궐기모임을 시작으로하여 '80년대 속도창조운동'이 있었다.

세우는 것이라고 지적했듯이, 이 운동은 북한에 만연해 있던 중간간부들의 탁상행정이나 허위보고 등을 비판하기 위한 것이었다. 1960년 2월에 김일성이 평남에 있는 청산리 협동조합에 내려가 직접 현장지도를 한 데에서 이 운동이 시작되었다. 또 1961년에 김일성이 평남에 있는 대안 전기공장을 방문해 직접 지도한 데에서 비롯한 것이 바로 '대안의 사업체계'였다. 이것은 청산리정신·청산리방법을 공업에까지 확대·적용한 것이었다.

노동자 대중과 중간 및 하위 관리들을 대상으로 노동생산성 증가운동이 진행되면서 생산과정에 대한 노동자 대중의 참여와 통제는 더욱 줄어들었다. 1946년말부터 그 이전까지 존재했던 노동자 대중의 자발적 참여의 흔적인 자치관리기관(공장관리위원회 또는 광산관리위원회)이 사라지고 지배인(기업장) 단독책임제로 바뀌면서 공장위원회와 당위원회가 공장에 대한 전권을 가지게 되었다. 그 뒤 '대안의 사업체계'가 등장하면서 공장은 더욱 위계적인 질서를 확립해 갔다. 공장의 생산관계는 김일성 유일체제로 확립된 사회의 위계적인 모습을 그대로 반영했다.

북한이 1953~1956년의 복구기와, 뒤이어 1957~1960년의 제1차 5개년계획 기간에 이룩한 성장은 놀랄 만했다. 이 당시 공업총생산의 성장률은 평균 40%에 달했다.* 전후복구 기간에 공업총생산은 1949년에 비해 2.9 배가 증가했고, 양곡 수확고도 287만 톤으로 1949년에 비해 2.7% 증가했다. 또 소비재 생산도 2.1 배 증가했다.

---

* 통일문제연구소 엮음, 《북한경제자료집》, 민족통일, 291쪽.

또 제1차 5개년계획 기간에는 국민소득이 2.2 배, 공업총생산이 3.5 배 증가했고, 양곡수확고도 380.3만 톤으로 늘어났다. 북한의 공식 발표에 의하면 국민소득은 1956년에 비해 2.1 배 성장했고, 노동생산성도 1956년을 100으로 했을 때, 140으로 더 높아졌다.

이 기간에 북한에서 노동자 계급이 실질적으로 형성되었고 또 사회 전체에서 차지하는 비율도 높아졌다. 노동자·사무원 수가 1956년에 비해 210%로 증가했다.

<표 3> 제1차 5개년계획의 실행 성과(1956을 100으로 함)*

	계획(1961)	실적(1960)
국민소득	220	210
공업총생산액	260	348
연평균성장률	21.5	36.6
그 중 A 그룹	290	361
연평균성장률	17.1	34.9
그 중 B 그룹	220	332
연평균성장률	17.1	34.9
농업총생산액	—	150
그 중 곡물	130	132
철도화물운송량	170	207
노동자·사무원수	136	179
실질임금	150	210
노동생산성	165	140

---

* 고승효, 《현대북한경제 입문》, 대동, 120쪽. 이 자료는 조선로동당 제4차대회 보고 및 1960년계획 실행 총화에 대한 조선 중앙통계국의 보도에서 인용한 것이다.

《조선중앙연감》이 1961년에 발표한 자료에 의하면, 1946년에 노동자·사무원이 전체 인구에서 18.7%를 차지한 반면 1960년에는 52.0%를 구성했다. 농업에서 개인경영 농민은 1946년에 74.1%를 차지했지만 농업집산화가 완료된 1958년 이후에는 한 명도 존재하지 않았다. 협동농장 농민[대부분이 농업 노동자이다]은 1960년에 44.4%를 차지했는데, 이것은 산업 구조가 농업 중심에서 공업 중심으로 변화했음을 보여 주는 수치이다.*

농업에서의 변화도 공업에서와 마찬가지로 신속하게 진행되었다. 북한은 남한과는 달리, 1946년 3월에 공표된 토지개혁령에 따라 토지 개혁을 수행하고 농업집산화의 기초를 마련했다.

북한은 1953년부터 1년 동안 실험적 집산화를 실시한 뒤, 8월에 열린 중앙위원회에서 1954년 11월부터 농업집산화를 본격적으로 시행하기로 결정했다.

1954~1956년 사이에 98%에 가까운 농업 협동조합이 모두 제3의 형태**로 전환되었다.

경지 면적을 기준으로 할 경우 1954년에 30.9%가 집산화되었고 1955년에는 48.6%, 1956년에는 77.9% 그리고 1957년에는 93.7%가 집산화를 완료했다.

---

* 같은 책, 123쪽.

** 여기서 제3형태는 토지나 기본적인 생산수단을 모두 협동조합이 소유하고 공동으로 경작하며 노동에 대해서만 분배하는 형태이고, 제2형태는 토지와 생산수단을 사적으로 소유하면서도 공동으로 경작하고, 노동일과 출자한 토지에 따라 분배하는 형태를 말한다.

북한은 중공업 중심의 공업화와 농업집산화를 강제적이고 폭력적인 방식으로 수행함으로써 공업·농업 노동자를 급속하게 형성했다. 선진 공업국에서는 3백 년에 걸쳐 진행된 과정이 북한에서는 단 5 년 동안에 신속하게 이루어졌다.

〈표 4〉 농업 협동조합의 형태별 구성의 추이[*]

	1953	1954	1955	1956	1957	1958
조합수	806	10,098	12,132	15,825	16,032	13,309
제2형태(%)	—	21.5	7.8	2.5	1.2	—
제3형태(%)	—	78.5	92.2	97.5	98.8	100.0

북한은 농업 집산화와 공업에서, 기대 이상의 성과를 거두었다. 조선로동당중앙위원회는 "제1차 5개년계획을 2년반 만에 완수"했다고 발표하면서, "사회주의의 기초가 건설되었고 인민 생활은 더욱 개선되었다"고 말할 수 있었다.[**]

하지만 인민의 필요는 중공업 발전에 억눌려 있었다. 생산수단 생산은 1959년에 1958년보다 160%가 늘었지만 같은 기간에 소비재 생산은 144% 증가하는 데 그쳤다. 또 연료공업은 135%, 광석 채굴업은 134%, 건재공업은 188%, 기계제작 및 금속가공업은 2 배로 성장했지만 직물류는 144%, 양말류는 105%, 일용품 공업은 115%로 앞의 것들보다 성장률이 훨씬 낮았다. 이러한 추세는 그 뒤에도 계속되

---

[*]   김한주, 《우리나라 맑스-레닌주의 농업강령의 승리적 실현》, 1960, 104쪽.

[**]   통일문제연구소 엮음, '위대한 승리, 빛나는 총화', 《북한경제자료집》, 96쪽.

었다. 철강 생산을 예로 들어 보면, 1960년에 64만 톤에 불과하던 철강 생산량이 1970년에는 220만 톤, 1977년에는 383만 톤에 달했다. 공작 기계도 1960년에 3951 대이던 것이 1970년에는 1만 2500 대, 1977년에는 3만 대로 증가했다. 그러나 생활필수품 가운데 하나인 직물 생산량은 1960년에 1.9억 미터에서 1970년에는 4억 미터, 1977년에는 5.8억 미터로 앞의 것들보다 발전 속도가 뒤처졌다.

또 아래의 표에서처럼, 노동자 가계지출에서 식량비의 비율이 매우 높다는 점은 노동자 대중의 생활수준이 매우 열악했음을 보여 준다.

〈표 5〉 노동자 가계지출 구조[*]

	1956	1958	1960	1961	1962
식량비	57.8	49.8	47.3	47.9	46.5
피복비	24.8	30.0	30.7	28.4	29.5
주거비	0.8	0.8	0.7	0.6	0.6
가구구입비	2.5	2.9	3.4	4.5	3.8
연료비	2.4	2.1	2.7	2.8	3.6
문화위생비	11.7	14.4	15.2	15.8	15.9

북한 체제는 계속하여 노동자 대중을 통제하고 노동력 공급을 안정시키기 위해 노력했다. 1978년에는 노동력을 더 합리적이고 효율적으로 관리하기 위해 노동관계법을 제정했다. 이 노동법은 노동보호, 휴가 등에 대한 규정, 입직(入職)과 이직, 다양한 직무 개편, 여가시간 활용문제 등에 대해 규정하고 있다. 또 1979년부터는 노동규율

---

[*] 극동문제연구소, 《북한 전서》(중), 202쪽.

을 강화하기 위해 개인별 노동일기를 쓰도록 하여 노동 실적, '사회주의적 경쟁'에서의 활동 성과를 평가하기도 했다.

여성 노동자의 상태

마르크스는 "사회의 진보는 여성의 사회적 지위가 어떠한가에 따라서 정확히 측정될 수 있다"고 지적했다. 북한의 지배자들은 북한 사회가 평등하며 여성에 대한 차별도 전혀 없다고 공언하고 있지만 실상은 전혀 그렇지 않다.

제6차 당대회에서 김일성은 여성의 지위 향상을 위해 14 가지 노선을 밝히고 "가내의 허드렛일의 무거운 부담으로부터 여성을 해방"시키자고 주장했다. 그러나 이것은 여성을 사회적 노동으로 끌어들여 착취하기 위한 입발림 말일 뿐이었다. 만약 북한에서 노동을 통해 여성해방이 이루어졌다면 직장에서 여성에 대한 차별도 사라져야 하고 가사노동도 완전히 사회가 담당해야 한다. 그러나 북한에서 이런 일은 일어나지 않았다. 전체 노동력 가운데에서 여성이 차지하는 비율은 점차 증가했지만 여성들은 낮은 임금을 받았고, 가사 노동도 여전히 여성들의 몫이었다. 전체 종업원 가운데서 여성 노동자가 차지하는 비율은 1953년에 26.3%, 1956년에 20.0%, 1960년에 32.7%, 1964년에 38.5%였고, 1976년에 48.0%, 1988년에는 49.0%로 거의 절반을 이루고 있다. 하지만 여성들은 대부분 평균임금이 낮은 직종에서 일해 왔다. 아래의 표를 보면, 주로 경공업 부문에 종사하는 여성 노동자들은 주로 중공업에 종사하는 남성 노동자들의 임금의 60% 정도를 받고 있다는 것을 알 수 있다.

북한의 여성 노동자들은 가사노동과 육아로부터도 해방되지도 않았다. 사회적 노동에 참여하기 위해 여성들은 대체로 늦게 결혼했지만 결혼한 이후에는 두 자녀 이상을 낳아야 했다. 북한 당국은 노동력의 공급을 순조롭게 하기 위해 여성들에게 압력을 넣었다. 낙태와 모든 산아제한이 금지되었다.[*]

또 북한은 가족의 역할을 강조했다. 북한의 헌법 제77조에는 "결혼과 가정은 국가의 보호를 받는다. 국가는 사회의 기층생활단위인 가정을 공고히 하는 데 깊은 배려를 돌린다"고 명시되어 있다.

〈표 6〉 북한 여성들의 주요 직종과 평균임금 현황[**]

직종	평균임금(원)	여성비율(%)
경노동자	60	70
사무원, 간호사, 보육원, 교양원, 인민학교 교사	70	80
중노동자	90~100	20
의사	60~150	미상
기업소 지배인	180	미상
대학교수	190	15
정무원 부부장	300	미상
정부원 부장	350	0.7

---

[*] 존 할리데이, '북한의 수수께끼', 《서구 마르크스주의자들이 본 북한 사회》, 중원, 103~104쪽 참조.

[**] 윤미량, 《북한의 여성정책》, 한울, 203쪽.

여성 노동력을 동원하기 위해 가사노동을 줄이는 몇몇 조치들이 취해졌지만 가사노동은 여전히 여성이 할 일로 치부되고 있다. 또 사회 전체에 '여성다움'에 대한 보수적인 강조가 뿌리깊게 박혀 있다. 남한에서 여자가 길거리에서 담배를 피우는 것이 경범죄에 해당하는 것처럼, 북한에서 여성이 담배를 피우면 구속되기까지 한다.

북한에서 여성의 지위는 여전히 열악하며, 다른 자본주의 국가들과 마찬가지로 가정과 공장에서 이중의 고통을 당하고 있다. 이것은 북한이 사회주의 사회가 아니라는 점을 입증해 주는 매우 중요한 증표이다.

'자주적'인 국가자본주의의 건설

1956년에 김일성에 대한 반대로 시작된 '8월 종파사건'은 김일성의 승리로 끝났다. 그리하여 반대파들은 모두 숙청되었고, 1958년에 제1차 당대표자회의는 당내 종파주의가 완전히 청산되었음을 선언했다. 이 사건을 계기로 북한은 소련과 중국의 압력으로부터 독립적인 축적 구조를 갖추어야 할 필요성을 느꼈다.

북한 지배자들이 이른바 '자주성의 원칙'을 더 높이 내걸도록 만든 또 다른 계기는 중소분쟁이었다.

1956년에 있었던 소련공산당 제20차 대회에서 흐루쇼프는 스탈린을 비난하는 비밀연설을 했다. 이 사건은 스탈린 반대운동의 출발이었다. 하지만 흐루쇼프가 비난한 것은 1928년 반혁명 자체가 아니라, 단지 전제적이고 광폭한 스탈린의 성향이었다. 1962년의 쿠바 봉쇄조치를 계기로 미국과도 '데탕트의 시대'로 접어든 것처럼 보였다.

소련은 1930년대에 자본주의의 원시적 축적에 해당하는 시기를 거친 뒤 1950년대 중반에는 축적을 더욱 늘리기 위해서라도 노동자계급에게 조금의 양보를 해 줄 필요가 있었다. 물론 흐루쇼프가 추구한 탈스탈린주의화와 자유화는 헝가리 노동자들의 투쟁을 통해 그 본질이 드러났지만 말이다.

하지만 그 당시 중국과 북한은 소련과 처지가 달랐다. 중국과 북한에게는 1928년 직후에 소련에서 진행된 강제적인 농업 집산화와 공업화 과정이 필요했다. 중소분쟁은 중국과 소련의 이처럼 서로 다른 처지에서 비롯되었다.

중국과 소련 사이의 견해 차이가 서서히 드러나면서 북한 지배자들은 '자주성'을 더욱 강조했다. 더욱이 1962년부터 중국과 소련의 원조가 중단되었기 때문에 자본의 원시적 축적과 기술개발을 순전히 혼자힘으로 해야 할 판이었다.

한 나라에서 주체를 확립하는 것은 자주 및 자립경제를 가지는 것을 의미합니다. 사회주의 국가들은 기계공업에 특별한 역점을 둔 중공업을 건설하고 동시에 경공업과 농업을 발전시켜 다양한 전반적 경제생활의 국내 요구에 맞추기 위해 자립경제를 수립해야 합니다.[*]

---

[*] 김일성, 〈로동신문〉, 1958. 10. 28.

1957~1958년에 중국과 소련 사이에서 사상적 대립이 깊어지면서 북한 지배자들의 처지는 더욱 어려워졌다. 중국과 북한은 사상적 입장이 비슷했지만* 경제 건설과 군사력 강화 그리고 기술 습득을 위해서는 소련의 지원을 내팽개칠 수도 없는 형편이었다. 그래서 김일성은 중국과 소련 사이에서 줄타기를 하며 실리를 챙겼다.

1959년 9월에 중국과 인도의 국경분쟁에서 소련이 인도를 지지하자 중소분쟁은 더 격화되었다. 1960년 7월에 소련은 중국에 있던 소련인 기술자들을 모두 철수시켰고 핵기술을 넘겨주겠다는 약속도 깨뜨렸다. 중소분쟁이 격화될수록 김일성은 자주와 중립의 노선을 더욱 강화했다. 김일성은 "장차 우리 당은 수정주의와 교조주의에 반대하는 양 전선에서 단호하게 계속 싸워야 할 것입니다"** 하고 말했다.

'수정주의'로 알려진 유고슬라비아의 티토와 친밀한 관계를 가졌을 뿐 아니라 알바니아를 무력으로 점령했기 때문에 소련과 중국의 대립이 더 날카로워졌고, 소련과 북한의 관계는 더 소원해졌다. 결정적인 것은 쿠바 봉쇄였다. 소련이 1962년 10월에 케네디의 쿠바 봉쇄령에 굴복하자 북한은 소련을 믿고 자신들의 안전을 내맡길 수가 없었다. 그래서 북한은 그 해 12월에 4대군사노선을 발표하는 등 독자적인 국가자본주의 건설에 박차를 가하지 않을 수 없었다. 또 베트남

---

* 1958~1960년 당시 김일성의 연설이나 글 들을 보면 주로 수정주의에 맞서 투쟁할 것을 강조하고 있다.

** 제4차 당대회에서 김일성이 한 보고문. 〈로동신문〉, 1961. 9. 12.

전쟁을 둘러싸고 중국과도 견해 차이가 드러나자 자주적인 국가의 건설이 더 절박해졌다.

1966년에 쓰여진 '자주성을 옹호하자'는 글에는 이러한 내용이 나온다.

사상에서의 주체, 정치에서의 자주, 경제에서의 자립, 국방에서의 자위 — 이것은 우리 당의 일관된 방침이다.[*]

이제 북한의 구호는 "소련으로부터 배우자"에서 "자립경제"로 바뀌었다. 이 무렵 북한의 지배 이데올로기로 주체사상이 확립되었다. 1969년 5월 17일자 〈로동신문〉의 사설은 "당원들과 전체 근로자, 기술자, 사무원들 속에서 당의 유일사상 체계를 더욱 철저히 확립하여 혁명적 사업기풍을 실속있게 세움으로써 혁명과업을 어김없이 수행"해야 한다고 지적했다. 또 '위대한 수령 김일성 동지의 주체사상'이라는 글은 "우리 당의 유일사상 체계는 주체사상 체계"[**]임을 강조했다.

독립적인 축적의 중심을 이룩해야 한다는 필요가 제1차 7개년계획에 반영되었다. 제1차 7개년계획은 전면적인 공업화를 과제로 삼았다. 그러나 자주적 국가 건설을 위해서는 군사력도 배양해야 했다.

특히 1961년의 박정희 군사쿠데타와 1962년의 쿠바 위기로 인해 '국방에서의 자위'는 그 어느 때보다 중요해졌다. 그래서 조선로동당

---

[*] 《원자료로 본 북한 1945~1988》, 동아일보사, 241쪽.

[**] 《김일성저작집》, 제5권, 504쪽.

은 1962년 12월에 당중앙위원회 전원회의에서 경제건설과 국방건설을 병행한다는 방침을 결정했다. 이것은 제1차 7개년계획의 처음 목표를 수정하는 것이었다. 그 때문에 이 계획은 차질을 빚었고, 결국 1968년부터 1970년까지 3년 동안의 연장기를 두어야 했다.

경제건설과 국방건설을 병행한다는 것은 1962년 이후로 북한 지배계급의 위기감을 부추기던 국제 상황에 대한 반응이었다. 군사적 자립을 이루기 위해서는 1961~1965년 동안에 투자된 것을 넘어서는 것은 물론이고, 심지어 1950년대 후반보다도 더 많은 자원을 중공업과 특히 군사비에 집중시켜야 할 필요에 직면했다. 이 때 지배계급 내에서는 중공업과 군사 부문을 1960년대초와 같은 수준*으로 유지할 것을 주장하던 박금철과 이효순 등의 온건파와, 국방력의 강화에 이바지할 수 있는 기계공업을 성장시키자는 김창봉, 최광 등의 강경파가 서로 대립하고 있었다.

지배계급 내의 두 분파 사이의 갈등은 온건파의 숙청과 정책 노선의 변경으로 종결되었다. 그 뒤 1966년말부터는 전지역을 군사요새화하는 정책이 채택되었으며, 박금철, 이효순 등은 모두 1967년에 자신들의 직위에서 물러났다. 김일성은 처음에는 중립적인 입장을 취했다가 결국에는 강경파의 손을 들어 주었다. 그 뒤 김일성은 강경파가 취했던 정책이 북한의 발전에 커다란 어려움을 주긴 했지만, 그 당시 상황에선 어쩔 수 없는 것이었다고 시인했다.

---

* 1961~1964년에 경공업에 대한 투자가 다른 해와는 달리 30% 내외였다. 앞의 〈표 2〉를 참고하시오.

이 때는 우리의 혁명과 건설 과정에서 매우 복잡하고 어려운 환경에 처하게 된 고된 시련의 시기였습니다. …… 솔직히 말해 우리의 국방비 지출은 나라의 규모와 인구 면에서 볼 때 우리에게 너무 무거운 짐이었습니다. 만약 국방비의 일부분만이라도 경제건설에 돌려졌더라면, 우리 민족경제는 보다 빠르게 발전되고 우리 인민의 생활수준은 보다 더 개선되어졌을 것입니다.[*]

이 말은 북한이 봉착한 딜레마를 잘 보여 준다. 뿐만 아니라 이것은 북한이 세계체제가 가하는 압력에 종속되어 있는 체제임을 시인한 것이기도 하다. 북한은 이러한 딜레마 때문에, 1968년의 국방예산을 전체 예산의 31.3%로 책정했다가, 그 뒤 지나치게 야심적 정책을 취했다는 이유로 강경파를 숙청하고서 1972년에는 국방예산을 17%로 축소할 수밖에 없었다.

위기가 시작되다

제1차 7개년계획 기간이었던 1960년대를 거치면서 북한은 후진적인 농업 국가에서 독자적인 축적 기반을 갖춘 국가자본주의로 바뀌었다. 조선로동당 제4차대회결정 및 제5차대회에서 김일 부수상은

---

[*] 김일성, '조선로동당 제5차대회에서 한 중앙위원회 사업총화보고', 〈평양신문〉, 1970. 11. 3.

이 계획 동안에 "사회주의 공업화의 역사적 과제가 실현됨으로써 북한이 사회주의 공업국으로 성장"[*]했다고 주장했다.

그러나 아래의 표에서도 알 수 있듯이, 생산수단과 소비재 생산 비율을 조화시키고자 했던 애초의 계획은 여지없이 무너졌다. 생산수단이 50% 증가한 것에 비해 소비재는 30% 감소했다. 이것은 북한이 철저하게 중공업 위주의 공업화를 추진했다는 점을 보여 주고 있다. 또 노동자와 사무원의 실질임금 변화는 나타나 있지 않지만,[**] 농민[농업 노동자]의 실질소득은 20% 감소했다. 노동자와 농민[농업 노동자]의 잉여노동력을 착취하는 것이 축적의 원동력이었기 때문에 노동대중의 실질 임금과 생활수준을 최대한 낮추어야 했다. 그 결과 공업생산의 연평균 성장률은 12.8%로서, 비록 계획했던 18%보다는 낮지만, 여전히 높은 수준을 유지할 수 있었다.

〈표 7〉 제1차 7개년계획의 수행실적(%)[***]

	계획(1961~1967)	실적(1961~1970)
국민소득	270	—
공업생산액	320	330
생산수단	320	370
소비재	310	280

---

[*]   고승효, 앞의 책, 124쪽.

[**]   제1차 7개년계획 동안에 노동자와 사무원에 대한 두 번의 임금인상이 있었다. 하지만 이것만으로는 노동자 계급의 생활수준이 향상되었다고 말할 수 없다.

[***]   고승효, 앞의 책, 125쪽.

연평균성장률	18.0	12.8
곡물생산액	158~184	150
노동자·사무원의 실질임금	170	—
농민의 실질소득	200	180

1970년대에 들어서자, 북한은 1960년대와 같은 비약적인 발전을 이룰 수 없었다. 세계경제가 침체했던 외부의 요인도 작용했지만, 무엇보다 1960년대의 축적 그 자체가 낭비와 비효율성을 잉태하고 있었기 때문이다.*

김일성은 1969년에 사회주의 경제는 무한정 발전할 수 있다고 말했다.

사회주의 사회는 자본주의 사회에서는 생각조차 할 수 없는 높은 속도로 경제를 끊임없이 발전시킬 수 있는 무제한한 가능성을 가지고 있으며 사회주의 건설이 진척되고 경제 토대가 강화될수록 이 가능성은 더욱더 커집니다. …

사회주의적 생산관계는 생산력을 끊임없이 발전시킬 수 있는 넓은 길을 열어주며 사회주의 국가는 이러한 가능성을 이용하여 기술을 계획적으로 빨리 발전시킬 수 있습니다.**

---

* 1970년대 이후 나타난 북한의 위기와 이를 극복하기 위한 방편으로 실시한 개방정책을 다룬 《사회주의 평론》 제6호의 '기로에 선 북한 국가자본주의'를 참조하시오.

** 통일문제연구소 엮음, 앞의 책, 189쪽.

하지만 1970년대의 북한은 이 말이 터무니없는 거짓임을 보여 주었을 뿐이다. 북한은 산업화의 기초를 형성하긴 했지만, 산업구조를 고도화하고 숙련 노동자를 형성해야 하는 더 큰 어려움에 직면했다. 산업 시설들을 현대화하기 위해서는 더 많은 자본이 필요했고, 숙련 노동자층을 형성하기 위해서는 노동자들에 대한 투자를 늘리고 생활수준도 높여야 했다. 하지만 북한에게는 그럴 만한 여유가 없었다. 공업화를 진행하면 할수록 노동자 계급은 더욱 빈곤해졌다.

이것은 개인의 발전이 사회 전체의 발전에 기초가 되고 또 사회의 발전이 개인의 발전을 도모하는 사회주의 사회의 기본 법칙과는 완전히 상반되는 것이었다. 북한의 경제발전은 소비가 축적에 종속되는 과정이었다. 북한의 지배계급은 더 많은 축적을 위해서 노동자 계급의 생활수준을 낮추지 않으면 안 되었기 때문이다.

또 북한 지배자들은 주변 국가들, 특히 남한과의 경쟁에서 살아남기 위해서 전후복구기 이후부터 1960년대 내내 중공업과 군수산업 우선정책을 추진할 수밖에 없었다.

요컨대, 세계체제의 무정부적 성격이 계속 북한 사회에 굴절되어 투영되었다.

1970년대에 들어서면서, 북한에 내재되어 있던 위기가 표면에 등장했다. 그러자 북한은 더욱 폐쇄적인 국가자본주의로 돌아섰다. 하지만 이것은 위기의 원인을 제거하는 것이 아니라 오히려 더 큰 위기를 잉태하는 것이었다.

기로에 선 북한 국가자본주의

　　작년 7월에 김일성이 죽은 뒤부터 부르주아 언론과 학자들 사이에
서 북한의 미래에 대한 논의가 무성하다.

　　남한 지배자들은 장차 북한을 흡수통일하겠다는 계획은 갖고 있
지만 지금의 북한 상황이 워낙 오리무중이라 사태의 추이를 살피고
있는 형편이다. 그들은 북한이 개방을 확대하는 것은 바라지만 북한
체제가 붕괴하는 것은 원하지 않는다. 만약 북한 사회가 붕괴한다
면 남한 지배자들이 가장 큰 영향을 받을 것이기 때문이다. 노태우
의 정책조사보좌관 겸 공보수석비서관이자 대변인이었던 김학준은
"김정일 체제의 안정성 확보가 현실적으로 대한민국에게 유리하다"
며 "김정일 체제가 체제 붕괴의 위기감에서 벗어나도록 돕는 것이 현

이 글은 《사회주의 평론》 6호(1995년 11~12월)에 실린 것이다. 이 글은 북한이 사회주
의가 아니라 국가자본주의라는 것을 전제로 북한이 개방 정책을 취하게 된 배경과 그
미래를 분석하는 것에 초점을 맞추고 있다.

명하다"고 주장했다.*

클린턴도 북한이 제국주의 질서를 따르도록 만들려고 강경책과 유화책을 섞어서 사용해 왔다. 북한 핵문제에 대한 제네바 협상과 쿠알라룸푸르 협상이 타결되었어도 미국은 여전히 북한에게 압력을 넣고 있다. 애초에, 북한이 실제로 핵무기를 가졌는지 가지지 않았는지 또 가졌다면 몇 개를 가졌는지는 문제의 본질이 아니었다. 핵심은 미국이 제국주의 세계체제를 유지하기 위해 북한을 위협한다는 점이다.

다른 한편으로 북한은 사회주의자들에게도 커다란 관심거리이다. 지금 북한 체제가 직면하고 있는 딜레마가 무엇이며 그것이 어디에서 나왔는지를 규명해야 한다. 과연 개방을 통해서 북한의 지배자들은 대내외적 어려움을 극복할 수 있을까?

김일성 사후의 김정일 체제에 대해 남한의 지배자들은 대체로 두 종류의 견해를 내놓고 있다.

우선 김정일 정권이 안정성을 확보하고 있다는 주장이다. 나른 무엇보다도 김정일을 후계자로 내세운 지 이미 20년이 넘었기 때문이다. 아직까지 비록 공식적인 승계가 이루어지지는 않았지만 일련의 핵협상이 타결된 것은 최고 지도자의 영향력이 안정되게 작용하고 있다는 증거이다. 지난 1년 동안 김정일이 당, 군, 정을 장악해 들어갈 수 있었던 것도 핵, 쌀, 미군조종사 송환 등의 문제를 순조롭게 푼 덕분이다. 심지어, 김정일이 승계 절차에 연연해하지 않는 이유도 사

---

* 김학준, 《김정일과 코카콜라》, 동아출판사, 67쪽.

실상 실질적인 승계가 이미 이루어졌기 때문이다. 작년 10월 16일에 평양 인민문화궁전에서는 오진우, 강성산, 리종옥, 김영주 등 1천 명의 당, 정, 군 간부들이 모인 가운데 "영도의 계승문제는 완벽하게 해결되었으며, 친애하는 지도자 동지의 존함을 모신 시대가 자랑스럽게 펼쳐질 것이다"며 김정일 시대의 시작이 공식 선포되었다. 이것은 김정일 체제가 안정성을 갖추었다는 주장을 뒷받침해 주는 근거가 되고 있다.

그 반대로 김정일 체제가 불안정하다고 보는 입장은 김정일이 당의 최고위직과 국가주석직을 공식 승계하지 않은 점을 주목한다. 이것은 김정일의 기반이 탄탄하지 못하다는 것을 반증한다. 김정일 체제가 군부의 지지를 얻지 못하기 때문일 것이다. 그리고 김정일을 후계자로 만드는 과정이 20 년이 넘게 진행되었어도 김정일은 김일성과 커다란 차이가 있다. 즉 김일성은 항일무장투쟁의 경험이 있지만 김정일은 그런 경험이 없다. 따라서 앞으로 나타날 권력은 군부와 관료의 집단지도체제가 될 가능성이 높다. 버클리대 교수 스칼라피노는 "체제를 유지하면서 경제개혁 및 대외개방 정책을 적극 추구"하는 "군부와 테크노크라트의 연합체제"가 이후의 북한을 통치하게 될 것이라고 전망했다.

아직까지도 북한은 너무나 폐쇄되어 있기 때문에 앞의 두 입장 가운데 어느 것이 맞다고 딱 잘라 말하기는 어렵다. 하지만 그 출발이 김정일의 '안정된' 단일지도이든 아니면 김정일을 포함한 관료들의 집단지도이든 간에, 북한이 직면해 있는 문제들을 쉽게 해결하지 못할 것이라는 점만은 분명하다.

지금 북한은 갈림길에 서 있다. 하나의 길은 예전과 같은 폐쇄적 국가자본주의 체제를 유지하는 것이고, 다른 하나는 개혁·개방을 통해 세계체제에서 살아남을 길을 모색하는 것이다. 현실적으로 전자를 고수하는 것은 가능해 보이지 않는다. 그러나 후자 역시 모순과 어려움으로 가득 차 있기는 마찬가지이다.

지금 북한의 경제 실정은 매우 심각하다. 미국기업연구소와 하버드 인구개발센터의 연구원인 니콜라스 에버스타트는 "군대의 지나친 비대화로 인한 생산성 저하, 소비억제로 인한 인민의 근로의욕 저하와 성장잠재력 저하, 47억 달러의 막대한 돈이 들어간 세계청소년 대회 유치와 같은 자원의 낭비, 연구부진으로 인한 과학 및 기술의 낙후 등"을 지적하면서 "80년대 들어 침체를 맞게 되어 개인소득이 마이너스 성장을 기록했다"고 밝혔다.* 그는 북한이 1990년대에 동북 아시아에서 마이크로칩을 생산하지 못하는 유일한 나라로 남을 것이라고 전망했다. 이미 널리 알려진 것처럼 식량과 생활필수품의 부족, 경제 부문간의 불균형도 심각하다. 이러한 경제적 어려움은 북한 자본주의의 위기이다. 또한 경제와 정치가 남한을 포함한 서방보다 훨씬 더 밀접하게 결합되어 있기 때문에 북한은 경제적 위기가 정치적 위기로 비화될 가능성도 더 크다.

이러한 위기를 탈출하기 위해 북한 지배계급은 서방의 원조와 자본 투자에 기댈 수밖에 없다. 그러나 세계 자본주의 체제가 이미 장기적인 불황으로 빠져들고 있는 와중이기 때문에 그것조차 순조롭

---

* 〈조선일보〉, 1994. 1. 31.

지 않을 것이다. 또 개방이 추진됨에 따라서 개혁·개방의 폭과 속도를 둘러싼 지배자들의 갈등도 심화될 것이다. 이미 소련과 동유럽이 이 점을 잘 보여 주었다. 이것은 북한을 계급투쟁이라는 거대한 소용돌이로 몰아넣게 될 것이다.

1970년대 이전 북한의 급속한 자본축적과 그 한계

북한은 전후에 다음과 같이 경제계획을 추진했다. 1957~1960년의 5개년계획, 1961~1967년의 7개년계획, 1968~1970년의 7개년계획 3년 연장기, 1971~1976년의 6개년계획, 1978~1984년의 제2차 7개년계획, 1987~1993년의 제3차 7개년계획.

북한은 5개년계획 기간 동안, 한국전쟁으로 인해 파괴된 생산시설들을 복구하고 공업화를 위한 기반을 닦고자 했다. 5개년계획의 목표량이 1년 앞서 달성되자 1961년부터는 곧바로 7개년계획에 들어갔다. 물론 제1차 7개년계획이 제대로 완수되지 않아서 3년의 연장기를 가지기는 했지만 이 당시의 성장률은 엄청났다. 주로 중공업을 먼저 육성하고 그 파급효과를 통해 경공업을 발전시킨다는 계획이었지만 자본투자는 계속해서 중공업에만 치우쳤다. 남한과의 대치 상태에서 비롯한 군사력 증강의 필요 때문이었다.

1960년대의 고도성장은 고용을 확대하고 노동시간을 연장함으로써 가능했다. 하지만 이러한 바탕 위에서 이룬 성장이 지속될 수는 없었다. 무엇보다도 북한은 기계 설비를 자급자족할 수 있는 기술수준이 안 되고 주요 수출품은 단순 원재료에 한정되었기 때문에 국제수지의 불균형이 심했다. 이것은 대외지불능력이 약화되면서 외채의 위기를 맞게 되는 원인이었다.

1970년대에 들어서자 북한은 경제를 어느 정도 개방하는 것이 불가피했다. 성장을 하려면 서방의 자본과 고급 기술이 절박하게 필요했기 때문이다. 그 결과, 소련 및 동구권과의 교역비중은 1971년의 85%에서 1974년의 48.8%로 감소되었다. 반면에 서방과의 교역량은 같은 시기에 15%에서 51.2%로 크게 증가했다.

북한이 아무리 폐쇄적인 경제였다 할지라도 세계경제의 리듬으로부터 자유로울 수는 없었다. 왜냐하면 세계 자본주의 체제에서는 어떤 나라도 로빈슨 크루소처럼 고립된 경제를 유지하는 것이 불가능하기 때문이다. 1970년대 초반에 나타난 세계경제의 침체는 북한에서도 그대로 나타났다. 먼저 원유값이 폭등했고, 주요 수출품인 납과 아연 등 비철금속의 국제가격이 하락하는 바람에 외채 위기가 닥쳤다. 당시 북한의 상황은, 1960년대에 북한에 투자했던 서방 자본들이 보기에 이윤은 고사하고 본전도 못 건질 정도였다. 그래서 서방의 자본이 새로 유입되지 않는 것은 물론이고 투자된 자본조차 철수하기 시작했다. 건설중인 건물도 중도에서 그만두는 일이 생기곤 했다.

북한이 1975년 이후에 직면한 성장의 한계는 이전 시기에 이루어진 고도성장의 산물이었다. 1950~1960년대에 북한은 급격하고 실질적인 성장을 구가했다. 하지만 이 때까지도 북한은 주로 절대적 잉여가치의 생산에 의존했기 때문에, 좀 더 나은 경쟁력을 가지기 위해서는 산업구조를 고도화하는 방향으로 옮아가야 했다. 이미 외부 세계의 압력이 북한의 경제 정책을 계획하고 결정하는 중요한 요소였다.

이에 대해 북한 지배자들은 이전보다 더 폐쇄적인 경제정책을 강화하는 것으로 대처했다. 이 때 주체사상 — 조선판 스탈린주의 — 을 앞세운 이데올로기 캠페인이 함께 진행되었다. 김일성의 지배체제를 확고히 하고 인민들에 대한 통제를 강화하기 위해서였다. 이 과정에서 김정일을 중심으로 한 후계체제도 갖추어졌다. 이것은 관료와 군부 내에 혹시라도 존재할 수 있는 반대파를 미연에 방지하고, 강제 노동과 생활수준 저하에 따른 대중의 분노를 막기 위한 방책이었다.

북한이 이처럼 다시 폐쇄적인 정책으로 돌아섰지만 그것이 문제를 해결하지는 못했다. 김일성은 1977년 1월 신년사에서 6개년계획에 차질이 생겼음을 공식적으로 인정했다. 제2차 7개년계획의 목표량도 달성되지 못했다. 홍콩의 언론에 따르면 1976년 8월에는 함경남도 광산 일대에서 식량폭동이 발생했다. 그 소식의 사실 여부를 제쳐 놓더라도 북한의 경제 위기가 그 정도로 심각했던 것은 사실이다. 이 것을 극복하기 위해서 대대적인 동원 캠페인이 전개되었다. 곡물 8백만 톤의 생산을 달성했다는 기사가 1976년 12월에 〈중앙통신〉에 실렸고, 1977년 5월에는 수송난 해결을 위해 철도 노동자들이 '200일 전투'에 돌입하기도 했다.

이제 북한은 지금까지처럼 노동시간을 늘리는 것만으로는 경쟁에서 살아남지 못한다는 것을 느끼기 시작했다. 그래서 북한은 1970년대 이후부터 노동생산성을 높이기 위해 두 가지 정책을 폈다. 하나는 기업들 사이에서 경쟁과 독립채산제를 도입하는 것이었고, 다른 하나는 노동자들 사이에서 '사회주의 경쟁'을 도입하는 것이었다.

이에 따라 1974년부터 기업의 자율성을 늘리고 연관 산업들을 효율적으로 체계화하기 위해 기업간에 연합기업소[*]를 조직했다. 또 각 기업들에게 독립채산제를 허용하기도 했다. 1980년 1월에 열린 조선 노동당 제6차 대회에서는 전국의 공장과 기업소에 사회주의적 경쟁을 도입하는 것을 '공식적으로' 결정했다.

노동자들 사이에 경쟁이 도입되면서 노동착취율이 큰 폭으로 증가했다. 경쟁을 부추기기 위해서 북한 지배자들은 '도급지급제'로 임금을 지불했다.(당과 국가기관의 사무원들에게는 주로 '정액지급제'가 적용된다.) 도급제는 노동자의 성취의욕을 높이기 위한 일종의 보너스제로서 계획 이상을 생산했을 때 지급된다. 도급제는 계획보다 많은 노동을 했지만 생산량을 채우지 못했을 때 초과된 노동분에 대해 지급되는 '단일노급지불제'와 계획된 목표량 이상을 생산했을 때 시급되는 '누진도급지불제'로 분류된다. 북한에서는 누진도급제를 실시하고 있지만 그 액수는 기본급의 15%를 넘지 않을 정도로 매우 적다.

이와 더불어 1973년부터는 3대혁명소조운동이 시작되었고, 1974년부터는 3대혁명붉은기쟁취운동이 시작되었다. 이것은 천리마운동의 연장선에서 새롭게 창조된 경쟁 운동이었다. 그밖에도 새기록 창조운동, 숨은영웅 따라배우기 운동, 공동순회우승기 쟁취운동, 속도

---

* 연합기업소란 원료와 연료를 생산하는 기업과 그것을 이용하는 기업소로 이루어진 거대한 공업 생산유기체를 가리킨다. 이것은 대부분 기계공업, 광업, 중화학공업 등 대규모 기업들로 조직된다. 북한에는 현재 락원기계 연합기업소, 안주지구탄광 연합기업소, 김책제철 연합기업소 등 45개의 연합기업소가 있으며, 이들 산하에는 7~8개의 기업들이 있다.

창조운동 등 각종 속도전, 각종 돌격대, 00전투 등이 전개되었다.

3대혁명붉은기쟁취운동은 국영기업소의 독립채산제와 함께 기업소들의 성과를 평가하는 수단으로 제도화되었다. 이것에 대한 토니 클리프의 지적은 매우 중요하다. 토니 클리프는 소련의 임금체계를 다루면서 이렇게 말했다.

> 누진성과급 제도는 소련의 조건 하에서 이중으로 반동적이다. 쓸 수 있는 소비재의 양이 계획에 의해 사전에 결정되므로, 그리고 기준량을 초과 달성한 노동자들은 그들의 생산량에 상응하는 것보다 훨씬 더 큰 몫을 구매할 수 있으므로, 기준량을 달성하지 못한 노동자들은 그들의 생산량이 실제로 보장하는 몫보다 훨씬 더 작은 것을 받게 된다는 결론이 나온다. 누진성과급 제도는 기본 생산기준을 끊임없이 끌어올려 국가가 노동자들의 생활 수준을 끌어내릴 수 있게 해 준다.[*]

이것의 필연적 결과는 노동자 계급의 원자화였다.

하지만 북한 지배자들이 이러한 방식을 통해 경쟁력과 노동생산성을 높이고자 했어도 그 결과는 만족스럽지 못했다. 특히 북한은 기술이 형편없었고 자본과 공업에 쓰이는 원재료도 매우 부족했다. 이것은 결국 폐쇄적인 자급자족 경제에서 후퇴하여 일부 시장을 개방하지 않으면 안 되도록 만들었다.

---

[*] 토니 클리프, 《소련 국가자본주의》, 책갈피, 36쪽.

축적의 위기

북한은 제1차 7개년계획과 3년간의 연장기 동안 중공업 투자에 우선 순위를 두었다. 다음 표에서도 알 수 있듯이, 공업투자에서 중공업에 대한 투자가 차지하는 비율은 대부분 80%를 웃돌고 있다. 이것은 남한과의 군비경쟁을 위해서 불가피했다.

이러한 경제정책이 노동자 계급에게 미치는 결과는 끔찍했다. 배급식량이 줄어들고, 다양한 곡물생산 캠페인이 전개되었다. 또 생활필수품이 부족해지는 바람에 물가가 치솟았다. 북한 정부는 공식적으로 부인했지만, 국경 지역이나 심지어 북한 내부에서도 '지하경제'가 널리 퍼졌다. 이에 따라 노동자 계급의 실제 생활수준은 엄청나게 하락했다.

〈표1〉 북한의 공업투자 추이, 1956~1976[*]

계획 기간	총투자액 (억원)	공업투자 비중(%)	공업투자 중	
			중공업(%)	경공업(%)
3개년계획(1954~1956)	8.1	49.6	81	19
5개년계획(1957~1960)	11.7	55.0	83	17
7개년계획(1961~1970)	107.2	56.1	79	21
6개년계획(1971~1976)	166.1	18.7	83	17

단위 : 북한원화, %

---

[*] 국토통일원,《남·북한경제교류 추진방안에 관한 제2차연구》, 1982, 10쪽.

중공업 중심의 투자는 노동자 계급의 고통만 불러온 것이 아니었다. 무엇보다도 경제의 균형있는 발전이 가로막혔기 때문에 자원의 흐름이 원활하지 못했다. 특히 경공업 부문의 생산성이 너무나 뒤처졌기 때문에, 중공업에 대한 투자를 늘리는 것도 점차 힘들어졌다. 식량과 원재료도 만성적으로 부족했고, 낙후된 부문에 다수의 노동력이 집중됨으로써 사회 전체의 효율성이 뒤떨어졌다. 이것은 스탈린의 뒤를 이어 권력을 장악한 흐루쇼프가 농업 문제를 해결하는 것에 자신의 권좌가 걸려 있음을 느낀 것과 비슷한 상황이었다.

하지만 남한과 비슷한 규모의 군사력을 갖추어야 한다는 압력 때문에, 많은 자원을 경공업으로 돌릴 수도 없었다. 군사력을 키우기 위해서는 설비와 자원을 경공업보다는 중공업, 특히 무기 생산에 배치해야 하기 때문이다. 이것은 북한이 비록 내부에서는 계획경제가 이루어지는 것처럼 보일지라도, 실제로는 국제 경쟁(특히 남한과의 경쟁)의 강제력에 의해 좌지우지되었다는 것을 말해 준다.

남한과 북한의 경제규모를 비교해 보면 1970년대 초반에는 서로 비슷했다. 하지만 최근 경상 국민총생산(GNP)을 살펴보면, 남한과 북한의 격차가 1991년에는 12.3 배, 1992년에는 14 배, 1993년에는 16 배, 1994년에는 17.8 배로 계속 커지고 있다.* 이에 따라 군사비 부담은 북한이 남한보다 더 커질 수밖에 없었다.

---

* 대한무역진흥공사에서 발행한 《북한의 산업》(무공자료 95-23), 213~220쪽을 보시오.

<표2> 남북한의 군사비(1955~1985)*

연도 \ 구분	남한		북한	
	군사비 (10억원)	GDP 대비(%)	군사비 (10억원)	GDP 대비(%)
1955	6	5.3	미상	미상
1965	19	2.4	미상	미상
1970	102	3.7	936	11.0
1975	953	3.4	878	11.0
1978	1,260	5.2	1,195	10.0
1979	1,558	5.0	1,246	10.0
1980	2,010	4.3	1,337	10.0
1981	2,700	5.8	1,468	9.0
1982	3,782	7.1	1,561	10.0
1983	3,419	5.6	1,757	10.0
1984	3,622	5.3	1,874	10.0
1985	3,958	5.2	1,924	10.0

달러 표시 군사비는 모두 1980년 불변가격 기준

스톡홀름 국제평화연구소(SIPRI), 런던 국제전략연구소(IISS), 미국 군사관리 및 군축담당국(ACDA), 남한 국토통일원과 국방부 등이 북한의 군사비에 대한 추정치를 발표하고 있다. 그러나 전자에서 후자로 갈수록 그 수치가 커지는 경향이 있다. 국방부에 의하면, 1988년에는 46억 9천만 달러, 1990년에는 49억 6천만 달러에 이른다. 그러나 IISS가 평가한 1989년 북한의 군사비는 41억 7천만 달러이다. 한편 북한이 발표한 1989년의 전체 재정에서 차지했던 당시의

---

* 출처, IISS의 발표. 경남대극동문제연구소 편, 《북한경제의 전개과정》, 179쪽.

국방비 비율(12%)을 환산하면 군사비는 17억 639만 달러에 그친다.

북한의 군사비는 남북한의 군사적 대결이 고조되었던 1960년대 후반부터 급격히 상승했다. 국내총생산(GDP)에서 차지하는 비중이 1960년대 전반에는 10%이던 것이 후반에는 30% 이상으로 급상승했다가 다시 10% 정도로 떨어졌다. 하지만 남한의 국방비가 차지하는 비중이 약 5%인 것과 비교하면 북한은 남한보다 두 배나 큰 부담을 지고 있었다는 것을 알 수 있다. 군사비의 부담 때문에 북한은 기계류를 자체 생산하거나 과학기술을 발전시키기는 데에 투자를 할 여유를 갖지 못했다.

이것은 계속되는 악순환을 낳았다.

군사 경쟁에서 우위를 차지하기 위해서는 먼저 중공업을 빨리 육성하고 과학기술을 발전시켜야 했다. 하지만 경제력이 남한에 뒤지게 되자 군사비 지출에 따른 부담이 남한보다 더 커졌다. 이것은 많은 자원들이 생산적인 영역에 투자되는 것을 가로막았다. 그 결과 중공업을 비롯한 산업의 성장도, 군사력도 모두 남한보다 뒤떨어지게 되었다.

그런데 북한의 경제 전체에 퍼져 있는 비효율성과 낭비가 북한의 경제를 위기에 빠뜨린 원인이라고 말하는 학자들이 있다.* 하지만 진

---

* 오승렬 민족통일연구원은 1994년 11월 17일자 〈한겨레 21〉에서 이렇게 지적했다. "북한 경제의 어려움은 체제의 본질적 비효율성에서 기인하는 것이며, 이는 결코 북일수교 과정에서 낙찰될 것으로 보이는 50억 달러라든가 1백억 달러의 자본 투입으로 해결될 성질의 것은 아니다. 북한과 중국의 무역관계도 90년대 들어 확대되었다고는 하나, 대부분이 바터 형식으로 이루어지고 있으며, 상당 부분은 정부 차원의 원조적 성격을 띠고 있어서 경제효율성이 낮다는 취약점을 가지고 있

정한 문제는 낭비와 비효율성이 왜 생겨났는가이다.

북한은 생산력이 후진적인 상태에서 급속한 산업 성장을 경험했다. 물론 이러한 성장의 배경에는 자본축적을 위한 북한 관료들의 힘겨운 계급투쟁이 숨어 있다. 우선 소비재나 생활필수품이 중공업 투자에 종속되었고 노동자 계급은 민주적 권리를 모두 박탈당한 채 생산에 동원되었다. 물론 국가가 이 과정을 총감독했다.

북한의 위기는 1970년대부터 나타났다. 하지만 그 징후가 좀 더 분명해지는 데에는 시간이 더 필요했다. 먼저 북한의 제2차 7개년계획(1978~1984)부터 살펴보자.

북한은 1975년 6개년계획 목표를 조기에 달성했다고 발표한 뒤에 곧바로 새로운 계획을 내놓지는 않았다. 그 뒤 1977년 12월 최고인민회의 제6기 1차회의에서야 비로소 제2차 7개년계획(1978~1984)을 채택했다. 이 계획에서 특징적인 점은 새로운 시설의 확대나 증강 없이 기존 시설을 바탕으로 기술혁신을 이룬 뒤, 이를 통해 생산성을 제고하고 인민생활을 향상시키겠다는 것이었다. 이 계획에서 연평균 공업생산성장률이 12.1%로 책정되었는데, 이 수치는 이전 6개년계획 기간의 16.3%보다 낮은 것이었다.* 또 "사회주의 사회에서는 경제건

다." 이러한 관점으로는 북한이 고도성장을 할 때에도 낭비와 비효율이 존재했다는 사실을 해명할 수 없다. 문제는 낭비와 비효율이 왜 지금 초점이 되는가 하는 점이다.

*   북한의 발표에 따르면 기간별 연평균 공업성장률(실적치)은 다음과 같다. 전전기간(1947~1950)은 49.9%, 3개년계획 기간(1954~1956)에는 41.7%, 5개년계획 기간(1957~1960년, 4년만에 달성)에는 36.6%, 제1차 7개년계획 기간(1961~1970, 3년 연장기 포함)에는 12.8%, 6개년계획 기간(1971~1976)에는 16.3%, 제2차 7개

설이 진전되면 진전되는 만큼 경제성장의 템포가 빨라진다."고 한 김일성의 주장과는 반대되는 것이었다. 이것은 당시에 북한이 겪고 있었던 자본 축적의 어려움을 단적으로 보여 준다.

이 계획의 결과는 1985년 2월에 발표되었는데, 그 내용은 아래 도표와 같다.

〈표3〉 제2차 7개년계획의 주요 지표[*]

	6개년계획 실적	제2차 7개년계획	
		목표	실적
공업총생산액(배)	2.5	2.2	2.2
생산수단 생산(배)	2.6	2.2	2.2
소비재 생산(배)	2.4	2.1	2.1
연평균성장률(%)	16.3	12.1	12.2
국민소득(배)	—	—	1.8
노동자·사무원(배)	1.7	—	1.6
농민(배)	1.8	—	1.4

우선 이 표에서 제2차 7개년계획의 수치는 1977년을 기준으로 삼았는데, 그 해는 6개년계획의 완충기로서 실적이 발표되지 않았다. 때문에 발표한 실적은 총량이 아니라 1977년에 대한 배수 또는 비율로만 표시되어 있다. 따라서 정확성은 다소 떨어진다.

하지만 몇 가지 점에서는 매우 시사적이다. 첫째, 국민소득에서 노

년계획기간(1978~1984)에는 12.1%(목표치)이다.

[*] 연하청, 《북한의 경제정책과 운용》, 한국개발연구원, 51쪽에서 재인용.

동자·사무원의 소득 증가분이 0.1 배 줄었다. 또 농민의 소득 증가
분도 1.8 배에서 1.4 배로 줄어들었다. 이것은 노동자, 사무원, 농민
과 다른 계층(군인과 당 관료, 국가관료 등의 특권층)간의 소득격차
가 더 커졌다는 것을 의미한다.

둘째, 80년대의 공업성장률이 둔화되었음을 보여 준다. 제2차 7
개년계획 동안 공업총생산은 2.2 배 성장했다고 발표되었다. 그런데
이 기간 동안 북한은 성장률이 높은 해에만 연간 공업성장률을 발
표했다(1978년에 17%, 1979년에 15%, 1980년에 17%, 1982년에는
16.8%). 그렇다면 공업성장률이 발표되지 않은 1981, 1983, 1984
년에는 공업성장률이 6.2% 이하였다는 얘기가 된다. (공업총생산
이 2.2배 성장하기 위해서는 1978년부터 1984년까지 연평균 공업성
장률이 12%여야 한다.) 여기에서 북한이 공업성장률을 밝히지 않은
1980년대에 (1982년만 제외하고는) 공업성장률이 매우 둔화되었다
는 사실을 알아낼 수 있다.

북한 지배자들은 제2차 7개년계획중인 1980년에 10대전망목표
를 제시했다. 이것의 목적은 두 가지였다. 하나는 1970년대 6개년계
획기간중에 발표한 10대건설목표와 비슷한 목적으로서, 김정일을 중
심으로 한 후계구도를 갖추는 것이었다. 하지만 더 중요한 목적은
경제 위기를 극복하는 것이었는데, "사회주의 체제는 계급 모순이 소
멸되었기 때문에 생산력이 무제한으로 발전할 수 있다."는 주장을 앞
세워 과도한 목표를 설정했다. 예컨대 제2차 7개년계획의 전력 생산
량 목표가 560~600억kwh이고 실적은 498억kwh였는데, 10대전
망목표는 1,000억kwh를 목표로 설정했다. 철강 생산도 7개년계획

의 목표는 740~800만 톤이었고 실적은 740만 톤이었지만, 10대전망목표치는 1500만 톤이었다. 그 밖에도 대부분의 10대전망목표치가 제2차 7개년계획의 목표치보다 50%에서 많게는 300% 높게 책정되었다. 이것은 실제 생산에서 악순환을 가져왔다. 이러한 목표치를 달성할 기술, 원재료, 노동력 등이 부족한 상황에서 목표치를 달성해야 한다는 관료적 압력 때문에 허위보고가 비일비재했다. 또 원재료, 자원, 노동력 등을 서로 미리 확보해 두려다 보니 낭비가 생겼다. 이것은 물자 부족 사태를 더 심각하게 만들었다. 또 각 공장이나 기업소 사이의 경쟁이 부추겨지고 생산에 대한 경영주의 통제권이 대폭 강화되었다. 1985년 5월에 중국 〈신화〉사는 북한이 "기업경영의 향상을 위한 새로운 경제수단"을 도입했다고 보도했다. 이것은 "공장지도자 및 기업경영자들은 노동, 설비, 자원 및 자금에 관해 종전보다 독자적으로 결정할 수 있으며, 초과이윤의 50%까지 생산의 확대, 복지혜택, 혹은 보너스 지급에 사용할 수 있다. 예산에 대한 조정은 통합된 기업소와 정부조직을 위한 독립적(혹은 반(牛)독립적)인 회계체계로 이전되며 국가는 각 개인이 뜨개질과 같은 소규모의 사적 수공업품을 생산하도록 격려한다."고 지적했다.

하지만 경쟁과 성과급제를 도입했다 하더라도 세계시장에서의 경쟁에서, 특히 남한과의 경쟁에서 살아남기 위해 필요한 자본축적과 기술발전은 이루어지지 않았다. 이것은 북한이 폐쇄적 국가자본주의로 회귀하면서 나타난 딜레마였다. 그 때문에 부분적이나마 개방으로 물줄기를 틀지 않으면 안 되었다.

합영법의 시행과 그 결과

정치와 경제가 완전히 결합된 관료적 국가자본주의 국가라 할지라도 자기 나름대로의 개혁은 불가피하다. 소련의 브레즈네프 시기가 일반으로 정체기라 하더라도 초기에 코시긴 수상이 개혁 — 결국 실패했지만 — 을 시도했다. 하지만 북한에서는 개혁을 주장하는 분파의 형성이나 그들의 '숙청'에 대해서 제대로 알려진 것이 아직 없기 때문에 뭐라고 말하기가 어렵다.* 하지만 경제적 위기로 개혁의 필요성이 더 절박하게 대두된 것만은 사실이다.

폐쇄적인 정책을 주된 기조로 삼고 있을 때조차 북한은 서방과의 교역을 확대하고 외국자본의 투자를 유도하지 않을 수 없었다. 북한은 합영법을 발표하기 이전부터 동서방의 여러 나라들과 무역을 했다. 서방 국가들과의 교역은 이미 1950년대 후반에 시작되었다. 1956년에는 중국은행의 중개로 일본과 관계를 가졌고 1957년에는 영국과 프랑스의 회사들과 무역협정을 맺었으며 1958년에는 독일과 스위스 등 유럽의 여러 국가들과도 거래를 시작했다. 대부분의 무역은 홍콩을 통해서 이루어졌다. 아래의 표에서 알 수 있듯이, 북한이 무역을 일찍부터 했다 하더라도 교역량은 적었다.

---

* 1960년대말, 박금철과 이효순은 군사 경쟁에 지나치게 몰입하는 것이 경제성장에 해악을 끼칠 것이라며 김일성을 비판했다가 숙청당했다. 그 뒤 지배자들 사이에서 벌어진 논쟁에 대한 공식 발표는 없었다. 하지만 1982~1983년에 김일을 연금하는 등 분파 갈등이 존재했으며, 1983년 평양방송은 "외부와 결탁한 내부 원쑤"에 대해 경고하기도 했다.

	1960	1965	1968	1969	1970	1971	1972	1973	1974	1975
교역량	8.6	54.6	80.3	130.1	101.5	103.8	176.4	267.2	634.0	440.2
수출	4.9	21.6	40.7	59.1	58.9	57.5	67.2	96.5	146.5	127.4
수입	3.7	33.0	39.6	71.0	42.6	46.3	109.2	170.7	487.5	312.8
	1976	1977	1980	1981	1982	1983	1984	1985	1986	1987
교역량	308.8	246.3	633.3	444.3	570.0	537.8	570.0	605.0	550.0	515.0
수출	113.9	85.3	302.4	117.5	245.0	203.6	330.0	325.0	280.0	285.0
수입	194.9	161.0	330.9	326.8	325.0	334.2	240.0	290.0	270.0	230.0

단위 : 1백만 루블, 당시 시세 기준.

북한과의 교역에 대한 금지 조치가 유엔 결의를 통해 취해지고 있었기 때문에 1950년대에 서방과의 교역은 매우 제한적이었다. 하지만 이러한 장애 요소에도 불구하고 1960년대에는 교역량이 크게 증가했다. 1960년대 후반부터는 북한과 서방과의 무역관계가 점점 합법화되었다. 프랑스와 북한간에 무역대표부가 설치되었고, 오스트리아에도 평양의 무역대표부가 설치되었으며, 핀란드 정부와도 무역협정을 체결한 뒤 무역사무소를 개설했다. 이러한 움직임은 양쪽 모두의 이익을 위한 것이었다. 서방 국가들은 원자재를 싸게 구입하고자 했고, 북한은 서방의 생산시설을 원했다. 1971~1974년에 일본, 스웨덴, 핀란드, 스위스 등은 연이자율 6~7%에 4~5년 기간의 차관으로 기계장비와 수송차량 등을 북한에 공급했다. 이 밖에도 북한은 여러 국가들로부터 장기차관을 얻었다. 이러한 차관은 6개년계획을 수행하기 위한 공장건설과 장비구입에 사용되었다.

---

* 나탈리아 바자노바, 《기로에 선 북한경제》, 한국경제신문사, 248쪽.

이처럼 교역이 활발했던 것은 당시에 비철금속의 가격이 높아진 덕분에 세계 금융시장의 상황이 북한에게 유리했던 것과도 관련이 있다. 그러나 더 중요한 동력은 남한과의 경쟁에서 뒤지기 시작했다는 자각이었다. 1970년대 초를 경과하면서 남한은 주요 산업부문에서 북한을 앞지르기 시작했다. 남한이 이룩한 경제성장은 북한에게는 더없는 자극제였다. 이 때문에 북한은 당시의 동방 국가들로부터 얻을 수 없었던 현대장비와 선진기술을 서방으로부터 공급받는 것이 절대적으로 필요했다. 그리하여 1970년대 초반에 서방과의 무역은 급성장했다. 1974년에는 1970년에 비해 교역이 6.2배 성장했다. 이것은 북한 경제발전에 큰 역할을 했다.

북한은 1970년대 초반 선진국들로부터 총 5억 달러 이상의 30 개 생산공장 설비를 구입했다. 그러나 총시설투자액에 차지하는 서방측 기술원조의 비중은 아직도 대단한 것이 아니었다. 그럼에도 불구하고 주요 산업 분야에 차지한 서방측 기술집약은 북한의 산업에 괄목할 만한 발전을 가져왔다.[*]

1974년에 선진국들로부터 도입한 기계장비와 수송차량 등이 북한 총수입량의 46.5%를 차지했다. 하지만 이러한 거래는 다음과 같은 이유들 때문에 차질을 빚기 시작했다. 첫째, 북한의 주요 수출품인 비철금속의 가격이 1974년 후반부터 하락하기 시작했다. 1975년에는 아연과 동의 가격이 40%나 떨어졌고, 납의 가격도 30%가 낮

---

[*] 같은 책, 253쪽.

아졌다. 둘째, 북한의 몇몇 현금교환상품(무연탄, 무기비료, 식품, 공산품 등)의 생산증가율이 둔화되면서 외화를 획득하는 데에 어려움이 나타났다. 셋째, 북한이 서방으로부터 수입하는 주요 생산시설품들의 가격이 상승했다. 1975년에 기계설비류의 가격이 일본에서는 5.7%, 서독에서는 8.9%, 스웨덴에서는 12%, 영국에서는 28.1%나 뛰어올랐다. 설상가상으로, 석유가격의 폭등이 이러한 어려움을 가중시켰다. 1975년 북한은 석유 수입을 위해 이제까지 지불했던 것보다 130%나 높은 가격을 지불해야 했다. 또 차관 조건에서도 상환기간은 짧아지고 이자율은 더욱 높아졌다.

하지만 북한이 구입한 시설장비는 수입 원자재에만 의존해야 하는 것들이었고, 신설 기업들은 많은 숙련기술자들을 요구했다. 또 항만시설이 낡았기 때문에 선박도 외국의 것을 임대해야 했다. 이러한 상황은 북한의 외채를 더욱 많이 쌓이게 만들었다. 결국 1974년 가을에는 모든 외채의 상환을 중단하지 않을 수 없었다. 그리고 비밀무역조차 서슴지 않았다. 북한은 1976년 5월에 채무불이행으로 '블랙리스트'에 올랐고, 1976년 10월에는 스칸디나비아 주재 북한 대사관 직원들이 불법상행위법 위반으로 구속기까지 했다. 이들은 외교 특권을 이용해 인삼, 술, 담배, 공예품, 기타 물품(심지어 마약까지)을 암거래했기 때문이었다. 하지만 이렇게 벌어들인 외화로 북한의 외채 위기를 모면하기에는 언 발에 오줌누기였다.

1975년 2월에 8070만 루블이던 외채가 같은 해 9월에는 3억 루블로 증가했으며, 1976년말에는 20억 루블에 이르렀다. 그 가운데에서 12억 루블은 서방 선진국들에게 진 빚이었다. 이에 따라 1975~1977

년에 북한의 서방교역은 크게 줄어들었다. 이 3년 동안에 서방으로부터의 총수입량은 25%나 줄었고, 수출 또한 8%가 감소했다. 프랑스와의 교역량은 1975년에는 1974년 수준의 절반으로, 1976년에는 다시 절반으로, 1977년에는 감소된 양에서 60%나 하락했다. 일본과 서독하고만 교역량이 일정한 수준을 유지했을 뿐 영국, 핀란드, 네덜란드, 스웨덴 등과는 무역거래조차 거의 중단되었다. 이렇게 되자 기술수준이 향상되지 못하는 것은 물론이고 산업시설들도 합리화되지 못했다.

이러한 상황의 결과가 바로 1984년의 합영법이었다. 이 법은 "회사, 법인, 개인을 막론하고 우리측 기업과 공동으로 기업활동에 참여할 수 있다."고 규정하면서 "우리나라는 그 상대가 사회주의 국가건 자본주의 국가건, 또는 국가든 사기업이든간에 관여하지 않"겠다고 발표했다. 요컨대 합영법은 1975년 이후에 추진된 폐쇄 정책이 실패했음을 공식 선언한 것이다.

광산업(주로 비철금속 광석 개발), 전자산업, 기계공입 등의 개발에 역점이 두어졌다. 1983년에 곤덕 탄광과 단천 비철금속공장의 설비확충을 위한 4천만 루블 상당의 계약이 스웨덴과 체결되었고, 오스트리아와 서독은 단천 마그네사이트 클링커 공장의 확장공사와 백주석공장 건설에 참여하기로 했다. 하지만 합영법의 결실은 보잘것없었다. 초라한 모습은 1984년 10월에 프랑스 버바드 건설회사가 참여한 합영기업회사가 평양 시내에 50층의 호텔을 신축할 계획을 발표했지만, 얼마 뒤에 이 계약을 취소한 것에서도 단적으로 드러났다.

이것은 합영법이 서방의 자본가들에게 매력을 주지 못했다는 것을 뜻한다. 우선 서방의 자본가들이 보기에 북한의 국내시장은 너무 협소했고 1970년대부터 연체된 외채도 제대로 상환되지 않고 있었기 때문에, 새롭게 투자를 할 경우에 이윤은 고사하고 원금조차 제대로 챙길 수 있을지 의심스런 상황이었다. 그렇다고 북한이 개방의 폭을 더 확대할 처지에 있지도 못했다. 소련과 동유럽 지배자들이 개혁을 시작하면서 직면한 아래로부터의 투쟁이 북한에서도 재현될까봐 두려웠기 때문이다. 이러한 두려움은 1989년부터 시작된 중국과 동유럽의 민주주의 혁명들을 보면서 더욱 커졌다.

북한에 투자한 서방 국가 가운데에서 그나마 무역거래가 꾸준히 많았던 국가는 일본이었다. 일본으로부터 수입하는 물품은 기계류와 공장설비가 대부분을 차지했다. 하지만 여기에서도, 합작회사 등을 만들어 교역을 확대하기에는 누적된 외채가 너무나 많았다. 1984년 당시 북한의 외채는 약 12억 루블이었는데, 그 가운데 8억 루블은 원금이었다. 주된 채권자들은 43개의 일본 신용기관, 3개의 은행 컨소시엄, 오스트리아, 서독, 프랑스, 덴마크 등의 국가기관이나 사기업들이었다.

1990년대초 외국과의 합작건수는 약 100여 건이었다. 그 대상은 70% 이상이 일본, 특히 조총련계였다. 합작의 내용도 공업·기술분야는 전체의 20% 안팎이었고 대부분이 음식점, 백화점, 호텔과 같은 유통 또는 서비스 부문에 집중되었다. 대표적인 사례는 평양시의 광복거리에 있는 '락원백화점'이다. 이것은 북한의 락원무역상사와 한일상사, 그리고 일본 조총련계의 류꼬상사가 50 대 50의 비율로 투자하여 1985년에 건립한 백화점이다.

최근 나진·선봉을 자유무역지대로 선포하여 개방을 확대하고 있지만 그 결과는 합영법을 발표할 때와 비슷하게 나타나고 있다. 지금도 외채 위기가 북한을 무기력하게 만들고 있다. 물론 많은 외채를 통해 경제를 성장시키고 나중에 그 열매를 따서 외채를 갚겠다는 전략을 세울 수 있다. 하지만, 이것이 가능하려면 빌려 주는 사람들이 나중에 이자를 다 받을 수 있다는 확신을 가질 수 있을 만큼 성장의 잠재력이 존재해야 한다. 1980년대 이후 동유럽의 폴란드나 유고슬라비아 그리고 체코슬로바키아 등이 이러한 전략을 채택했지만 결과는 참담했다. 북한도 마찬가지 상황에 놓여 있다. 심지어 북한은 수출자원이 부족하고 또 지불능력이 거의 없으며 생산품의 품질도 국제 경쟁에서 살아남을 만한 수준이 되지 못하기 때문에 동유럽 국가들의 전철을 가장 나쁜 방식으로 되밟을 가능성이 크다.

여기에다 북한을 더 어렵게 만든 것이 '사회주의'라는 스탈린주의의 껍데기이다. 미국을 중심으로 한 서방 국가들이 보기에 북한은 여전히 미덥지 않은 존재이다. 때문에 미국은 북한이 백기를 들고서 세계 제국주의 질서 인에 편입되지 않는다면 이러저러한 이유를 들어서 계속 북한을 압박할 것이다. 이것은 북한이 쉽게 개방을 축소할 수도 확대할 수도 없게 만든다.

하지만 개방을 확대하는 데 정작 더 큰 걸림돌이 되고 있는 것은 내부의 사정이다. 개방을 확대하면서 시작되는 경제개편은 일정한 정도의 정치개혁을 수반할 수밖에 없다. 스탈린 시대에 존재했던 강제노동수용소는 그 당시에는 유용했을지 모르지만, 생산자 스스로 생산성을 높이겠다는 동기를 가져야 하는 집약적 축적의 시기에는 적절치 못한 노동력 동원 수단이다. 그래서 흐루쇼프는 노동수용소에 있는 노동자들의 끔찍한 상황에 반대해서라기보다는 더 높은 축적의 필요성 때문에 노동수용소를 없애고, 제한적이지만 노동자들에게 자유를 허용했던 것이다. 이것은 지금 북한에서도 그대로 재현될 수 있다. 개방을 확대하고 집약적·내포적 축적을 이루기 위해서는 예전의 청산리 전투, 3대혁명소조운동 등의 방식을 버려야 할 필요가 있다. 그러나 동시에, 이러한 개방(글라스노스트)은 완전하고 철저한 개방을 요구하는 노동자들의 투쟁 의지에 불을 지필 수 있다. 나진·선봉 지역과 같은 자유무역지대를 대폭 확대할 수 없는 이유도 바로 여기에 있다.

북한은 어디로?

북한을 사회주의(또는 남한보다 무언가 진보적인 사회)라고 바라보는 사람들은 북한이 해방 뒤에 이룩한 토지개혁과 생산시설 국유화를 중요한 근거로 꼽는다. 남한 좌익들은 줄곧 미제국주의의 영향력에 맞서 왔다는 점만으로도 북한을 호의적으로 바라보았다. 또, 스탈린주의적 국가자본주의 체제가 서방 '자유민주주의' 국가들보다 더 진보적이라고 생각하는 대부분의 좌익들은 이 체제를 비판적 또는 무비판적으로 지지해 왔다. 하지만 북한은 노동자 계급이 자기해방을 이룩한 사회가 아니다.

북한에서 노동자 계급은 남한의 노동자만큼이나 억압당하고 있다. 음식과 주거가 열악하고, 종교와 사상의 자유가 제한되며, 무엇보다도 노동조합을 조직할 자유와 정당을 결성할 자유가 가로막혀 있다. 권력투쟁의 과정에서 한국전쟁에 대한 책임을 물어 숙청했던 박헌영조차 아직까지 복권되지 않았다. 그 밖에도 김일성 체제를 구축하기 위해 수많은 분파들이 정치경찰들의 손에 제거되었다. 그 때문에 북한에서는 오랫동안 반대파라는 것이 없다시피 했다. 이러한 북한 사회는 사회주의 또는 진보적인 사회와 조금도 관련이 없다.

여전히 북한을 옹호하는 좌익들은 최근에 개방파에 기대를 걸고 있는 듯하다. 개방을 잘 통제하고 조절한다면 북한이 몰락하는 것을 막을 수 있다고 생각하기 때문이다. 따라서 그들은 개방파가 실권을 장악하여 북한을 서서히 체질개선하는 게 가장 바람직한 정책이라고 생각한다.

지금 북한에 대한 세계적 압력이 더 거세지고, 달리 대안이 없기 때문에 어쨌든 개방은 계속 진행될 것이다. 이 때 북한의 전문 관료 또는 전문 경영인들이 주도적인 역할을 할 것이다. 이에 따라 그들에 대한 '민주주의적' 환상도 커질 수 있나. 하지만 혁명 1세대인 보수파이든 아니면 김정일 주변에 포진하고 있는 개혁파이든 둘 다 지배계급이다. 그리고 이들은 북한이 점진적인 개혁을 해야 한다는 점에서는 생각을 같이 하고 있다. 이들 사이에 차이점이 있다면 그 속도와 폭에 대한 것일 뿐이다.

어떤 사람들은 북한의 장래를 놀라울 만큼 낙관적으로 전망하기도 한다. 대표적인 인물이 북한을 두 차례 방문했던 미국 사우스캘리포니아대학 교수인 조지 타튼이다. 그는 식량난 하나만으로 북한 체제가 몰락하지는 않을 것이며 개방을 통해 지금의 위기를 극복할 수 있을 것이라고 믿는다. 또 북한이 한편으로는 외국자본을 끌어들여 경제 발전을 꾀하면서도 다른 한편으로는 자본주의의 영향력이 북한의 나머지 지역으로 흘러들어가는 것을 적절히 막고 있다고 본다. 그는 이 흐름을 유지하면서 자본과 기술 그리고 외국의 인적 자원들을 지금보다 더 많이 끌어들이고, 북한도 다른 나라들로 나아가는 것이 대안이라고 지적한다.

그가 비록, 김정일 체제가 아무런 어려움을 겪지 않을 것이라고 단언하지는 않지만, 북한 체제의 안정성을 과대평가하고 있는 것은 분명하다. 요녕성 사회과학원 동북아연구소 조선연구실장인 장수산도 "북한은 현체제와 원칙을 유지한다는 전제 아래 경제적 인센티브 도입, 기업의 독립채산제 강화, 일정한 자주권을 행사하는 연합기업소의 확대, 도시의 거리 기업(노점상) 허용, 여행제한의 부분적 해소 등 부분 개혁을 진행하고 있다"고 지적하면서 중국에 비해 폭과 정도가 낮기는 하지만 개방의 성과는 존재한다고 지적했다.[*]

하지만 지금 북한의 사정은 그들의 평가보다 훨씬 더 열악하다. 1993년 12월에 열린 제6기 21차 당 전원회의와 제9기 6차 최고인민회의에서는 3차 7개년계획(1987~1993)의 실패를 인정했다. 실제로 1980년대말부터 1990년대 내내 경제성장이 마이너스를 기록하고 있기 때문이다.[**]

---

[*] 〈조선일보〉, 1994. 5. 26.

[**] 한국은행이 추계한 북한의 국민총생산(GNP) 성장률은 1990년에는 -3.7%, 1991

산업은행은 "북한은 1993년 기준 국민총생산이 250억 달러로 남한(3,287억 달러)의 16분의 1에 불과하며 1인당 국민총생산도 남한의 8분의 1에도 못 미치는 등 경제적 어려움이 커 김일성 사후 체제 유지의 최대 장애요인이 되고 있다"고 말했다.[*] 북한 인민들이 지금까지 겪고 있는 절대적 빈곤과 굶주림 때문에 북한 체제의 미래는 불투명하다. 당은 이를 보완하기 위해 이른바 '3대 제일주의'를 표방했다.[**] 이것은 식량 위기와 생필품 부족이 심각한 지경에 이르렀음을 드러내는 말이다.

북한은 식량 수요량에 비춰볼 때 1991년에 166만 톤이 부족했고, 1993년에도 231.2만 톤이, 1994년에는 278.6만 톤이 부족했다. 올 여름 홍수 피해로 북한의 식량 사정은 더욱 악화될 전망이다. 북한 발표에 의하더라도 전국토의 75%가 피해를 입었고, 이재민은 520만 명이며, 재산피해는 150억 달러에 이른다.[***] 이 수치가 과장된 것일지라도 홍수로 인해 북한 인민들의 생활수준이 더욱 하락할 것임은 분명한 사실이다.

북한은 이러한 내적 위기를 해결하기 위해 개방을 서두르고 있다. 북한은 당분간 '실용주의적' 노선에 따라 일본과의 관계 개선에 주력

<hr>

년에는 -5.2%, 1992년에는 -7.6%, 1993년에는 -4.3%, 1994년에는 -1.7%였다.

[*] 〈조선일보〉, 1994. 7. 11.

[**] 3대 제일주의란 농업 제일주의, 경공업 제일주의, 무역 제일주의이다.

[***] 이번 홍수로 인한 재산피해가 엄청나게 부풀려졌다는 지적이 있다. 〈뉴스위크〉지는 1995년 9월 27일자 한국어판에서 북한 총인구가 2200만, 연간 국민총생산이 210억 달러에 불과하다는 것을 감안할 때 북한의 발표는 과장된 것이라고 주장했다.

할 것이다. 미국과 무역대표부를 당장 설치하는 것으로 나아갈 때 생기는 여러 가지 어려움에 직면하기보다는 수교에 적극성을 보이는 일본과 관계 개선을 하는 게 실제 이득은 더 많을 것이다. 김일성은 생전에 가네마루 신을 만나 일본과의 수교를 간절히 원한다는 점을 밝혔다.* 또 남한에 대해서는 "경제 교류가 정치에 복무하지 않"도록 노력하면서 경제적 이득을 챙기려고 한다. 그러나 북한이 바라는 절제된 개방의 파트너, 즉 적절한 수준의 기술과 적정한 규모의 자본을, 그것도 흔쾌히 제공할 수 있는 나라를 구하는 일은 그리 쉽지 않다. 뿐만 아니라 미국과의 관계를 더 돈독하게 만들지 않는다면 당장 챙길 수 있는 실리조차 잃어버릴 수 있다. 그래서 북한은 미국에 유화적인 언사와 포즈를 취할 필요가 있었다. 주한 미군에 대해서도 '통일 이전 철수'에서 '통일 후에 점진적으로 철수하는 것'도 받아들일 수 있음을 암시하는 말을 하기도 했다. 또 미 제국주의의 상징이라 할 수 있는 코카콜라가 북한 관료들의 회의석상에 오르기도 했다.

제국주의 국가와 악수를 하고, 경제특구를 늘리며, 외국 기업들에게 다양한 특혜를 제공하는 것은 그만큼 북한이 궁지에 몰려 있음을 반증해 준다. 미국의 〈월스트리트 저널〉지는 올 5월 30일자에

---

* 1990년 9월 26일 가네마루 신 전 부총리와 김일성 주석이 묘향산 별장에서 가진 회담에서 김일성이 "우리들은 지금부터 가깝고도 먼나라에서 가깝고 가까운 친구가 되기를 희망한다"고 하자 가네마루 신은 "일본에게 대단히 기쁜 회담이었다고 대표단 전원에게 알려주겠다. 이번 우리들이 제안한 내용을 (주석이) 십분 이해해 줘 울고 싶은 기분임을 아울러 전하겠다"고 말했다. 별도의 단독회담에서 신이 "연락사무소를 거점으로 해서 정부간 교섭을 시작합시다"고 제의하자, 김은 "아니오. 재외공관으로 하면 어떻겠소" 하고 말했다. 재외공관은 수교를 의미한다.

서 "북한은 현재 적극적으로 외국자본을 유치하고 있으며, 이러한 외국 자본 유치경향은 김일성 주석 사망 뒤 더욱 강화되었다"고 보도했다.

북한의 지배자들은 이런 개방 물결과 함께 아래로부터 투쟁의 봇물이 터져나올까봐 두려워 한다. 이 때문에 개방을 늦추지 못하면서도 인민들 사이에서 생겨날지도 모를 불만을 미연에 방지하느라 부심하고 있다. 북한 지배자들은 평양 시민의 3분의 1에 가까운 1백만 명을 농촌 등 다른 지역으로 강제 이주시키고 있다. 경제난을 타개하기 위해 산업인력을 재배치하고 도시 비대화에 따른 문제들을 사전에 방지한다는 것이 이주의 근거이다. 또 경제특구에 파견 또는 배치할 근로자를 사상성 강한 주민으로 대체한다고 발표했다. 이것은 개방에 따르는 '사상오염'을 겨냥한 것이다.

하지만 이러한 낡은 철조망으로 자유와 민주주의를 향한 열망을 가두어둘 수는 없을 것이다.

북한의 노동자들은 아주 오랫동안 형편없이 낮은 생활수준*을 참아 왔고, 기본적인 인권을 유린당해 왔으며, 언론·출판·집회·결사의 자유를 한 번도 누려 본 적이 없고, 강압적인 통제와 감시에 시달려 왔기 때문이다. 경제 개방에 따라 정치 개방의 가능성이 조금이라도 보이게 된다면 그들은 지금껏 자신을 짓밟아 온 북한 지배자들에 맞서 분노를 표출할 것이다.

---

* 최근 북한은 청진, 김책시 등 남한 기업에 투자허용지역을 확대하면서 여기에 고용될 노동자들의 임금 수준을 월 50~70 달러로 한다고 발표했다.

북한의 시장 개혁·개방과 이를 둘러싼 지정학

 김정은이 집권한 후, 북한은 지난해에만 13곳의 경제 개발구를 지정하고 투자설명회를 여는 등 해외 자본을 유치하려고 노력하고 있다.

 북한 국내의 자원과 자본만으로는 어려워진 경제를 다시 일으킬 수 없기 때문이다. 일각에서는 북한의 이런 시도가 1980년대 초 중국의 경제 개방에 견줄 만한 수준이라고 평가한다.

 그러나 북한의 시장 개혁·개방이 앞으로 얼마나 더 진전될 수 있을지, 그리고 성공할 수 있을지는 전망이 밝지 않다. 북한의 시장 개혁·개방은 대외정책과 떼려야 뗄 수 없는데, 지금의 대외 환경이 북한에 상당히 불리하기 때문이다.

 지금 북한은 주로 중국과의 대외 무역에 기대어 필요한 자금을 얻

김영익. 〈노동자 연대〉 122호, 2014년 3월 15일. https://wspaper.org/article/14245.

으려 한다. 개성공단을 통한 남북 교역을 제외하면, 북한의 전체 무역에서 대중국 무역은 무려 90퍼센트에 이를 정도다.

이런 현실 때문에, 북한이 추진하는 경제개발구들은 대부분 중국 자본의 유치를 겨냥하고 있다. "13개 경제개발구와 새로운 경제특구들이 대부분 북쪽과 중국의 접경지역이나 해안지역에 몰려 있다. 반면 남쪽을 염두에 뒀다고 판단할 수 있는 곳은 개성공단 옆에 위치한 개성첨단기술개발구가 거의 유일하다."(〈한겨레〉, 2014년 2월 19일)

이것은 북한 정권이 의식적으로 추구한 바는 아니다. 사실 북한은 오래 전부터 미국, 일본 등 서방과 관계를 개선해, 국제 금융기구들로부터 경제 회복에 필요한 차관을 들여오기를 열망했다.

심지어 "북한은 미국이 자신과 좀더 좋은 관계를 맺으면 한반도에서 중국의 영향력을 봉쇄하는 데 도움이 될 것이라며 이에 대한 미국의 관심을 끊임없이 상기시켜 왔다."(미국 국제정책센터 아시아프로그램 국장 셀리그 해리슨)

그러나 미국의 내북 강경책 때문에 북한은 그런 기회를 얻지 못하고 거듭 좌절했다.

미국 지배자들에게 북한의 "지정학적 가치"는 북한 '위협'을 과장해 그것을 빌미로 중국을 겨냥한 동맹을 강화하고 군사력을 배치하는 데 있기 때문이다. 북한 위협의 관리자로서 동아시아의 강대국들을 미국 패권 질서에 묶어 놓겠다는 것이다.

오바마 정부도 여전히 북한의 태도 변화가 있을 때까지 "전략적 인내"를 하겠다는 태도다.

최근 오바마 정부는 한일 관계의 악화로 동아시아에서 자신의 전략을 추구하는 데 큰 어려움을 안고 있다. 그런데 오바마 정부가 남한과 일본의 관계 개선을 촉구할 때도 북한 '위협'론은 꽤 유용한 카드다.

미국 지배자들의 이런 태도 때문에 2000년대 들어 북한의 주요 교역 파트너는 중국과 남한이었다.

엇갈리는 이해관계

중국은 주로 지정학적 이유로 북한과의 경제 관계를 강화해 왔다. 특히, 중국은 북한 붕괴가 낳을 혼란과 난민 등을 우려하고 있다. 그리고 북한이 미국과 중국 사이에서 군사적 완충지 구실을 한다는 점에서 중국은 북한을 지탱하는 데 이해관계가 있다. 또한 중국이 투자한 라선(나진·선봉)경제무역지대는 중국이 동해안(그리고 태평양)으로 나아갈 교두보가 될 수 있다는 점에서, 중국한테 상당한 지정학적 이점을 준다.

남한 지배자들의 태도는 이중적이다. 남한 지배자들은 자유주의자이든 보수주의자이든 모두 북한의 시장 개혁·개방을 긍정적으로 보면서도 지난 4~5년 동안 벌어진 북중 관계의 변화에 관해서는 내심 우려하고 있다. 중국에 대한 경제 의존도가 높아지면서, 북한에 미치는 중국의 정치적 영향력도 커지기 때문이다.

남한 지배자들이 가장 우려하는 바는, 북한에서 급변사태가 일어났을 때 북한이 남한에 흡수통일되는 게 아니라 "북한은 중국의 속국[이 되괴] 남한은 중국의 변방국으로" 남는 것이다.

전통적으로 남한 지배자들은 한반도가 분단돼 남한이 마치 대륙과 단절된 '섬'처럼 남아 있는 게 불만이었다. 이것이 남한 국가의 성장에 제약이 된다고 여기는 것이다.

그래서 남한 지배자들 사이에서는 남한이 적극적으로 북한을 시장 개혁·개방으로 이끌어 북한의 대남한 의존도를 높여야 한다는 목소리가 있다. 물론 이것은 북한을 흡수통일한다는 중장기적 구상과 맞닿아 있으며, 이 점에서 자유주의자와 보수주의자 사이에 근본적 차이는 없다.

박근혜의 "통일대박론"을 단지 지방선거용으로만 여길 게 아니라, 북한을 둘러싼 주변국들의 엇갈리는 지정학적 이해관계라는 맥락 속에서 주로 봐야 하는 이유다.

지난해 박근혜가 "부산에서 러시아를 거쳐 유럽까지 가는 철도가 있으면 좋겠다"고 언급한 후, 남한 정부는 러시아와 북한의 경협 프로젝트인 나진·하산 프로젝트에 국내 대기업들의 투자를 허용했다. 이 프로젝트의 핵심은 북한의 나진항과 러시아의 하산을 잇는 철도 부설이다.

그러나 미국의 하위 동맹인 남한은 미국의 패권 유지 전략이 설정한 틀을 넘어 남북 관계나 경제협력을 진전시키기 어렵다.

지난 2월에 미국 의회조사국(CRS)은 "한미관계 보고서"에서, 박근혜 정부가 남북관계 진전에 따라 개성공단 확대와 국제화를 추진한다면 미국과 의견이 충돌할 것이라고 "경고"한 바 있다.

이런 지정학적 맥락을 이해해야만 최근 남북관계의 냉탕과 온탕이 반복되는 패턴을 이해할 수 있다.

오바마 정부의 대북 전략 아래서, 이명박 정부는 개성공단을 제외한 남북 간 경제협력을 중단했고, 박근혜 정부도 대북 강경책을 고수해 한때 개성공단의 가동이 중단됐다.

박근혜는 북한 비핵화를 경제협력 확대의 전제조건으로 내걸어 남북 경제협력은 여전히 불안정하다. 여기에 남북 지배자들 간에 불신과 상호 적대도 상당하다.

동아시아에서 제국주의 열강들의 갈등이 다시 불거지면, 이의 영향을 받아 남북관계도 악화할 수밖에 없다. 그런 점에서 앞으로도 박근혜의 대북 정책은 냉탕과 온탕을 오갈 가능성이 크다.

냉탕과 온탕

일각에서는 미국이 북한의 "지정학적 가치를 재발견"해 북한과 관계를 개선해야 한다는 주장도 나온다. 한반도 전문가이자 〈한겨레〉 칼럼니스트인 존 페퍼는 이렇게 주장했다. "[아시아의 경제성장을 활용하고 싶어 하는] 미국이 동북아에서 운송로와 에너지 파이프라인망을 확장하는 데 이해관계를 갖는다면 … 여기서 북한이 핵심적 구실을 할 수 있다."

그는 1970년대 닉슨이 소련을 견제하고자 중국에 접근했던 것처럼 "중국에 대한 균형잡기 전략"을 위해 오바마가 북한에 접근해야 한다고 촉구했다. "북한은 항상 더 나은 거래를 찾고 있[으므로] … 중국에 대한 의존을 끊고 미국과 더 긴밀히 공조하는 기회를 환영할 것이다."

그러나 미국의 패권 전략의 이익에 북한 정권이 부합하는 것이 남북한 노동자들에게 진보일 리는 없다. 설사 남북관계가 진전돼 남북을 잇는 철도가 놓이고 북한의 시장 개혁·개방에 남한 자본이 적극 뛰어든다고 하더라도, 북한 노동자들의 입장에서는 착취하고 억압하는 주체가 국가에서 시장으로 '옆으로 게걸음 치는 것'일 뿐이기 때문이다.

이런 방안이 평화를 보장하는 것도 아니다. 오늘날 한반도가 불안정한 까닭은 앞서 살펴봤듯이 동아시아에서 미국·일본과 중국이 제국주의 경쟁을 벌이고 있는 데서 비롯한다.

따라서 시장 개혁·개방을 중심으로 남·북한이 밀착하거나 심지어 북미 관계가 진전되더라도, 한반도를 둘러싼 제국주의 질서가 근본적으로 바뀌지 않는다면 한반도의 불안정은 해소되기 어렵다.

따라서 한반도 불안성을 근본적으로 해결하는 길은, 자본주의 시장 개혁이나 국가 간 외교 정책이 아니라 아래로부터 노동계급이 제국주의 질서에 도전하는, 운동을 건설하는 데 있을 것이다.

미국은 왜 북한을 악마로 만들어 왔는가

극동의 가난한 나라 북한에 대한 미국의 태도는 부시 정부의 모순을 여러 모로 드러내고 있다. 부시 정부는 핵무기를 개발하고 지난해 10월에 핵실험까지 실시한 북한에는 양보한 반면, 핵무기를 개발할 의사가 없다는 이란은 계속 위협하고 있다. 2003년에도 부시는 북한이 아니라, 대량살상무기가 없는 이라크를 공격했다.

사실, 북한의 핵무기는 북한 나름으로 이라크 전쟁에서 얻은 교훈이었다. 북한 지도자들은 미국이 이라크를 공격할 수 있었던 건 이라크가 대량살상무기를 갖지 못했기 때문이라고 보았다. 그 결과 북한 핵무기는 이라크 전쟁 전에는 의혹이었지만 후에는 현실이 됐다.

김하영. 〈레프트21〉 71호, 2011년 12월 20일. https://wspaper.org/article/10637.
이 글은 김하영이 2007년에 영국의 반자본주의 신문인 〈소셜리스트 워커〉 2073호에 기고한 글('North Korea: a divided history')이다. 한반도 긴장 구조와 미국의 대북한 적대 정책이 어떻게 형성·변화해 왔는지 설명하는 이 글은 독자들이 북한을 둘러싼 정세를 이해하는 데 도움이 될 것이다.

미국의 "테러와의 전쟁"이 세계를 더욱 위험하게 만든 것이다.

북한은 미국과 북한이 1994년에 맺은 제네바 합의에 따라 2002년까지 핵 프로그램을 동결하고 있었다. 북한이 이를 해제하고 핵무기 개발에 착수한 것은 부시 정부가 북한을 "악의 축"에 포함시키고, 핵무기를 사용해 북한을 선제 공격할 수 있다고 발표했기 때문이었다.

미국의 대북 적대는 좀더 역사가 길다. 한국은 35년 간의 일본 식민지 통치로부터 해방되는 기쁨을 맛볼 겨를도 없이 분단됐다. 1945년 제2차세계대전 종전과 함께 한반도 이북에는 소련군이, 이남에는 미군이 주둔했다. 미·소 양대 제국주의 국가들은 온갖 저항을 짓밟으며 자국에 충성하는 정권을 각각 한반도 남북에 수립했다.

1950년 여름, 스탈린의 재가를 받은 북한의 김일성이 통일 국가 수립을 위한 전쟁을 시작했다. 여기에 곧 미국과 중국이 개입하면서 한반도는 제국주의 열강 간 대리전의 전쟁터가 됐다. 2백만~3백만 명으로 추산되는 한국인이 이 전쟁에서 죽었다. 주로 민간인이었다. 미군이 저지른 전쟁 범죄는 이루 나 열거할 수 없다.

미국은 북한의 수도인 평양에 건물이 남아 있지 않게 된 뒤에야 폭격을 멈췄다. 태평양전쟁 동안 여러 나라들에 투하된 폭탄과 맞먹는 양이 북한에 투하됐다. 전쟁이 계속된 3년 동안 미국은 핵무기 사용을 여러 차례 고려했다. 전쟁이 한창인 1951년에는 평양에 대한 모의 핵폭격 비행훈련까지 실시했다. 평양은 제2의 히로시마와 나가사키가 될 뻔했다.

참혹했던 한국전쟁에 대한 기억 때문에 미국에 대한 북한 사람들의 증오는 깊었고, 이것은 그 뒤 오랫동안 북한 정권을 지탱시켜 준 비결 가운데 하나가 됐다.

한국전쟁 이후 미국은 정전협정을 위반하며 남한에 핵무기를 들여왔고, 많을 때는 2백여 기나 배치됐다. 1991년 미국은 남한에서 핵무기를 철수했다고 발표했지만, 그 뒤 지금까지도 한반도에서 핵전쟁 연습은 계속하고 있다.

미국은 한국전쟁 직후 "북한은 앞으로 1백 년이 걸려도 다시 일어서지 못한다"고 호언했지만, 전후에 북한은 놀랍도록 빠른 속도로 경제를 재건했다.

소련은 동유럽의 대다수 나라들을 그랬던 것처럼 북한도 소련의 경제적 필요에 편입시키기를 바랐다. 하지만 1930년대 항일 무장투쟁 출신의 북한 지도자 김일성은 스탈린주의 모델을 충실히 따라 중공업 중심의 급속한 공업화를 추진했다. 이를 위해 인민의 소비는 철저히 희생돼야 했다. 소련처럼, 북한도 미사일은 잘 만들게 됐지만 옷이나 신발은 형편없었다.

북한의 주체사상은 이런 조건을 배경으로 등장했다. 북한 당국은 "혁명과 건설의 주인은 인민 대중"이라고 강조했는데, 그것은 인민 대중이 경제 건설에 적극 나서 더 오래, 더 열심히 일하라는 뜻이었다. 스타하노프식 생산성 증대 운동에는 일본이나 미국에 맞서는 군사작전을 연상시키는 이름이 붙여졌다.

북한이 소련으로부터의 독자 노선을 내세울 수 있었던 것은 중국의 존재 덕분이었다. 북한은 1960년대 이후 중국과 소련의 갈등을 이용해, 필요에 따라 양국과 협력 또는 거리 두기를 반복했다. 이처럼 주체사상은 1980년대 남한의 학생 운동가들이 그것에 매료됐던 것과는 달리 사회주의적이지도 반제국주의적이지도 않았다.

높은 착취율을 유지하려면 강도 높은 억압이 필요했다. 김일성 정권에 대한 반대는 일절 허용되지 않았다. 반대파는 "미제의 간첩"이라는 누명을 쓰고 형장의 이슬로 사라졌다. 숙청·강제수용소·보안경찰이 정권을 떠받쳤다. 그동안 논란이 돼 온 공개 처형과 정치범 수용소의 존재는 몇 년 전 북한 당국도 인정했다.

언론·출판·집회·결사의 자유도, 노동조합 권리도 허용되지 않았다. 김일성은 단체협상이 "자본주의 사회의 낡은 형식에 불과하다"고 선언했다. 한국전쟁 시기로부터 유래된 엄격한 노동규율이 상당 기간 유지됐다. 동성애는 금지됐고, 장애인들은 수도인 평양에서 모두 쫓겨났다.

1972년에 북한 당국은 사회주의 헌법을 공포하지만, 북한은 사회주의와는 닮은 데가 조금치도 없었다. 북한은 미국의 비호를 받는 잔혹한 군사독재 하의 남한 체제만큼이나 억압적이고 착취적인 체제였다.

1970년대까지 북한 경제는 남한을 계속 앞지르고 있었다. 그런데 그 즈음부터 "자력갱생" 모델은 이미 한계를 드러내기 시작했다. 1980년대 북한 경제는 소련 경제와 거의 같은 하락 곡선을 그리며 추락해 갔다.

1984년에 착공했다가 그 뒤 경제적 어려움으로 완공하지 못해 콘크리트 흉물이 된 105층짜리 류경호텔은 마치 한때 번영을 꿈꿨지만 지금은 몰락한 북한의 한탄스러운 처지를 상징하는 것처럼 보인다.

소련과 동구권의 몰락은 그렇지 않아도 허약해진 북한 경제에 큰 타격을 줬다. 에너지 부족으로 공장 가동률이 절반 이상 뚝 떨어졌다. 1990년대 중반 홍수 피해는 엎친 데 덮친 격이었다. 최악의 기아 사태가 벌어져 인구의 5~10퍼센트(1백만~2백만 명)가 굶어죽었다. 탈북 행렬이 이어져 재중국 탈북자의 수는 한때 10만~30만 명에 이르렀다.

식량난과 아동 영양실조는 지금까지 계속되고 있다. 깡마른 어린 이가 탄산음료수 병을 이용해 링거 주사를 맞는 모습은 서방 언론에도 종종 소개되는 장면이다. 같은 인종인 남북한 청소년의 신장 차이는 지금 무려 15센티미터 가량 된다.

"이윤을 기준으로 국가 경제 체제를 개혁"한다는 북한 정부의 2002년 7·1 조처 이후 민중의 삶은 더 나빠졌다. 무상으로 공급되던 서비스에 사용료가 붙게 됐고, 교육과 탁아 보조금이 폐지됐고, 성과급도 철저히 도입됐다. 임금은 약 8~20배 오른 반면 쌀값은 5백 배 이상 폭등한 살인적 인플레로 특히 도시 노동자들의 고통이 컸다.

종종 북한은 망해가면서도 고집스럽게 빗장을 걸어 잠그고 있는 것처럼 묘사되지만 이것은 사실이 아니다. 수십 년 숙적인 남한이 소련·중국과 외교 관계를 맺자 북한은 미국·일본과 외교 관계 맺기를 원해 왔다. WTO나 아시아개발은행에도 가입하고 싶어한다. 경제 재건을 위한 돈이 필요하기 때문이다.

김일성은 1992년에 "미국에 가 낚시도 하고 친구도 사귀고 싶다"고 말했다. 김일성의 뒤를 이은 아들 김정일도 2002년, 당시 일본 총리 고이즈미를 통해 "부시 대통령과 밤새 목이 쉬도록 노래 부르고 춤추고 싶다"는 말을 전달했다. 북한은 한반도에 미군이 남아 있는 것에 반대하지 않겠다는 입장도 표명해 왔다. 북한에 대해 적대적인 군대가 아니라면 말이다.

이 모든 제안을 번번이 뿌리친 쪽은 미국이었다. 미국은 북일 관계 개선에 훼방까지 놓아 왔다. 2002년, 당시 일본 총리 고이즈미가 평양을 방문하자 부시 정부는 고농축 우라늄 의혹을 제기해 제2의 북핵 위기를 만들어냈다. 이것은 북한에 대한 접근 금지 신호와도 같았는데, 1991년에도 이와 흡사한 일이 있었다. 또, 남북 관계가 북미 관계를 앞지르기라도 하면 미국은 못마땅한 감정을 숨기지 않았다.

미국이 북한을 악마로 만들어 온 것은 냉전 해체 이후 동북아 질서에 대처하는 한 수단이었다. 1998년 여름 미국 의회에 제출된 럼스펠드 위원회의 보고서는 북한을 '깡패'로 규정하고 북한의 위협을 과장하는 효과가 무엇인지 보여주는 좋은 사례다. 이 보고서는 북한의 장거리 미사일 위협을 과장함으로써 미사일방어(MD) 체제 구축을 위한 추가예산을 확보했다.

누가 보기에도 미사일방어 체제는 날로 영향력을 증대하는 중국을 겨냥한 것이지만, 미국은 북한을 핑계로 미사일방어 체제를 구축하고 여기에 일본을 끌어들이는 큰 성과를 거뒀다. 일본 정부는 국민에게 북한에 대한 반감을 부추겨 재무장의 기회로 활용하고 있다.

남한도 미사일방어 체제에 사실상 참여하고 있고, 한미동맹 재편에도 합의했다. 그럼에도 남한이 대북 정책에서 미국과 이해관계가 완전히 일치하는 것은 아니다. 미국이 북한을 악마로 만들어 온 반면, 남한 자본가들의 상당수는 냉전 시절에는 접근이 금지됐던 북한이 새로운 투자처가 되기를 바란다. 그들에게 북한 개성공단의 싼 노동력은 큰 매력이 아닐 수 없다. 개성공단 노동자들의 임금은 57달러인데, 남한에서 같은 수준의 노동자를 고용하려면 2천 달러는 줘야 한다.

그들에게 북한은 냉전 시절에 유라시아 대륙으로부터 섬처럼 고립됐던 남한을 중국·러시아·유럽과 연결시켜주는 벨트다. 이미 남한의 수출 대상 1위 국가는 미국에서 중국으로 바뀌었고, 얼마 전에 미국은 2위 자리마저 유럽연합에 내줬다.

1990년대 북한의 위기를 지켜본 남한 사람들은 이제 더는 북한을 큰 위협으로 보지 않는다. 오히려 북한 사람들과 마찬가지로 미국의 선제공격을 우려한다. 어떤 점에서 남한 지배자들은 북한의 급작스런 붕괴와 그로 인한 난민 물결 등의 혼란을 핵 못지 않은 위협으로 여긴다.

부시 정부는 집권 이후 사실, 일관된 대북 정책을 추진한 적이 없었다. 부시 정부는 이 문제에서 늘 분열돼 있었다. 부시 집권 내내 미국이 취한 유일한 방법이라고는 북한을 6자회담(미국, 북한, 남한, 일본, 중국, 러시아) 테이블에 불러 앉혀놓고 협상은 진척시키지 않은 채 계속 시간을 끄는 것이었다.

미국이 계속 무시할 때마다 북한은 충격요법을 사용하곤 했다. 북한의 군사력은 미국에 비할 바는 못 되지만 미국에 충격을 줄 만큼은 된다. 1990년대 북한 경제가 붕괴 지경에 이른 뒤에도 김정일은 ("선군 정치"라는 이름으로) 핵과 미사일 개발에 우선순위를 둬 왔다. 2005년 북한이 핵무기 보유를 선언했는데도 미국이 애써 사태의 의미를 축소하자, 북한은 2006년 7월 미사일 실험에 이어 10월 핵실험을 단행했다.

자신이 "악의 축"이라고 부른 국가가 핵실험을 했는데도 미국은 군사적 수단을 채택하지 못했다. 이라크 수렁에 깊이 빠진 부시 정부는 중동 전선에 집중해야 했기 때문이다. 유엔을 동원한 경제 제재도 효력을 발휘하지 못했다. 대북 원유 공급과 교역에 절대적 영향력을 미치고 있는 중국이 제재에 열의를 보이지 않았기 때문이다.

미국은 남한·일본·대만 등지로의 핵 도미노 위험을 방치하느니 차라리 북한과의 대화를 선택할 수밖에 없었다. "악행을 보상하지 않겠다"던 부시는 중유와 관계개선 약속 등의 선물 보따리를 북한에 쥐어주고 다시금 서둘러 북한 핵을 동결시켰다. 5년을 낭비한 끝에 2002년으로 회귀한 셈이었지만, 북한의 손에 핵무기가 있다는 것은 큰 차이점으로 남았다.

부시는 지금 북한이 핵 프로그램과 핵무기를 폐기하면 북미 관계를 정상화하겠다고 말하고 있다. 북한 핵이 미국의 대북 적대 정책의 산물이므로 부시가 문제 해결에 진지하다면 대북 적대 정책을 먼저 철회해야 할 텐데 말이다. 북한은 북미 관계 정상화를 원하지만 미국의 말만 믿고 핵을 폐기하기는 어려울 것이다. 미국은 이미 여러 차례 약속을 어긴 전력이 있기 때문이다.

부시는 중동 전선에 전념해야 하는 동안에는 원하든 원하지 않든 대북 협상에서 양보하지 않을 수 없을 것이다. 하지만 이 과정은 결코 순탄치 않을 것이다. 벌써부터 북한 — 시리아 핵 커넥션 의혹이 북미 협상에 어떤 영향을 미칠지 우려의 목소리가 나오고 있다.

부시가 54년이 지난 오늘에 와서 한국전쟁 종전을 선언하고 북미 평화협정을 체결한다 해도 그것이 한반도 평화를 보장하지는 못할 것이다. 오늘날 전쟁의 악몽은 50여 년 전에 시작된 전쟁이 아직 끝나지 않았기 때문이 아니라, 최근 부상하고 있는 미일동맹과 중국의 갈등이 중장기적으로 전쟁으로 비화할 수도 있고 여기에 남한이 연루될 수 있다는 두려움에서 비롯하고 있다.

세습 사회주의 따위는 없다

북한은 사회주의를 자처한다. 1972년에 "사회주의 헌법"을 제정했고, 이번 당대표자회에서 개정된 조선로동당 규약에도 "사회주의 강성대국 건설"을 당면 목표로 명시했다.

그러나 마르크스는 사회주의를 노동계급의 자기해방으로 정의했다. 노동계급은 코뮌이나 소비에트 같은 자신의 민주적 기관에 기반을 두고 혁명으로 자본주의 국가를 분쇄하고 그런 기관에 기반을 둔 자신의 새로운 국가 권력을 건설해야 비로소 사회주의를 건설하기 시작할 수 있다는 것이다.

노동자 국가의 모든 업무(입법과 행정 등)는 노동자들이 직접 선출한 노동자 대표들이 이끌어간다. 이들은 평균적인 노동자 임금만 받고, 자유로운 선거로 평가받고, 언제든지 소환될 수 있다. 이를 통해 노동자들은 누구나 국가 운영에 참여하며 생산을 통제한다.

———

김하영. 〈레프트21〉 42호, 2010년 10월 14일. https://wspaper.org/article/8681.

이처럼, 전체주의니 독재니 하는 우익의 매도와 달리 진정한 사회주의는 부르주아 민주주의보다 비할 바 없이 민주적인 체제다. 이런 사회에서는 세습이라는 것이 있을 수 없다.

이런 관점에서 봤을 때 북한은 그들 자신이 무엇을 표방하든 간에 어느 모로 보나 사회주의와 거리가 멀다. 북한의 노동자들은 국가를 통해 통치하는 게 아니라 통치받는다. 북한 관료들이 권력을 쥐고 온갖 특권을 누린다. 그들은 국가를 통해 집합적·간접적으로 노동계급을 착취한다.

북한의 주요 정책이 결정되는 당대회는 1980년 이후 30년 동안 한 번도 열리지 않았고, 당 대표자회는 1958년과 1966년에 이어 올해 44년 만에 처음 열렸다. 평범한 노동자들은 말할 것도 없고 당 대표자들조차 44년 만에야 국가 운영 근처에라도 갈 수 있다는 얘기다. 이는 노동자들의 삶을 좌우하는 주요 정책이 극소수 권력자들에 의해 비공개로 결정되고 있음을 뜻한다.

따라서 선거가 실질적인 의미를 가질 리 없다. 최고지도기관 선거는 지난 30년 동안 실시되지 않았고, 그 결과 당시 선출된 당 중앙위원 가운데 절반은 새로운 선거를 치르거나 소환되기 전에 죽거나 해임됐다.

30년 만에 치른 이번 선거는 김정일과 핵심 측근들이 내정한 후계자를 사후 승인하는 요식절차에 불과했고, 김정은의 '인민군 대장' 칭호는 선거가 아니라 김정일의 명령으로 수여됐다.

세계 자본주의로부터의 경쟁 압력

북한이 그들 자신이 표방하는 것과는 달리 사회주의가 아니라면 어떤 사회인가? 진보 진영 일각에서는 "비정상 국가" 또는 봉건 왕조라고 하는데, 이런 규정은 북한이 남한보다 질적으로 열등한 사회라는 강한 함축을 갖고 있다.

그러나 북한의 세습 독재와 끔찍한 억압은 모종의 비자본주의적 또는 탈자본주의적 통치가 아니라 자본주의적 착취와 관계가 있다.

김일성은 한국전쟁 이후 중공업 중심의 급속한 공업화를 추진했다. 대중의 소비와 생활수준은 철저히 희생됐다. 1953년에 시작된 3개년계획 기간에 중공업과 경공업 투자 비율은 81.8 : 18.2 였고, 이 격차는 그 뒤에도 그다지 좁혀지지 않았다.

이것은 사회주의적인 조처가 아니라 당시 여느 후발 자본주의 국가들이 추진하던 강력한 국가 주도 경제 발전 노선이었다. 특히, 미국의 후원을 받는 남한과의 군사적 경쟁에서 밀리지 않기 위해 북한은 중공업 성장에 몰두했다.

북한 관료는 더 오래, 더 강도 높게 일하도록 노동자들을 몰아쳤다. 높은 착취율을 유지하려면 강도 높은 억압이 필요했다. 언론·출판·집회·결사의 자유도, 노동조합 권리도 허용되지 않았다. 정책을 둘러싼 관료 내 이견도 용납되지 않았다. 숙청, 노동수용소, 보안경찰이 정권을 떠받쳤다.

그럼에도 중공업 중심 노선에 대한 반발을 포함한 당내 투쟁(1956년 "8월 종파 사건")을 겪은 이후 10년 만에 경제 발전의 속도와 균형 문제를 놓고 다시 당내 분란(1967년 "갑산파 사건")이 일어 났다. 이 사건은 1960년대 말 경제에 비상등이 켜진 상황에서 김일성 이 확실히 믿을 수 있는 후계 체계(세습) 구축의 필요성을 느낀 계기 였던 듯하다. 당시 북한 경제는 협소한 국경 안의 제한된 자원과 기 술 수준에 의존하는 관료적 국가자본주의의 한계를 드러내고 있었 다.

진정한 사회주의적 대안이 필요하다

1980년대 북한 경제는 정체에 빠져들기 시작했고, 소련 몰락 이후 에는 긴 말이 필요 없는 끔찍한 경제 파탄을 겪었다. 1990년대 초 이 후 미국의 대북 압박은 북한의 어려움을 증폭시켰다. 북중 관계 덕 분에 최악의 상황은 모면했다 해도 아직 북한 경제가 1990년대 이전 수준으로 회복된 것은 아니다.

3대 권력세습은 이런 상황이 낳은 해괴한 결과물일 것이다. 이를 두고 "북측 체제가 더욱 안정화되어 가고 있다"고 평가(민주노동당 새세상연구소)하는 것은 너무 피상적이다.

북한 정권은 오랫동안 노동자들을 혹사하고도 윤택한 삶을 제공 하지 못했다. 1963년에 조선로동당 기관지는 그 해 목표가 이룩되 면 북한의 모든 근로인민은 '기와집에서 쌀밥과 고깃국 먹고 비단옷 을 입으며 부유한 생활을 누리게 될 것'이라고 했다. 그러나 반세기 가까이 지난 오늘날에도 북한은 이 목표를 성취하지 못했다. 지난해 김정일 국방위원장은 "수령님은 인민들이 흰 쌀밥에 고깃국을 먹으며 비단옷을 입고 기와집에서 살게 해야 한다고 하셨는데 우리는 이 유훈을 관철하지 못하고 있다"고 실토했다.

게다가 2000년대 취해진 각종 조처들로 빈부격차와 부패가 늘었고, 2002년 7·1조치로 재정 긴축을 실시하면서 평범한 사람들의 삶은 더 악화됐다. 한편, 중국 경제에 더 많이 의존하면 할수록 중국을 매개로 위기의 세계 경제에서 자유롭지 못하게 되는 또 다른 문제에 부딪힐 것이다.

북한 체제의 붕괴를 예측하는 우익에 맞서 "북측 체제의 안정화", 생존 또는 버티기가 필요한 게 아니다. 그런 버티기는 위에서 언급한 문제들의 악순환을 낳을 뿐이다. 북한의 평범한 사람들이 윤택한 삶을 누리려면 북한과는 전혀 다른, 진정한 사회주의적 대안이 필요하다.

그것은 시장 자본주의 하에서처럼 북한에서도 노동계급이 지배 관료를 타도하고 자기 자신의 민주적 국가 기구들을 세우는 것을 의미한다.

제4부
공산당 전통

역사적 추상주의 — 스탈린주의 비판

혁명적 사회주의자들이 기존 좌익과 만나 논쟁이나 토론 속에서 가장 많이 부딪히는 문제는 "사회주의란 무엇인가"이다. 즉, 사회주의는 '억압'과 같은 말인가 아니면 '해방'과 같은 말인가 하는 한마디로 요약될 수 있는 토론이다. 우선 그들을 만나면 공통적으로 느낄 수 있는 것 한 가지가 있다. — 과연 "지배계급의 사상은 지배적인 사상이구나!" 지배계급은 항상 신문, 잡지, 텔레비전과 같은 매스컴을 통해 소련, 중국, 북한, 동구 등 '사회주의'를 자처하는 나라들의 지배계급의 '말'을 인용해 그들 국가들을 사회주의라 부르며, 그 국가들의 지배계급의 모습이 아닌 — 왜냐하면 그들도 똑같이 남한의 지배계급이 향유하는 모든 것을 누리기 때문이다 — '처참한 인민'의 모습을 보여 주며, 사회주의=전체주의로 등치시키고, 사회주의자들은 맘껏 공상의 나래를 펼치지만 실제로는 그들의 이상은 하나도 실현

최일봉. 이 글은 《아이에스 내부회보》 1권(1991년 발간)에 실린 것이다.

될 수 없는 "한 무더기의 쓰레기더미"인 듯이 묘사한다. 남북의 창을 보라. 유치원생이 나와서 '경애하옵고 친애하옵는 아바이 수령 동무' 어쩌고 저쩌고 하면서 '재롱' 떠는 모습을 보면 '상식'을 가진 사람이라면 당연히 당혹해 하지 않겠는가?(물론 이런 당혹감에서 자유로운 사람들도 있다.) 또한 감시체계가 없으면 체제는 유지될 수 없음을 사장 계급은 힘을 주어 강조하고 조금이라도 '삐딱'하면 아오지 탄광으로 보내져 중노동에 시달리고 그렇지 않으면 '인민재판'에 회부되어 '숙청'이나 '자아비판'을 하게 만드는 것으로 사회주의에 대한 인식을 고정시킨다. 부르주아지는 사회주의를 억압, 궁핍, 배고픔, 죽음, 자유 없는 획일 등 나쁜 말이면 다 이것과 같은 것으로 떠다 붙이며 이 사회 속에서 필연적으로 혁명이 일어난 것으로 또 그래야만 살아 남을 수 있는 것으로 묘사하며 자기 체제의 우월성을 강조한다. "자본주의여 영원하라, 자본주의 만세"를 부르짖는 것이다. 그러나 그들이 부르짖는 혁명이란 국가 전체가 하나의 공장 같은 관료적 국가자본주의(모든 생산수단을 국유화시켜 놓고 노동자 계급이 아닌 관료 지배계급이 국가를 통해 관리하고 통제하는 것)가 자기들 같이 사적 자본가가 존재하는(시장경제로도 표현한다) 서방 자본주의로 변화하라는 요구이다. 즉, 그렇게 억압받고 착취 받는 인민대중이 한 무더기의 관료계급을 갈기갈기 찢어 하나하나의 자본가로 변화시켜 의회의 자기 대행자로 내보내 자기를 지배하도록 지배방식을 바꾸라고 요구하는 것이다. 이러한 것을 사회주의에 무관심한 사람들이 아무런 비판 없이 그대로 수용할 수 있는 이유는 자의대로 할 수 있는 물질적 생산수단을 가진 계급은 동시에 정신적 생산수단에 대한 통제력도 가지고 있어 피지배계급의 의식을 지배계급의 의식으로 동화시켜 낼 수 있기 때문이다. 하지만 투쟁의 시기는 이렇게 부르주아 이념기구가 강요하는 것을 떨쳐버리고 좌로 이끌 것이다. 그렇지 않은 일상적 시기에는 위에서 말한 이유들 때문에 체제에 대한 의문을 품고 체제에 대해 맞서 싸우고자 하는 사람들은 소수이다. 일상적인 시기 속에서는 사회주의자는 '소수'일 수밖에 없는 것이다. 그런데 이 소수, 즉 기존의 '좌익'들을 만나 보면 '보통 사람들'과 정반대의 생각을 가지고 있다는 것을 알 수 있다. 사회주의는 인류가 지금까지 '꿈'이고 '이상'이라 생각해 왔던 것이 현실화되는 것이라 주장하며 소련을 얘기하고 북한을 얘기하고 기타 다른 많은 자칭 '사회주의' 국가들의 현실에 대해 이야기한다. 마치 이러한 사회가 우리의 미래이고 꿈이고 희망인 것처럼 말이다. 또한 지금 나타나는 모순은 대수롭지 않은 것으로서 엉뚱하게 '부정의 부정 법칙'을 들먹이며 지금은 어쩔 수 없이 후퇴하지만(국가관료 계급이라는 말을 넣어야만 말이 된다. 항상 누가 왜 후퇴하는지 밝히지 않는 것이 이들의 공통된 특징이기도 하다) 몇 가지 개혁을 통해 쉽게 치유될 수 있다는 말 또한 빼먹지 않는다. 그러면서 지배계급의 자칭 '사회주의'에 대한 공격을 하나씩 하나씩 반박하며 자칭 '사회주의'를 옹호한다. 지배계급과 동일한 점은 1917년부터 28년까지와 그 이후의 사회를 구별하지 않는다는 것이다.

자본주의는 계급사회이다. 한줌도 안 되는 자들이 다수를 착취하며 지배하는 지배계급과 생계를 유지해 나갈 수 없다는 이유 하나만으로 경제력과 정치권력에서 배제된 피지배계급으로 분화되어 있는 것이다. 이러한 피지배계급 가운데 자본주의의 산물인 노동자 계급만이 계급소멸과 인간해방을 이끌 수 있는 유일한 계급이다. 왜냐하면 노동자 계급은 집단으로 조직화되어 존재하기 때문이다(이는 자본주의 체제 그 자체가 더 많은 잉여가치를 착취하기 위해 자본을 집적·집중시키지 않으면 안 되며 이 가운데 노동자 계급을 집단적으로 조직화하기 때문이다). 자본주의는 스스로 자신의 대립물인 노동자를 집단적으로 양산하며 자신의 무덤을 파는 것이다. 그러나 착각하지 않아야 할 게 있는데 무덤 판다고 그 안에 드러누워 자기가 흙을 덮는 것은 아니다. 이 속으로 떠밀고 흙을 얼른 덮어 버릴 때만 생매장되는 것이다. 경제 결정론은 이를 알지 못한다. 반면에 이를 알게 된 자본가 계급은 갖은 발악을 다한다. 노노간에 분열 갈등하게 만들어 여성과 남성을 나누고, 라인별로 나누고, 공장별로 나누고, 지역별로 나누고, 국경으로 나누는 이유가 여기에 있는 것이다. 그렇기 때문에 성과 지역과 국경을 넘어 만국의 프롤레타리아가 단결하는 것은 지배계급이 가장 두려워하는 일이다. 이를 저버리는 것은 — 국제사회주의를 저버리는 것은 — 지배계급을 이롭게 하는 것이다. 노동자들은 공장이나 기계를 조각조각 내서 나눠 가질 수 없기 때문에 사적 소유 대신에 생산의 사회적 소유로 나아갈 수밖에 없다. 즉 생산수단을 관리하고 통제하는 것은 집단적 의사를 관철시켜 나아가는 사회 운영 원리를 갖는다. 가장 합리적인 사회 운영 방식으로 집단적 토론과 민주적 방식에 따라가야만 하는 존재기반상의 특징으로 말미암아 노동계급은 노동자 통제라는 아래로부터의 민주주의에 바탕을 두고 사회를 이끌어 갈 수밖에 없다. 그러므로 노동자 계급의 투쟁을 통한 해방은 새로운 지배계급을 창출하는 것이 아니라 계급을 소멸시켜 나갈 수밖에 없고, 이것은 일국 내에 머무르지 않고 국제적 확산을 통한(즉, 혁명의 국내적 심화와 국제적 확산: 혁명은 일국에서 시작하지만 자본주의 세계체제는 국민국가간의 사슬로 이어져 국제화되어 있기 때문에, 한 고리의 파열은 전체에 균열을 내고 부식시켜 연속적으로 확산될 수밖에 없다. 즉 일국의 위기는 세계의 위기로 나아가고 세계의 위기는 각각 국민국가의 위기로 분출된다) 인간 해방으로 나아갈 수밖에 없다. 노동자 계급의 집단적 투쟁과 권력 장악에 인류의 희망찬 미래가 담겨 있는 것이다.

반면 농민들은 역사 속에서나 지금 현재도 그렇지만 착취와 억압에서 둘째가라면 서러워할 정도로 천대와 멸시 등 갖은 모멸을 다 받아 왔지만 그들의 투쟁은 역사가 증명하듯이 계급은 물론이요 인류를 해방시키지 못하고 한 지배자를 다른 지배자로 대체하는 데 머물렀다. 왜냐하면 그들의 궁극적 이상이 토지의 경작권 실현이라는 문제로 한정되어 버렸고, 또한 토지를 나눠 가지면 더 이상 앞으로 나아가지 못하고 조각조각 개인으로 분열되기 때문이다. 이상과 같은 이유로 궁극적 대의 실현으로 나아가기 위해 노동자 계급의 편에 서서 노동자 계급의 이익을 방어하고 싸우는 것 속에만 진리성은 존재한다. 우린 이것을 바리케이드 정치학이라 부른다. 즉, 궁극적으로 계급소멸과 인류해방으로 나아가기 위해서는 이를 실현할 수 있는 최상의 계급(노동자 계급)의 해방을 통해서만 가능하기 때문에, 이 계급에 맞서는 계급에 바리케이드를 쳐 놓고 모든 사항을 구체적으로 판단하고 평가해 우리의 행동지침을 내오는 정치학이다.(우리가 사노맹, 서사연, 문익환, 임수경 등을 방어하는 이유는 이들에 대한 탄압은 노동자 계급에 대한 탄압이고, 이들의 사상과 실천을 평가하는 것은 지배계급이 아닌 아래로부터 노동자 계급 자신이기 때문이다.)

　소련은 엄청나게 많은 구조적 사회 모순을 지닌 나라다. 광부들이 막장에 가서 일하고 나와 씻을 비누가 없어 파업을 일으키고, 러시아 공화국에서는 식량이 없어 노동자들이 총파업을 일으키고 있다. 또한 1943년까지 강제노동수용소에 1400만이나 되는 사람이 수용되어 강제노역에 시달리다 반항하면 형장의 이슬로 사라져 갔다. 여성 억압 또한 서방 자본주의와 다를 게 없다. 마르크스가 쿠겔만 박사에게 보내는 편지에서 여성이 차지하는 사회적 지위가 그 사회의 진보 정도를 알 수 있다고 했듯이 한 사회 — 체제와 연관되어 있어 있는 문제다 — 에서 여성이 차지하는 지위를 파악하는 것은 그 사회가 어떠한 체제인가를 판단할 수 있는 열쇠가 된다. 소련에서도 여성 전부가 억압당하는 것이 아니라 소수는 지배 관료계급으로서 노동을 착취하는 데 가담하는 여성이 있고 다수인 여성 노동자는 착취와 더불어 억압당하고 있다. 소련 헌법에 아무리 남성과 여성에게 동일 임금을 지불한다고 쓰여 있어도 실제로는 남성 노동자 임금의 75%밖에 안 되는 성차별이 존재하고 있으며 숙련 기술직 같은 부분은 여성이 전반적으로 교육 수준이 높을지라도 체제가 강요하는 분업질서 속에서 여성이 차지하는 비율이 낮다. 말로 다할 수 없는 여성 억압의 구조적 모순은 셀 수 없이 소련 사회에 널려 있다. 타자기 소유는 KGB 감시 하에 놓여 있었고(남한에서 인쇄기가 안기부 감시 아래 놓여 있듯이) 또 하나의 사슬과 굴레를 씌우는 결혼도 장려되고 다산은 메달이 수여되기까지 했다. 또한 동성애자들도 탄압받았으며 탄압받고 있다.(부르주아 문화의 낡은 유산이라는 명목으로 노동력 재창출이 불가능하다는 숨은 논리를 감추는 성적 억압이다.) 노동자가 집을 보유하는 것은 하늘의 별 따기이고, 교육 또한 세계 자본주의가 강요하는 질서 속에서 전인교육이 아닌 모순된 교육이 이루어졌고 관료의 자식들은 다시 관료가 되는 특권이 보장받는 사회다. 노동자가 파업하면 탱크로 밀어버린다고 경고하고 심지어 유혈 진압까지 하는 고르바초프나(남한에서도 마찬가지로 생활상의 문제로 파업하는 노동자를 지배계급은 백골단, 구사대, 기만적인 노동법으로 똑같이 대응했다), 총파업하는 노동자를 보수반동의 쿠데타 위협을 경고하며 투쟁을 잠재우고 공약으로 그 요구를 자기가 의회에서 실현시키겠다고 거짓말하며 위선의 탈을 뒤짚어 쓴 옐친이나(어떻게 하는 짓마다 김대중을 생각나게 하는지 모르겠다. 아마 김대중도 대통령이 되면 옐친보다 더하면 더했지 덜하지는 않을 것이다) 이런 혼란을 틈타 쿠데타를 일으키는 스탈린주의 극우 반동 보수파나(박정희도 전두환도 어쩌면 그렇게 지배계급은 한결같이 야만적인지) 도대체 지배계급은 소련을 봐도 그렇고 남한을 봐도 그렇고 세계 어딜 봐도 그놈이 그놈이다. 여기서 알 수 있는 것은 소련의 노동자 계급이나 남한의 노동자 계급, 전세계 노동자 계급은 국경을 초월해 자본주의에 의해 착취당하고 있다는 것이다. 공통적으로, 전세계는 착취하는 소수와 착취당하는 다수 사이의 계급적 분열이 존재하고 있다는 것이다. 구좌익들은 일관되게 이러한 죄악은 단지 몇몇 양심 사나운 놈들의 **정책상**의 오류이고 그 오류만 잘 뜯어 고치면 뭔가 잘 될거라는 환상(백일몽)에 사로잡혀 있다. 꿈꾸는 것은 자유이다. 그러나 문제는 그 거짓 '꿈'을 노동자 계급에게 억지로 '이식수술' 하려 하기 때문에 부작용이 발생하는 것이다. 이것이 남한의 계급투쟁 속에서 좌익의 지도력이 발휘되지 못하고 노동자들의 투쟁을 고스란히 프티부르주아지에게 넘겨준 좌익의 공백상태를 설명해 주는 것이다. 그들의 주장대로 한다면 소련의 사회주의자는 남한의 지배계급이 죄를 저지르는 것이 양심 사나운 자본가 몇 놈의 정책상의 오류로 바라봐야 한다는 것인데 자본가 계급에 맞서 투쟁하고 있는 남한의 노동자 계급에게 이러한 얘기를 한다면 몰매맞아 죽지 않겠는가? 공원에서 비둘기나 어린아이들과 함께 놀기 싫다고 동상 같은 것을 세우지 말고 어머니 무덤 옆에 조용히 묻어달라던 레닌의 마지막 작은 소망마저 저버리고 스탈린주의로 들씌운, 관료적 국가자본주의를 옹호하기 위한(레닌의 계승자임을 강조하기 위해) 수단인 동상을 허물고 있는 소련 노동대중에게 지금의 쿠데타나 경제 문제는 스탈린주의자들이 지배계급이라서 그런 것이 아니고 사실은 뜻은 고결하고 순수하고 순박했지만 어쩌다 보니 일이 안 풀려 실수한 **정책상**의 오류이기 때문에(항상 이들은 스탈린주의를, 정책상의 오류라 주장한다. 그렇기 때문에 그들의 뒤의 결론은 당연하다) 쿠데타를 지지해야 한다고 한다. 즉, 그들의 의식 속에서는 생각 똑바로 박힌 몇 놈이 정책을 잘 **연구**하고 세밀히 **검토**해서 **계획경제**를 잘 수립하면 만사형통할 것이기 때문이다. 이로부터 알 수 있는 것은 기존의 '좌익'들은 역사로부터는 아무것도 배우지 않았고 배우려 하지도 않는다는 것이다. 그러나 이들은 스탈린이나 스탈린주의자들한 테는 배운다. 그러기 때문에 이들은 결코 올바르게 스탈린을 비판할 수 없다. 그 불똥이 자기에게 떨어지기 때문이다. 그래서 실상을 비판한다고 하지만(제대로 하려면 정책상의 오류가 어쩌고 저쩌고가 아니라 아래로부터 사회주의, 즉 노동자 계급이 자신의 권력을 세우는 혁명을 옹호하는 주장일 터인데 어찌 이런 모험을 하리요!) 비판이 아닌 변호가 되는 것이다. 스탈린 비판은 바로 흐루쇼프나 고르바초프 같은 카멜레온이 되는 것이고 관료 계급에게는 '얼굴마담'을 갈아 치우는 것이다. 제일 악명으로 얼굴 팔린 놈 한 놈을 비난하면서 군살빼기를 효과적으로 수행하며 외모를 살릴 수 있는 것이다. 그런다고 속이 바뀌는 것은 아니다. 그래서 스탈린주의 '좌익'들이 구체적으로 소련의 역사로 들어가면 '뜨거운 감자'를 만지는 식이 되어버리는 것이다.

소련에서는 분명 1917년 2월에 방직 공장의 여성 노동자들의 투쟁을 계기로 폭발된, 노동자 계급의 자발적 투생에 의해 임시정부와 소비에트라는 이중권력이 형성되었다가(완전히 노동자가 권력을 장악하지 못했다는 권력형태의 표현이고 양쪽의 긴장 관계는 혁명이 극에 달할수록 팽팽히 맞서는 것으로 서로는 적대적일 수밖에 없다) 10월에 가서 소비에트를 통한 노동자 권력이 들어선다. 임시정부를 깨부수는 사회주의 혁명에 도달했던 것이다. 그러나 이 혁명의 운명은 비참했다. 국제적으로 혁명은 고립되었고 야수 같은 세계 제국주의 열강 14개국에서 군대와 무기 지원 아래 3년 동안 내전을 치르지 않으면 안 되었다. 이 내전 동안 혁명 러시아는 영웅적인 볼셰비키와 노동자 계급 인민들이 역사 속에서 지울 수 없는 선혈 자욱한 피로 얼룩지게 되었고, 산업시설은 다 파괴되었고, 기아와 굶주림과 유행병만이 러시아를 떠돌았다. 정말 상상하기조차 싫은 상황이 러시아에 벌어졌던 것이다. 여기에 대한 책임은 혁명을 수행한 노동자 계급과 볼세비키에 있는 것이 아니라, 제국주의 지배계급이 책임을 져야 한다. 우리는 전쟁에 참가 안 했는데 하며 오리발 내미는 놈은 더 죽일 놈이다. 혁명 러시아에서는 인류가 한 번도 경험해 보지 못한 이상들이 혁명 속에서 실현되었고 실현되어 가고 있었다. 정말이지 인민들은 들뜨고 환희의 감격에 사로잡혀 있었다. 이것이 세계제국주의 지배계급에게는 자신에 대한 끔찍한 위협이었던 것이다. 바로 자국의 노동자도 러시아 혁명에 고무 받아 세계 노동자가 단결하면 지배계급은 한 주먹 감이라 생각하며 들고일어날 것이 뻔했기 때문이다. 그래서 그들은 '자유와 평화'의 이름으로 자유와 평화를 깨부수기 위해 '빵과 기술'이 아닌 군대와 무기를 적극적으로 혁명 러시아에 보내 혁명 러시아를 쑥대밭으로 만들었던 것이다. 이것이 어찌 참전국만의 책임이랴! 이제 갓 태어난 유약하고 나약하고 파릇파릇한 새싹과 같은 노동자 권력은 강철군화에 짓이겨져 휘청거리게 되었고, 이를 회복하기 위해선 뿌리부터 다시 다지고 따뜻한 햇살과 알맞은 기온과 자양분이 필요했다. 바로 신경제정책(NEP)과 같은 것을 통해 비록 **후퇴**이기는 하지만 **노동자 권력** 아래 농산물과 식료품 시장을 부활시켜 아래로부터 산업시설을 복구하고 그 과정 속에서 사라져 간 노동자 계급을 부활시키고, 혁명의 확산 동안 — 특히 독일 혁명의 승리를 학수고대한 이유가 여기에 있다 — 제국주의와의 일시적 평화를 유지할 필요가 있었다. 그러나 이것은 영원한 것이 아니다. 제국주의와 사회주의는 기본적으로 화해 불가능한 적대적인 것으로서 한쪽이 다른 한쪽을 깨지 않으면 살아남을 수 없는 관계에 있기 때문이다. 이러하기에 혁명에 성공한 나라가 국제주의를 저버리는 것은 자신을 부정하고 옛 것으로 돌아가는 것을 의미하는데 러시아 혁명의 정통성을 이어받은 듯이 행세해야 했기 때문에 고도의 거짓 논리를 필요로 했다. 이것이 바로 '일국사회주의론'이다. 이것을 기반으로 스탈린은 1928년 국가자본주의 반혁명을 감행한다. 조금이나마 남아 있던 프롤레타리아 민주주의를 깡그리 파괴하고 이에 반대하는 좌익반대파와 노동자 계급을 박살내고 농민을 부농이라 '부르며' 강제 집산화시키며 수백만을 학살하고 산업 노동자로 '강제로' 이끌어 낸다. 이제부터 모든 것은 선진 자본주의와의 경쟁에서 살아남는 것이다. 국제주의는 물 건너간 지 오래고 어떡하면 자신의 착취기반을 무너뜨리지 않고 살아남느냐가 최우선의 관건이었다.

1928년 이후부터 축적을 위한 축적, 생산을 위한 생산이라는 자본주의 메커니즘이 부활했다. 모든 생산수단을 국유화시켜 놓고 노동자 계급이 아닌 당.국가 관료 계급이 관리하며, 노동자 계급이 생산하는 물질적 부를 '소비'가 아닌 자신들의 — 관료의 — 축적기반을 다지는 원시적 축적에 사용하고 서방 선진자본주의 국가들을 따라잡기 위해 — 스탈린은 이를 하지 못하면 패배할 것이라 말했다 — 중공업 우선 정책을 위해 자원을 군비에 쏟아부어야 했던 것이다. 국제주의를 저버린 대가를 지배계급이 아닌 노동자 계급이 감수해야 했던 것이다. 이것은 노동자뿐 아니라 농민도 마찬가지이다. 다시 말해 국제주의를 저버리는 것은 지배계급의 타격이 아니라 노동자 계급 자신의 타격으로서 야만적인 임금노예 생활로 되돌아감을 뜻하는 것이다. 이제부터 계획은 노동자 계급의 필요에 따른 진정한, 그리고 사전적(事前的) 계획이 아닌 국가관료 계급이 세계체제의 '가치법칙'에 따르는 '지령경제'의 '사후 계획'이 되었다. 어느 사회에서나 계획은 있을 수 있다. 그 '계획' 형식으로 체제가 구분되는 것은 아니다. 계획의 '주체'가 누구냐 그리고 무엇을 위한 — 축적이냐 생활수준 향상이냐 — 계획이냐에 따라서 체제가 판가름 나는 것이다. 노동자 계급 자신들의 필요에 따른 계획이 아닌 계획은 자본주의 생산의 특징인 '생산의 무정부성'을 극복할 수 없는 공염불에 불과한 휴지쪼가리이기 때문이다. 이런 사회를 해방된 사회라 믿는 사람은 영원한 혼동의 시시포스의 노력을 기울일 것이다. 사회주의는 열망이나 감성만 가지고는 실현할 수 없다. 사회주의에 대한 정확한 이해가 필요하다. 이를 과학적 사회주의라 표현하기도 하는데, 노동자 계급의 해방은 노동자 계급 자신의 사업이고, 일국에서 완성될 수 없고, 세계적으로 확산(혁명의 국내적 심화와 국외적 확산)을 통해 이루어진다. 이것을 수행할 수 있는 프롤레타리아 계급의 무기는 강고한 혁명정당이다. 지적한 이 세 가지가 유기적으로 **결합되어 총체적으로** 실현되는 것이 사회주의 혁명인 것이다.

그런데 소련은 위에서 본 바와 같이 1928년 이후 스탈린 반혁명에 의해 관료적 국가자본주의로 전락했다. 바로 그렇기 때문에 자본주의 사회에서 볼 수 있었던 모든 병폐가 다시 모두 부활해 나타났던 것이다.

이를 스탈린주의 좌파는 자칭 '사회주의'=해방된 사회=사회주의라 보는 것이고 사회주의의 '유형'은 다양한 것이라는 주장으로 변명한다. 그리고 사회주의에 무관심한 사람들은 '사회주의'=전체주의 또는 획일주의='자칭 사회주의'라는 반대 등식을 가지고 있다. 이 양자를 가능하게 한 것은, 즉 스탈린주의 좌익과 '사회주의에 무관심한 사람들'이 그렇게 된 것은 지배계급들에 책임이 있다. 남한의 지배계급은 매스컴과 교육을 통해 대중에게 거짓을 유포시키고 소련의 지배계급은 소련 과학아카데미 같은 어용학자들의 국가 이데올로기를 전세계에 유포시켜 자기 편으로 획득하는 것이다. 이런 지배계급에게 넘어갈 수 있는 것(이것 또한 세뇌이다)은 딱 한가지 이유이다. 역사와 현실에 눈감아 버리고 사람의 '말'만 믿어 버리는 것이다. 마르크스는 이것을 역사적 추상주의라 불렀다. 마르크스가 《독일 이데올로기》에서 헤겔 좌파에게 가했던 다음과 같은 비판은 우리의 현실 속에도 여전히 유효한 것이다.

… 설령 이들 이론가늘이 때로는 현실적인 역사적 주제, 예컨대 18세기라는 주제를 다루고자 하는 경우가 있다 하더라도 그때 그들은 단지 그 근저에 있는 여러 사실들 및 실천적 발전으로부터 유리된 관념들만의 역사를 제시할 뿐이다. 그리고 이 일조차도 그 시대를 하나의 불완전한 예비 단계로서, 다시 말해서 참된 역사적 시대인 1840~1844년의 독일의 철학 투쟁 시대를 앞선, 아직 제한된 선행 시대로서 제시하겠다는 의도 하에 행해질 뿐이다. … 천재적인 공상을 더욱 빛나게 하기 위하여 앞선 시기의 역사가 쓰여진다는 그 목적성을 보는 순간, 당연히 예측되듯이, 거기에

는 아무런 실질적인 역사적 사건도 그리고 정치가 역사에 미치는 실로 역사적인 일언반구 언급조차 되어 있지 않다. 대신에 역사가 아닌, 제멋대로 만들어낸 공상이나 문학적 객담에 바탕을 둔 이야기들이 보여진다.

스탈린주의자들은 물론이요 남한 지배계급도 이 비판의 화살에서 자유로울 수 없다. 남한의 지배계급은 자기 자신들이 통치하는 이 사회도 자칭 '사회주의'라 불리는 나라 못지 않게 구조적 모순을 지녔다는 것을 다른 놈을 비방하며 유야무야 넘기려 하는 것이다. 바로 자기 자신들이 더 심하면 심했지 덜하지 않는 그런 범죄를 낳게 만드는 장본인임에도 불구하고 '똥' 묻은 개가 '겨' 묻은 개를 나무란다고 자칭 '사회주의'를 비난한다.(둘은 '개'라는 공통성이 분명 존재한다.) 그러나 가만히 살펴보면 그 비난은 소련의 지배계급이 아닌 인민대중을 경멸하고 있음을 알 수 있다. 어떻게 그렇게 끔찍한 지배자를 지배자로 모시고 있는가를 개탄하며 자기 같은 좀더 어질고 현명한 지배자를 모시고 받들면 마치 모든 문제가 해결될 수 있을 것 같은 거짓말을 하며 러시아 인민들을 바보 멍청이로 매도하는 것이다. 이렇듯 남한 지배계급의 말 속에서는 올바로 사회를 꿰뚫어 볼 수 있는 무기의 날카로움이 없다. 이를 진정으로 알아야 하는 것은 노동자 계급이다.

소련은 사회주의가 아닌 국가자본주의 국가이다. 노동자 계급을 착취하지 않고는 하루라도 더 버틸 수 없는 불평등한 계급사회인 것이다. 그렇기 때문에 억압과 착취가 존재하는 사회인 것이다. 이 말을 누누이 강조하는 이유는 얼마 전 박노해 씨의 3차 공판 때 최후

진술은 너무 충격으로 다가왔기 때문이다. 쿠데타 당시 2차공판 최후진술 때 '현존사회주의'에 대한 올바른 접근을 하지 못하고 '사회주의'에 접근했다는 말을 들었을 때 사노맹의 기존의 주장과는 다른 뭔가 새로운 것이 나오지 않을까 하고 기대했는데 역시 꿈이었다. 결국 레닌의 무장봉기는 30% 정도는 틀렸다고 말하고 마치 레닌이 음모가나 되는 양 레닌주의를 저버리고 나서 자본가 국가를 깨부수는 폭력혁명 말고도 사회주의로의 제3의 길이 있는 것인 양하며 사회민주주의 좌파라는 삼천포로 빠졌다. 우리는 사노맹 동지들을 방어하기를 촉구했다. 여전히 그들에 대한 무조건적 방어는 유효하다. 남한의 폭압적인 전제질서가 존재하지 않고 자유로이 정치적 견해를 나눌 수 있는 공간이 열려 있었다면 노동자 계급의 투쟁과 우리와의 논쟁 속에서 그들은 그렇게 변하지 않았을 것이다. 그들의 변화에 대한 1차적 책임은 지배계급이 져야 한다. 잠 안 재우고 갖은 고문을 다 해 그들을 좌절시키고 사회주의자와 대중을 분리시키고 서로가 서로를 불신하게 만들 때 대중을 대신하겠다는 위로부터의 사회주의로 기울어져 가는 것이 가능하다. 사노맹 동지들에게 촉구한다. 우리와 함께 토론해 봄이 어떻겠느냐고? 스탈린주의로 혼란된 동지들의 사상을 레닌주의의 재세례로 극복하고 대중에 대한 신뢰를 저버리게 만드는 지배계급에 혁명적 사회주의로 맞서 지배계급을 타도할 때만 지배계급의 반동 분열 '데마고기'를 극복할 수 있는 것이다. 우린 레닌의 무장봉기를 옹호한다. 30%도 틀리지 않았다. 다음과 같은 존 리드의 《세계를 뒤흔든 10일》 속에 묘사된 역사적 사실을 살펴보자. 10월 봉기 전 볼셰비키가 무장봉기를 검토하고 있었는데

1917년 10월 10일에 철야회의가 열렸다. 거기에는 당의 많은 지식인들과 지도자들 그리고 페트로그라드 노동자와 수비대 대표들이 참석하고 있었다. 지식인들 중에는 오직 레닌과 트로츠키만이 봉기에 찬성했다. 군인조차도 봉기에 반대하고 있었다. 투표에 부쳐졌으나 봉기하자는 입장이 패배했다. 그러나 한 노동자가 일어섰는데 그의 얼굴은 분노로 경련을 일으키고 있었다. "나는 페트로그라드의 노동자를 대표해서 발언하겠다." 그는 거칠게 말했다. "우리는 봉기에 찬성한다. 여러분은 좋을 대로 하라. 그러나 분명히 말해 두겠는데 만약 여러분이 소비에트가 파괴되는 것을 그대로 보고만 있다면 우리들과 여러분과는 끝장이다!" 몇 명의 병사가 그에 가세해 그 후 다시 투표가 이루어졌는데 봉기하자는 입장이 승리했다.

이렇듯 10월혁명은 레닌과 트로츠키만의 혁명이 아니었다. 노동자 계급의 집단적 조직적 봉기였다. 레닌과 트로츠키는 이를 적극 지지하고 이들과 함께할 위대한 혁명가였다. 레닌과 트로츠키는 음모가가 아니었다. 그들은 철저히 노동자 계급의 자기해방 사상에 입각해 평생을 싸웠던 혁명가였다. 봉기를 일으키지 않는다면 노동자들이 권력을 눈앞에 두고 죽어갈 수밖에 없는 상황에서 노동자 계급이 봉기를 선택하는 것은 당연하다. 이들의 열망과 삶을 지지하고 평생을 함께 싸워온 레닌과 트로츠키가 이들 편에 선 것도 당연했다. 레닌의 무장봉기는 30%도 틀린 것이 아니다. 죽음이냐 삶이냐 속에서 삶을 선택한 10월혁명은 누가 뭐래도 옳았다. 책임은 앞에서 지적했듯이 이런 혁명 러시아를 산산조각 내기 위해 군대와 무기를 보낸 세계제국주의 지배계급이 져야 한다. 이들로 인해 스탈린이 기반을 다지고 이 기반을 바탕으로 반혁명을 수행할 수 있는 맹아들을 낳았던 것이다.

우리는 폭력 혁명을 옹호한다. 사회주의는 폭력 혁명 없이 때가 되면 도래하는 봄날의 햇살 같은 것이 아니기 때문이다. 우리는 다시한번 물어야 한다. 왜 사회주의는 국가를 깨부수고 노동자권력을 수립하는 폭력혁명을 통해서만 도래할 수 있는가?

첫째는 기존의 낡은 질서를 유지하고자 하는 지배계급은 뒷짐지고 평화스럽게 권력을 넘겨주지 않을 것이다. 혁명 그 자체는 억압과 착취에 맞서 기존의 낡은 질서를 허물어 버릴 것이기 때문에, 지배계급 그 자신이 누리는 특권과 부는 더 이상 유지될 수 없다. 이렇기 때문에 지배계급은 자신들이 가진 물리력을 통해 혁명을 파괴하려 들 것이나. 혁명 속에서 한쪽이 한쪽을 꺾지 못한다면 — 억압받고 소외 받아 온 계급이 착취하고 억압하는 지배계급을 타도하지 못한다면 — 결국에 가서는 상상을 초월한 유혈 낭자한 피를 보게 될 것이다. 자본주의는 법을 통해 착취와 산업재해와 기아와 굶주림으로 심지어는 죽음으로 몰아넣고, 젊은 여성들을 매춘에 종사시키게 만들어 인간을 황폐화시킨다. 저임금 장시간 노동의 굴욕을 감수하며 노동하게 만들거나 산업예비군으로의 전락을 강요한다. 이런 모든 범죄와 악은 착취와 억압에 기반을 둔 자본주의 체제가 소수 자본가계급이 다수 노동자계급을 지배해 모든 특권과 부와 권력을 누리는 사회이기 때문이다. 이런 자들이 자기 것을 쉽게 버리겠는가? 말도 안 되는 소리다. 만약 그렇게 평화스럽게 권력을 넘겨준다면 자본주의는 물론 노예제, 봉건제 따위의 착취적 생산양식들은 나타나

지도 않았을 것이다. 이러한 현실 때문에 혁명은 항상 폭력을 동반했다. 마찬가지로 다가오는 혁명 속에서도 노동자계급을 위시한 억압받는 민중이 피에 굶주려 피 맛을 보지 않으면 환장하기 때문이 아니라 폭력 그 자체를 어쩔 수 없이 수반하도록 지배계급이 강제하기 때문에 혁명 과정 속에서 폭력은 어쩔 수 없는 수단으로 채택되기 마련이다.(광주 노동자 무장봉기도 죽음에 맞서 생명을 보존하고자 하는 자발적 무장봉기였다. 지배계급은 광주 무장봉기를 폭도들이 선동했기 때문이라고 맞서는데 무장봉기를 조직한 조직자를 찾지 못할 것이다. 노동 대중 자신이 스스로 조직자이고 선동가였는데 어찌 찾을 수 있으리요.) 바로 다수에 의한 집단적이고 조직화된 폭력인 것이다. 그렇기 때문에 사회주의자는 폭력혁명을 예견할 수는 있어도 인위적으로 조장할 수 있는 것은 아니다. 또한 무장봉기는 계획의 산물이 아니라 사회관계의 산물이라는 트로츠키의 주장은 여전히 의미 심장하다.

둘째로, 체제를 갈아엎는 혁명은 결코 소수에 의해서는 이루어질 수 없다. 왜냐하면 자본주의는 고도로 중앙집중화되어 있어 위계질서나 행정질서·명령질서가 고루 갖추어져 있음은 물론 모든 물리력도 지배계급의 수중에 집중되어 있기 때문이다 — 생산수단이 이들 수중에 집중되어 있는 것과 마찬가지로. 이러한 상황에서 광범한 대중 스스로 혁명에 참여하지 않고 소수 선각자들이 참여하는 '혁명'은 필연적으로 사회주의를 낳기보다는 설사 이것이 성공한다 하더라도 지배 방식이 바뀐 한 지배자를 다른 지배자로 갈아치우는 지배 방식의 변화를 가져왔다.(중국혁명과 쿠바혁명의 게릴라 전략을 되돌아 고찰해 보면 여실히 잘 드러난다.) 이는 체제를 파괴시키는 것이 아니라 체제를 다른 형태를 띤 개량으로 밖에 밀고 나아가지 못함을 역사는 보여주고 있다. 이것으로 알 수 있듯이 소수파 혁명은 음모적인 쿠데타 성격을 갖는다. 우린 쿠데타를 혁명과 동일시하지 않는다. 혁명은 바로 체제를 파괴시키는 것이기 때문이다. 혁명은 사회 역관계의 산물로서 노동자계급의 자주적 행동에 의한 다수자 혁명이다. 혁명에 참여하는 과정 속에서 대중은 비약적으로 그들의 낡은 지배 이데올로기의 찌꺼기를 털어버리고 현실의 모순 — 억압과 착취에 기반한 자본주의 — 을 지양하면서 변하기 때문이다. 바로 인간은 환경을 변화시키면서 스스로를 변화시킨다. 의식의 변화를 통해서 현실을 변화시킨다는 것은 마르크스가 지적하듯이 결국 현존하는 세계에 대한 해석 방식을 변화시키라는, 즉 다른 해석방식을 통하여 세계를 승인하라는 요구로 귀착되기 마련이다. 아울러 지적하기를 지배계급이 달리 타도될 '방법이 없기 때문'만이 아니라 '타도를 수행하는 계급'은 오직 혁명 속에서만 모든 낡은 찌꺼기를 떨쳐버리고 사회를 새롭게 건설할 능력을 몸에 갖출 수 있기 때문이다.

셋째로, 노동자계급이 결정적인 순간에 써야 할 힘을 제대로 쓰지 못한다면 자본가의 폭력 앞에 유혈 낭자한 피바다로 노동자계급은 무릎을 꿇을 수밖에 없고 역사에서 '패배'라는 '죽음'을 맞이할 것이다. 1871년 파리 코뮌 참가자 3만 명이 며칠 만에 목숨을 잃었고, 이탈리아와 독일 스페인에서는 파시스트가 혁명을 뒤엎고 몇 백만을 죽였다. 1973년 칠레의 쿠데타와 1981년 폴란드의 쿠데타에서 '해방' 이후 4.3 제주 항쟁에서 무려 8만, 1980년 광주에서 몇 천 명이 처참한 '죽음'을 당했다. 폭력! 그 자체가 도덕적으로 좋네 나쁘네 하는 것은 바리케이드 저 편에 서 있는 짓이다. 사회주의자는 항상 폭력의 성격을 분석할 줄 알고 구별할 줄 알아야 한다. 무조건적으로 '폭력은 나쁜 것', '폭력 안 쓰는 놈 좋은 놈', 그래서 '우린 폭력 안 써' 하는 자들은 지배계급을 도와주는 것이다. 다수가 국가 권력의 '폭력성'을 두 눈으로 '똑똑히' 목도하며 그 폭력성에 맞서 집단적으로 조직적으로 구사하는 폭력만이 재앙을 막을 수 있다.

넷째로, 이러한 재앙을 막기 위해 최선두에서 계급투쟁을 분석하고 결정적인 순간을 판단할 수 있는 혁명적 사회주의 정당이 있어야 한다. 그리고 이러한 혁명적 사회주의 정당은 투쟁이 시작하기 이전에 존재해야 한다. 조직은 자연발생적으로 탄생하는 것이 아니기 때문이다. 이러할 때만 힘을 사용해 권력을 잡을 수 있는 순간에 폭력을 가지고 논쟁한다거나 지배계급의 분열책동을 막으며 앞으로 나아갈 수 있는 것이다. 이것이 1917년 10월의 볼셰비키 혁명이었다. 이런 혁명을 두고 30%는 틀렸네 맞았네 하는 것은 바리케이드 저쪽으로 넘어갈 가능성을 배제하지 않는 것이다. 우리 혁명적 사회주의자는 10월 혁명을 무조건 방어한다. 우리의 미래가 거기 숨어 있기 때문이다. 구래의 좌익들이 자꾸 10월과 아울러 마르크스, 레닌, 트로츠키 등 우리의 혁명전통을 저버리는 것은 역사에 대해서 눈감아 버릴 때만 가능하다. 그래서 우리는 이들을 역사적 추상주의라고 부른다. 우리 국제사회주의자들(IS)의 임무는 우리의 혁명 전통을 고수해 노동자계급의 투쟁을 방어하고 옹호하며 이들의 진출을 가로막는 지배계급 및 어떤 기회주의자들과도 단호히 맞서 투쟁하고 노동계급

투쟁 속에 뿌리를 내려야 한다. 지금의 이 빈 공간은 서산으로 몰락해 가는 역사적 추상주의가 결코 메울 수 없음은 물론이려니와 지배계급 또한 마찬가지이다. 이 빈 공간은 혁명적 사회주의자만이 메울 수 있다. 사노맹 동지들은 물론이거니와 스탈린주의에 반대하고 노동자계급의 자기해방 사상에 찬성하며 혁명정당 건설에 동참하고자 하는 사람은 우리와 함께 손잡고 남한 부르주아 국가를 깨부수고 세계혁명으로 나아갈 수 있는 기반을 다지는 국제 사회주의자의 임무를 함께 완수해 나아감이 어떻겠는가?

스탈린주의와 유러코뮤니즘 — 동전의 양면

러시아 내에서의 스탈린주의의 폐해 중 대표적인 것은 일국사회주의론이었으며, 이는 실제로는 국가자본주의로의 회귀였던 것이다. 또한 스탈린주의는 일국에만 머무르지 않고 세계를 오염시켰다. 초기의 코민테른은 혁명적 사회주의자들의 전통에 서 있었다. 레닌은 국제주의적 운동을 통해서 러시아 혁명의 고립화를 막을 수 있을 것이라 기대했다. 그래서 그는 코민테른을 통해서 끊임없이 국제공산주의운동을 고무했다.

러시아 혁명에 대한 자화자찬을 하기보다는 유럽의 프롤레타리아에게 러시아 혁명보다는 오히려 유럽의 혁명이 근본적인 변화를 가져올 수 있고 유럽인들이 충분히 해 낼 수 있으리라는 신념을 심어 주고자 한 것이다.

그러한 활동은 명령이나 지시가 아니라 설득하고 조언하는 것이

최일붕. 이 글은 《아이에스 내부회보》 1권(1991년 발간)에 실린 것이다.

었다. 물론, 코민테른 내에서도 우려스런 경향은 있었다. 러시아 소비에트의 권위가 압도적이다 보니 코민테른이 '러시아적' 성격을 띠게 되는 경우도 있었으나, 국제주의에 대한 깊은 이해는 이러한 경향을 저지할 수 있었다.

레닌은 헝가리 혁명의 지도자 벨라 쿤에게 보내는 전보에서 "헝가리 혁명이 갖고 있는 특수한 상황을 고려하지 않고 세세한 점까지 러시아의 전술을 그대로 모방한다면, 이는 분명히 잘못된 것입니다."라고 경고하였다. 중요한 것은 러시아 사회주의 건설의 도식이 아니라 권력을 장악하는 데 성공했던 볼셰비키의 혁명전략인 것이다.

하지만, 코민테른은 스탈린이 권력을 장악하면서 부패하기 시작한다.

스탈린의 코민테른 지배는 코민테른을 세계 프롤레다리아혁명의 근본적인 목적으로부터 전환시키기까지 했다.

여기서 주도적인 역할을 했던 것은 바로 일국사회주의론이었다. 사회주의가 일국에서 가능하다면, 국제혁명은 직접적인 필요성이기보다는 '보너스' 정도로만 취급되었다. 그래서 코민테른의 당들의 역할은 소비에트 국가를 위한 '국경수비대'로 격하당했다.

따라서, 그들은 러시아에 대항한 어떠한 군사적 개입의 가능성을 저지하여, 그들 나라의 부르주아지에게 개량주의의 압력을 행사하는 역할을 한다. 이러한 좋은 예가 중국공산당, 영국공산당, 스페인의 인민전선, 1943년 영국이나 프랑스의 부르주아와 잠재적인 동맹을 위한 코민테른의 해산 등이다.

또한, 이 일국사회주의론은 또 다른 경향의 모순을 갖고 있었는데,

즉 그 이론 자체가 민족주의 이론이기에, 모든 공산당들에게 민족주의에 대한 문을 열어놓게 되었다.

이러한 민족주의의 경향은 러시아에 대한 충성 때문에 처음에는 가리워져 있었다. 코민테른 당 지도부들이 그들 나라의 부르주아지와 소련 사이의 교량 역할을 하는 과정에서 활기를 띠게 되었으며, 특히 제2차세계대전을 '반파시즘' 전쟁이라 규정하여, 첫째도 통일이요, 둘째도, 셋째도 통일! 바야흐로 반파시즘을 위한 통일이 모두였던 것이다. 그것은 노동자 계급의 투쟁을 중지하고 열렬한 애국주의자로서 공산주의자들이 활동하기를 요구하는 것이었다.

전쟁 이후 민족주의 경향은 급속히 성장을 했고, 이러한 과정 속에서 생긴 이데올로기적 반영이 유러코뮤니즘이다. 개량주의 압력단체로서, 노조지도자들의 부르주아지와의 동맹, 민족주의와 관료적 기구들에의 의존은 사회민주주의를 이루고 있는 요소들과 쌍생아인 것이다.

서구식 스탈린주의는 사회주의를 향한 일국적 길, 프롤레타리아 독재의 명백한 거부와 의회주의 등은 사회민주주의와 점차 구별이 없어지고 만 것이다.

혁명의 비타협성, 국제주의는 레닌주의의 탁월한 부분이다. '혁명의 현실성' 또한 이러한 이론적 무장의 기반 위에 있는 것이다. 후기의 코민테른과 유럽 공산당들은 혁명의 패배로부터 전혀 배우지도 못했으며, 생생한 현실의 구체적인 분석(특히, 파시즘) 대신에 교조에 의존하였다.

아직도 지극히 불행스럽게도 이러한 역사적 교훈을 망각하고, 여전히 역사를 토막 내서 추상해 버리고, 그 중 몇몇 어휘들만 베어서 신주단지처럼 외고 다니는 자들이 있다. 혁명의 현실성은 실용주의와 절대로 같은 말이 아니다. 의회주의적 '사회주의', 일국에서의 '사회주의'는 로자 룩셈부르크가 말했듯이, '뜨거운 소시지나 차가운 소시지를 고르는 문제'가 아니라, 개량과 혁명의 문제이며 어떤 계급의 이익을 수호하느냐의 문제인 것이다.

알튀세르주의=아카데미즘+스탈린주의

우리는 한때 왜 프리드리히 엥겔스가 그렇게 많은 노력을 기울여 《반뒤링론》이라는 400페이지나 되는 책을 썼는지 의아해 한 적이 있다. 오늘날 도대체 누가 뒤링의 사상에 조금이라도 관심을 가질까?

엥겔스가 우려했던 것은 사회주의의 가장 근본적인 명제 ─ 노동자들은 자신들을 스스로 해방할 수 있다는 사상 ─ 를 배격하는 한 대학교수가 학문적 존경을 받고 있는 것에 바탕을 두고 많은 사회주의자들에게 영향을 미치고 있었다는 사실이다.

우리는 이제 과거보다 훨씬 더 잘 엥겔스의 수고를 이해한다. 최근 들어 혁명적 사회주의자들은 뒤링 같은 사람들을 수도 없이 많이 볼 수 있다. 자신들의 원조(元祖)처럼 오늘날의 뒤링들도 사회주의자를 자처하면서도 노동자 계급의 자주적 자기해방에 바탕을 두고 있지 않다. 그러나 원조와 달리 오늘의 뒤링들은 자신들이 마르크스주의

최일봉. 이 글은 《혁명적 사회주의를 위한 주장들》(1994년)에 실린 것이다.

자로 불리기를 바란다.

10년 전만 해도 이 나라에는 자칭 마르크스주의자 교수들이 없었다. 그러나, 그 이후, 마르크스주의를 표방하는 학술 산업은 급속히 성장하여 이제는 교수직을 좌지우지하고 경제학과나 사회학과 같은 한 과 전체를 장악하고 이러저러한, 그게 그거인 여러 학술잡지들을 발간하는 수준에 이르렀다. 심지어는 한 대학 전체가 진보적 학술 '운동'의 메카로 일컬어지기도 한다.

학계 '마르크스주의'의 특징들로 다음의 것들이 두드러진다.

첫째, 그들에게는 정치적 함축들과 거의 무관하게 이론적 논의가 이루어질 수 있다. 연구실적을 올리고 별 볼 일 없는 내용을 아름답게 꾸미기 위해 마르크스주의자 교수들은 '포스트'(post-) 자(字)가 들어가는 온갖 궤변들을 동원할 수는 있어도 혁명정당 건설을 위한 실천적 임무들을 언급할 수는 없다. 관헌의 눈초리보다도 주임교수나 교무처장의 눈초리가 더 신경 쓰이는 것이다.

둘째, 그 때문에, 모두가 공통의 준거가 될 만한 사상체계를 공유하는 체히는 태도가 보편적이라는 점이다. '마르크시스트' 교수들은 학회의 심포지엄 등에서 발표자의 발표 내용 가운데 이러저러한 부분이 서로 일관되지 않다든지, 실증이 결여되어 있다든지, 사실들이 올바르게 제시되어 있지 않다든지, 출처를 제대로 밝히지 못한 것 같다느니 하는 지적들은 하지만, 정작 자신의 논적이 계급투쟁의 바리케이드의 저쪽에 서 있다는 사실을 명확히 드러내 보이기는 주저한다.

셋째, 진보적 학계에서는 모호한 언어와 에두르는 문체가 지배적이라는 점이다. 누구든지 교수직을 얻으려면 교수직을 통제하는 사람들에게 자신의 사상이 난해하고 학문적으로 진지하다는 인상을 심어 주어야 한다. 상식에 지나지 않는 생각을 불가해 한, 그리고 바람직하기로는 어려운 일어식 한자어로 된 용어로 치장한다면 그만큼 더 좋은 것이다. 그리하여, 단 서너 마디로 말할 수 있는 내용을 위하여 4~5년에 걸친 연구를 거쳐 300-400페이지짜리, 때때로 400-500페이지짜리 '대작'(그 양[量]에서만)을 내놓는 것이다.

넷째, 분야가 극히 세분화·칸막이화되어 있다는 점이다. 학과가 많으면 많을수록 교수직 '티오'도 많아지고 강의하거나 연구하는 분야도 좁아져 그만큼 더 좋은 것이다. 그리하여 역사를 거의 알지 못하고 또 그래도 되는 경제학 교수도 생겨나고, 세계경제에 큰 관심을 갖지 않는 사회학 교수도 있을 수 있게 되었으며, 기본적인 경제사 지식도 갖추지 못한 정치학자들도 버젓이 행세하게 되었다.

이 모든 요소들이 강단 마르크스주의를 감염시켰다. 실천에서 스스로 유리됨으로써, (구체적 현안 문제들에 관하여) 완전히 상충하는 견해를 가진 사람들이 서로 상대방을 마치 공통의 출발점을 공유하고 있는 양 인용할 수 있다. 그리하여, 소련이 미국 등의 서방 세계보다 더 진보한 사회(구성체)라고 보는 정운영이, 사회주의는 몰락했으며 그 원인은 마르크스에서부터 찾아야 한다고 주장하는 지배계급의 논리에 그대로 동조하는 이병천을 공평무사한 진리 추구자로 인용할 수 있다. 또한, 그는 소련 관료가 잉여생산물을 독차지하는 국가자본가라고 — 올바르게 — 지적하면서도, 소련을 관료적으로 타락하긴 했어도 어쨌든 노동자 국가라고 보는 에르네스트 만델을

칭찬할 수 있다. 심지어 일부 강단 '사회주의자'들은 마르크스와 레닌의 사상을 설파한다고 하면서도, 중국의 마오 체제를 지지하는 입장에서 마르크스주의의 인본주의적, 해방적 내용을 부인한 루이 알튀세르의 철학이 스탈린주의와 관계없는 양 소개할 수 있다.

이것은 우리의 아카데미즘 비판에서 다섯째 지적으로 안내한다. 유행의 문제가 바로 그것이다. 6~7년 전쯤에는 이 나라에서 종속이론 또는 주변부 자본주의론 따위가 유행한 바 있다. 그리고는 조선로동당 정부의 어용 학자들의 식민지반봉건론 바람이 잠깐 불었다가 이내 소련·동독 학술원 소속 어용 학자들과 멕시코 공산당 지지 대학교수들의 신식민지국가독점자본주의론이 그것을 대체했다. 이제 알튀세르와 그 제자 에티엔 발리바르 바람이 불어서 윤소영씨 같은 현학자가 쓰는 글들과 이러저러한 좌파 매체들에 실린 글들 속에서 "과잉결정" 또는 "중층적 결정," "최종 심급에서의 결정," "이론적 실천," "구조 인과율," "거울 없는 반영," "부재적 실존," "이데올로기의 이중적 거울 구조," "이데올로기의 이데올로기론" 등등의 아리송한, 구름 잡는 듯한 용어들의 현란한 난무를 우리는 보곤 하며, 어떤 논적에게든지 "인간주의" 또는 "역사주의"라는 딱지를 붙이는 것으로 얘기가 다 끝나는 듯이 생각하는 자기 만족적 구절들도 우리 눈에 띄곤 한다.

그러나, 서구 학계에서 알튀세르는 이미 오래전에 구닥다리로 밀려나, "후기 알튀세르주의"라는 게 원조(元祖)를 대체했는데, 후자는 "주체"를 하도 철저히 "해체"해 버린 나머지 그 이론에서 개인들은 더 이상 존재하지도 않게 되어 버렸다.

이 경향의 대표자인 폴 허스트(Paul Hirst)라는 사람은 — 지금은 우익이 되어 버렸다 — 작년 10월 22일에 알튀세르가 죽은 뒤 자신의 스승이 "가장 위대했고 가장 논란의 대상이 되었던 현대 마르크스주의 철학자"였다고 사망기사를 썼다. 매우 최근에 작고한 사람에 대해 고려되는 깍듯한 의례를 염두에 둔다 하더라도 이 평가는 혁명적 마르크스주의자들이 도저히 받아들일 수 없는 것이다.

향년 72세로 작고함으로써, 개인적으로나 정치적으로나 비극이었던 알튀세르의 인생은 종말을 고했다. 그의 개인적 비극에 대해서는 간단히만 짚고 넘어가자. 알튀세르의 말년은 고뇌에 찬 것이었다. 1980년 그는 자신의 아내 엘렌느를 목졸라 죽인 행위로 말미암아 정신병원에 수용되었다가 1984년에 풀려났다. 일설에 의하면 그는 독일의 전쟁포로수용소에서 5년간 수용된 바 있던 경험 때문에 조울증을 가지고 있었다고 한다. 그러나, 알튀세르의 정서적 혼란은 우리의 중심적 관심사가 될 수 없다. 그가 부각되었던 것은 이론가로서였으며, 따라서 그를 평가하려면 그의 이론적 공헌에 의거해서 해야 올바를 것이다. 슬프게도, 이 분야에서도 우리의 평가가 덜 혹독하게 되지는 않는다. 알튀세르의 이론적 개입들이 낳은 결과들은 결국 그의 혼란된 정신이 낳은 결과들만큼이나 불행이었다.

1960년대초에 착수된 알튀세르의 계획은 마르크스로 돌아가기와 철학적으로 방어할 수 있는 진정한 마르크스주의의 복원이었다. 그 결과는 알튀세르의 영향력이 미쳤던 곳(주로 학계)은 어디에서든지 마르크스주의에 대한 인식과 그 지위가 엄청나게 큰 손상을 입었다는 것이다.

알튀세르의 충실한 제자였던 바 있던 폴 허스트는 "그의 실패는 … 마르크스주의가 방어될 수 있는 기초 위에서 다시금 새롭게 세워질 수 없음을 마침내 그리고 돌이킬 수 없이 보여 주었다."라고 썼는데, 이는 알튀세르의 이론적 업적이 실패작이었음을 인정하는(우리와는 완전히 정반대 각도에서 본 것이긴 하지만 어쨌든) 셈이다.

허스트만이 이런 느낌을 가졌던 것은 아니다. 그는 처음에는 자신의 사부(師父)에게 넋을 잃었다가 나중에는 사부의 실패를 마르크스주의 자체의 실패로 오해한 수많은 좌파 학자들 가운데 단지 한 전형일 뿐이다. 이러한 실패는 두 가지 근본 원인에서 비롯했다. 하나는 스탈린주의였고 다른 하나는 학술주의였다. 알튀세르에 대해 매우 비판적인 사람들 사이에서조차도 논쟁거리인 스탈린주의라는 혐의는 설명할 필요가 있겠다.

1956년 이래로 스탈린주의에는 두 가지 종류가 있었다. 저 끔찍한 독재자의 이름을 거룩히 여기고 그의 '업적'을 찬미하는 종류의 정통 스탈린주의자들과 스탈린의 극악무도한 범죄들의 '과오'는 인정하면서도 우리가 스탈린이 마르크스주의와 단절했음을 지적할 때 언급하는 근본적인 문제들을 놓고는 항상 스탈린주의 편을 드는 '비정통' 스탈린주의자들이 바로 그것이다. 알튀세르가 스탈린 수령의 숭배자가 아니었다고는 해도 그는 둘째의, 좀더 넓은 의미에서 여전히 스탈린주의자였다. 그가 프랑스공산당(PCF)의 당원이었다는 사실, 그가 소련 및 소위 "사회주의" 국가들과 자신을 동일시했다는 사실, 그가 암암리에 마오쩌둥주의에 기댔다는 사실, 그가 일국사회주의론과 인민전선 정책을 받아들였다는 사실, 트로츠키주의에 대한 그의 경멸적 태도 — 이 모든 것들이 그 점에 대해 의문의 여지를 남겨 놓지 않는다.

다른 한편, 알튀세르는 프랑스 강단 엘리트의 특권적 보루인 파리 고등사범학교에 진을 치고 실천으로부터 이론의 분리를 구현하는 동시에 모호하고 잘난 체하는 언어로 글을 썼다.

그리하여, 마르크스주의를 '복원'하고 '갱신'하고자 하는 알튀세르의 시도는 스탈린주의적 기초 위에서 부르주아 사상의 여러 개념들(스피노자의 철학, 프로이트와 라캉의 정신분석학, 소쉬르와 레비스트로스의 구조주의)을 차용함으로써 이루어졌다. 스탈린주의와 학술주의의 이러한 조합이 그의 이론체계 전반에 스며들었다.

이러한 이론체계의 핵심에는 청년 '휴머니스트' 마르크스와 성숙한 '과학적' 사회주의자 마르크스 사이의 "인식론적 단절"이라는 개념이 놓여 있다.

비록 마르크스의 사상이 발전했다는 것은 명백한 사실이지만, 그러한(인식론적) 단절이 존재하지 않았다는 점은 《그룬트리쎄(정치경제학 비판 대요)》라는 저작에 의해 입증되며(알튀세르는 이 저작을 무시하는 듯하다), 《자본론》을 엄밀히 읽어 봐도 알 수 있는 일이다.(알튀세르는 《'자본'을 읽자》고, 그것도 '날마다' '징후적으로' 읽자고 제안하지만 자기 자신은 그렇게 하지 않았다.)

그러나, 알튀세르의 그릇된 독해에 동기를 부여한 것은 마르크스주의의 본체에서 소외의 개념을 떼어내 버려 버리고, 그리하여 동구권의 이견자들이 스탈린주의에 대한 비판으로서 그 개념을 사용하는 것에 대항하고자 하는 바람이었다. 그 결과는 역사유물론을 인간 실천의 이론에서, 인간의 통제로부터 유리된 경제·사회 구조의 이론으로 변형시켜 버린 것이었다.

마르크스는 "사람들이 비록 자기들 자신이 선택한 상황에서는 아니지만 자신들의 역사를 만들어 나간다"고 본 반면에, 알튀세르는 역사가 "주체 없는 과정"이라고 보았다. 그러나, 만약 역사가 주체를 가지고 있지 않다면 — 잠재적인 주체조차도 — 인간이 자신의 운명을 지배하게 되는 인간 해방이라는 마르크스주의의 궁극 목표는 공상이 되고 만다.

보통의 인간들은 계속 이데올로기의 함정에 빠져 헤어나오지 못하는 채로 사회 현실을 명확히 인식하지 못한다는 알튀세르의 견해는, 노동자들을 위해서 생각하고 결정하고픈 열망에서 움직이는 스탈린주의 이론가들과 부르주아 사회과학자들을 기쁘게 해 준 한편, 그러한 엘리트적 비관주의를 강화해 주었을 뿐이다.

알튀세르가 다룬 다른 중심적 주제인 경제주의 비판 역시 똑같은 원천에서 나온 것이었다. 고전적 마르크스주의자들의 마르크스주의는 결코 경제주의적 이론이 아니었다. 그러나, 알튀세르가 보기에 경제주의는 마르크스주의에 끊임없이 붙어 다니는 죄악이었다. 경제주의를 퇴치하기 위해 알튀세르는 일련의 독립된 수준(층위)들 — 경제적·정치적·이데올로기적 등등 — 로 이루어진 사회라는 개념을 제안했다. 각 층위는 그 나름의 논리와 상대적 자율을 가진다. 그러므로, 알튀세르에게 혁명은 자본과 노동 사이의 중심적 모순의 산물이 아니라, 다양한 층위에서의 상대적으로 자율적인 모순들의 조합의 산물이다.

"상대적 자율"은 귀에 걸면 귀걸이였고 코에 걸면 코걸이였다. 이 개념은 알튀세르에게 러시아 혁명의 독특함을 시사하는 것이었고, 따라서 일국사회주의론을 정당화해 주는 것으로 보였다. 또한, 그것은 알튀세르에게 어떻게 소련의 정치적 상부구조가 스탈린주의에 의해 기형화되면서도 그 경제 토대는 여전히 건재하여 사회주의인 채로 남아 있는가를 '설명'해 주는 것이었다.

"상대적 자율"은 부르주아 학계가 항상 마르크스주의에게 뒤집어 씌우는 조야한 경제결정론이라는 혐의에 대한 알튀세르의 해답이었다. 그러나, 또한 그것은 마르크스주의의 핵심을 심각하게 타협시켜 버린 나머지, 변증법적 전체로서의 사회라는 개념을 버렸고, 경제 토대의 일차성을 사실상 배격했으며, 결국 변증법 자체도 부인해 버린 셈이었다.

잠시 동안 알튀세르의 도식들은 서구 학계에서 제철을 만난 바 있다. 이제 이 나라에서도 그런 바람이 살짝 불 듯하다. ― 물론 학계와 그 주변부 아류에서 그러겠지만 말이다. 이론이 실천으로부터 상대적으로라도 자율적이라고 생각하는 학술 '운동가'들에게 알튀세르주의는 급진적인 겉치장과 세련미를 제공할 것이고, 심원한 뜻이 담겨 있는 듯이 보이게 만드는 난해한 전문어들을 전수해 줄 것이며, 일상적 투쟁 대신에 사상적 투쟁에, 그리고 피켓 라인과 신문 판매 대신에 "이론적 실천"에 특권적 지위를 부여할 것이다.

그러나, 알튀세르주의의 사상체계는 자멸의 씨앗을 내포하고 있다.

1977년, 자기 스스로 제기한 문제들을 해결할 수 없었고 프랑스

공산당과 국제 스탈린주의의 위기에 덜미를 잡힌 알튀세르는 "마르크스주의의 [전반적] 위기"를 절망적으로 선포한다. 이 점에서 보면 이병천씨가 윤소영씨보다 한발 앞섰다고 말할 수 있다.

알튀세르의 제자들은 스승보다 훨씬 더 나아갔다. 정치적 분위기와 지적인 유행이 오른쪽으로 움직임에 따라, 알튀세르의 후배들은 "마르크스주의의 위기"를 마르크스주의의 전면적인 폐기로 바꾸어 버렸다. 역시 이 점에서도 이병천 씨가 윤소영 씨를 앞질렀다. "주체 없는 역사"는 의미 없는 역사 — "모든 원대한 이야기들의 종말" — 가 되어 버렸다. "상대적 자율"은 노골적인 부르주아 다원주의로 바뀌었다. 때로 마르크스의 '계급' 개념을 베버의 '지위'라는 개념이 대체해 버렸다. 1970년대말과 1980년대에 서구 학계에 불어 닥친 지적 반혁명은 알튀세르가 열어 놓은 틈바구니를 뚫고 사부를 넘어서 그를 혼자 오도 가도 못하게 놔 둔 채로 오른쪽으로, 오른쪽으로 표류했다. 이것이 사부의 개인적 비극에 이바지한 것이 틀림없다. 그러한 제자들 가운데 일부는 출발점으로 되돌아가 보려 했지만, 알튀세르가 해결책이라기보다는 문제라는 사실을 깨닫지 못했기 때문에 그러한 시도는 악순환에 지나지 않았다. 이것이 입증된 것은 1989년 동구 스탈린주의 정권들의 몰락 덕분이었다. 동구권(소련 포함)의 반(反)노동자적 체제가 무너지고 있는데도 이제야 알튀세르를 부활시키고자 하는 사람들은 알튀세르 자체를 왜곡시킴으로써만 그렇게 할 수 있을 것이다.

다시금 강단 '마르크스주의' 얘기로 되돌아가 보자. 지금까지 우리가 얘기한 바가 강단 마르크스주의 속에는 흥미거리가 아무것도 없다는 뜻은 아니다. 강단 역사학이나 경제학의 쓰레기 속에는 진짜 마르크스주의자들이 무시해 버릴 수 없는 쓸 만한 것들이 때때로 발견되기도 한다. 더욱이, 쓰레기에 대해서도 때로 우리는 그것이 쓰레기임을 입증할 필요도 — 엥겔스가 뒤링에 대해 그랬듯이 — 있다.

그러나, 이 두 가지 일 가운데 어떤 일 한 가지를 하기 전에 독자들은 혁명적 마르크스주의가 강단의 그 모조품과 전혀 다른 전제들에서 출발해 전혀 다른 목적들을 가지고 있다는 점을, 즉 양자를 혼동해서는 안 된다는 점을 인식해야 한다.

국제주의 전통 자료집

Ⅳ. 국가자본주의

지은이 | 알렉스 캘리니코스, 크리스 하먼 외 지음
엮은이 | 이정구

펴낸곳 | 도서출판 책갈피
등록 | 1992년 2월 14일(제2014-000019호)
주소 | 서울 성동구 무학봉15길 12 2층
전화 | 02) 2265-6354
팩스 | 02) 2265-6395
이메일 | bookmarx@naver.com
홈페이지 | http://chaekgalpi.com

첫 번째 찍은 날 2018년 8월 27일

값 12,000원
ISBN 978-89-7966-147-7 04300
ISBN 978-89-7966-155-2 (세트)